Alexandre Vatimbella

Métapolis

Suivi de
Considérations Politiques

Métapolis

Fondement, Valeur, Règle, Vertu, Principe & Autres de la Vie Bonne dans la Société

Préface

La question essentielle que l'humain se pose en tant qu'être et genre, concerne ce que la vie peut lui apporter à la fois au niveau individuel et au niveau collectif. «Que vouloir pour cette existence?» Cette question simple est pourtant d'une complexité infinie d'autant qu'elle nécessite d'abord que l'humain ait pu définir un nombre important de paramètres comme par exemple la notion de collectif, le «nous».

Pour ne prendre que les êtres humains – car dans le «nous», nous pourrions aussi légitimement inclure toutes les espèces vivantes sur terre –, nous sommes tous différents et nous nous ressemblons tous. La ressemblance nous permettrait de rechercher une réponse unique alors que la différence induirait une réponse personnalisée pour chacun de nous. Dès lors que la différence interdit la réponse unique mais que la ressemblance impose des compromis, il faut un consensus sur un certain nombre d'éléments qui constituerait le socle de la réponse sur laquelle, ensuite, s'agrégerait tous les éléments ressortissant des choix individuels.

De ce point de vue, par exemple, l'organisation d'une société d'êtres humains doit s'établir sur ce socle en permettant aux choix individuels de pouvoir s'exprimer pleinement. Mais se pose alors une problématique essentielle. Nos différences induisent des inégalités au sens premier du terme, celui de l'inégalité naturelle que l'on peut aussi nommer l'ajustice de la nature. Ainsi, certains sont plus capables que d'autres dans certains domaines du simple fait de ce qu'ils sont naturellement, sans intervention aucune de la communauté où ils sont nés. On peut affirmer, nonobstant les conditions d'existence souvent primordiales dans ce domaine mais non exclusives, que certains sont plus intelligents que d'autres (nous parlons ici de l'intelligence de la raison). De cette constatation, il est clair que certains auront donc plus de capacité à vivre selon leurs choix que d'autres, c'est-à-dire à faire profiter leur individualité (inégalité ontologique) de l'inégalité naturelle dont ils sont les gagnants.

Cette situation ne serait pas négative si elle n'induisait pas une inégalité sociale qui induira elle-même une inégalité de vie au niveau matériel, non-voulue pour et par ceux qui seront moins capables de vivre selon leurs choix. C'est là, entre autres, tout le débat entre une société où la solidarité est minimum et celle où la solidarité est plus étendue. Car, si je suis plus capable qu'un autre, je pourrai produire plus d'inégalité sociale en ma faveur en profitant de cette situation et en accaparant le système social à mon profit. En revanche, si la société propage une solidarité entre ses membres, je pourrai me plaindre de ce que l'on m'empêche de mettre en place mes choix.

Dès lors, ce sont des valeurs incontestables parce que bénéficiant à tous qui doivent démontrer où est la meilleure façon de s'associer dans une société donnée. Celles-ci sont connues. Ce sont d'abord la liberté, essentielle, puis la tolérance et la solidarité, le tout dans le respect.

Mais reste la problématique de ce que nous voulons sur cette terre. On pourrait répondre au plus simple: ce que nous voulons c'est ce que nous avons fait et mis en place tout au long de l'histoire de l'Humanité. Cependant, cela impliquerait que nous ayons toujours agit dans le cadre des valeurs précitées et dans le respect. L'Histoire nous enseigne que ce n'est pas le cas. Pourrions-nous nous contenter d'une société qui ne serait qu'un amalgame de choix individuels comme nous le propose certains? Peut-être si cet amalgame était une vraie compilation où tout le monde s'exprimait de la même manière et si la valeur reconnue de l'un était égale à la valeur de l'autre. Mais cela semble impossible.

La réponse est donc dans la mise au point d'un modèle, non pas parfait, mais pouvant fonctionner tout en optimisant ce que l'humain peut construire de meilleur sans avoir besoin de changer de nature. Ce modèle, je l'ai appelé Métapolis.

Avant-Propos

Je suis un révolté et je le serai toujours. Pas un révolutionnaire car je ne crois ni au grand soir, ni dans au changement radical d'une société qui deviendrait quelque chose de nouveau et qui en fait ne serait que la même, souvent en pire, où seuls changeraient ceux qui en profitent.

Changer de société, non, mais changer la société, oui. C'est même un impératif pour tout révolté qui voit quotidiennement que celle-ci, imparfaite et inégale, liberticide et irrespectueuse, ne donne pas la place à l'humain comme elle le devrait, elle qui ne doit être qu'une simple organisation sensée être la plus humaine, la plus humaniste possible. Donc, il faut trouver un moyen pour l'organiser afin qu'elle fasse le moins de mal possible et le plus de bien possible à ses membres. Non pas une société parfaite mais une société meilleure.

Et pour que cela soit possible, pour que la Vie bonne dans la société existe, la volonté d'un peuple éclairé – c'est-à-dire un peuple correctement formé et informé, conscient des enjeux de l'existence et des possibilités qui lui sont offertes pour les régler du mieux possible – est indispensable.

La volonté d'un peuple éclairé, c'est aussi simple que cela... ou compliqué mais, quoi qu'il en soit, possible.

Car je ne prétends pas que cela est facile mais que cela est possible ainsi que simple, dans le sens où le système que je propose n'est pas complexe, si l'on a des individus capables de comprendre de manière basique leur intérêt et leur aspirations réelles pour faire société.

Ainsi, mon but, ici, est de montrer aux peuples du monde entier que l'on peut vivre mieux, partout sur cette planète, si l'on mettait en place une organisation de la société que j'appelle l'«Optimum de l'organisation de la société réelle», société réelle c'est-à-dire de la société réellement existante. Celle-ci n'est aucunement une utopie mais seulement la meilleure société que l'on puisse mettre en place en prenant les êtres humains comme ils sont et non comme ils pourraient être, en prenant les sociétés comme elles sont et non comme elles pourraient être.

Il ne peut y avoir d'Optimum de l'organisation de la société réelle autre que celle décrite ici sauf à changer en profondeur les êtres humains. Si tel était le cas et sans même parler de «Société parfaite», alors, on pourrait sans doute mettre en place la «Meilleure société possible» basée sur l'Amour. Mais tel n'est pas le cas au moment où j'écris ces lignes et ce moment ne surviendra peut-être jamais, cette société de l'Amour demeurant à jamais une utopie.

La différence entre l'Optimum de l'organisation de la société réelle qui peut être mise en place immédiatement et la Meilleure société possible qui pourrait être mise en place est le conditionnel. Et le conditionnel change tout. Travaillons donc à mettre d'abord en place ce qui peut l'être au présent. Nous nous occuperons du conditionnel plus tard…

Voilà pour mon objectif. Mais il entre en collision immédiatement avec la philosophie et la science politique, si cette dernière existe et est une vraie science…

Car, si nous savons depuis Machiavel, Hobbes et Spinoza, que la souveraineté qui fonde les sociétés humaines vient des êtres humains eux-mêmes et non d'un surnaturel divin, cela ne règle pas pour autant le problème du meilleur système politique qui se pose depuis l'opposition Platon-Aristote, suivie par maintes autres au cours de l'histoire de la pensée.

Cela doit-il être une démocratie réelle où ceux qui votent sont aussi ceux qui exercent le pouvoir comme à Athènes dans l'Antiquité et qui séduisait tant Rousseau qui savait pourtant sa mise en place impossible? Ou une oligarchie platonicienne où ce sont les meilleurs qui sont appelés aux magistratures? Ou encore une démocratie représentative telle que Sieyès la présente lors de la Révolution française et qui sera alors emportée par la Terreur robespierriste?

Doit-on, après avoir écarté Bodin, rallier Montesquieu et ses pouvoirs équilibrés parce que concurrents ou Rousseau et sa souveraineté absolue du peuple que celui-ci est, malgré tout, obligé de déléguer car n'ayant pas les capacités requises pour gouverner directement?

Bien entendu, il n'entre pas dans mon dessein de prendre la défense des régimes autoritaires, dictatoriaux, despotiques, oligarchiques qui, on le verra, ne sont pas à même d'être la Métapolis, de gouverner selon la Métavaleur, la Métarègle, la Métavertu et le Métaprincipe, quels que puissent être leurs avantages dans tel ou tel aspect du gouvernement des humains.

Oui, il est clair que le système le plus égal est celui de la démocratie où le pouvoir est exercé directement par le peuple. Mais ce n'est même pas le meilleur système puisqu'il ne protège pas la minorité qui doit jouir, comme l'affirme Kant, des mêmes droits de l'homme que la majorité.

C'est par cette réflexion fondamentale que les Pères fondateurs de la nation américaine qui croyaient aussi peu en la sagesse du peuple qu'en celle d'un monarque, qu'il soit royal ou républicain, ont créé leur république démocratique qui est devenue, petit à petit, une démocratie républicaine.

Il faut donc introduire des limites au pouvoir souverain du peuple tout en affirmant que c'est celui-ci qui est le fondement du pouvoir et de la souveraineté dans l'Optimum de la société réelle. Et, dans le même temps, il faut un principe de juste équilibre qui seul peut construire une société harmonieuse permettant de donner à chacun le plus possible afin de lui permettre de se réaliser et de mener une existence sûre tout en assurant la vie de la collectivité qui seule peut permettre à l'individu de s'émanciper des contraintes naturelles mais aussi de lui permettre de naitre et de grandir puisqu'aucun de nous n'est autonome lorsque nous paraissons sur terre.

L'architecture que je viens de décrire ne règle évidemment pas tous les problèmes. Quid en effet de la recherche des individus? Quid également de ce bien commun cher à Thomas d'Aquin ou de ces fins communes chères à Aristote qui sont largement contredites par les droits de l'homme et le libéralisme? Existe-t-il, en outre, une recherche commune ou seulement une société qui permet à chacun de rechercher son bien personnel?

Ici, il faut faire intervenir, entre autres, Adam Smith et sa théorie de la sympathie naturelle de l'être humain envers ses congénères et donc la capacité à rechercher ensemble un vivre bien ensemble. Une théorie largement validée empiriquement par la science au cours de ces cent dernières années.

Il faut également savoir si des individus réunis ensemble de manière spontanée ou organisée ont des intérêts communs, des fins communes, qui permettent de donner un sens à leur société.

Ils en ont au moins un: assurer leur sécurité, c'est-à-dire demeurer en vie, faire en sorte de préserver leur vie afin d'en faire, chacun de son côté, ce qu'ils en veulent dans un cadre où ils doivent se respecter les uns les autres. Et cela suffit à légitimer leur association mais pas toutes les organisations de cette association qui voudraient englober dans un bien commun pratiquement tous les aspects de l'existence.

Mais l'on comprend bien que cela engendre toute une organisation où les membres d'une telle communauté doivent être égaux et libres afin que chacun d'entre eux puisse avoir le même degré de sécurité pour assurer son existence. Prétendre que des individus n'auraient aucun intérêt à s'unir est faux. Dire qu'ils auraient un but commun fait de multiples intérêts qu'ils partageraient peut exister dans telle ou telle communauté mais n'est pas indispensable une fois que l'intérêt suprême, assurer la protection de son existence est réalisé.

Introduction

Genèse

A la recherche des valeurs universelles

L'être humain nait dans une communauté dont il est entièrement dépendant pour se développer avant d'acquérir de plus en plus d'autonomie et de revendiquer sa liberté ontologique dans la communauté pour se réaliser dans son existence.

Il ne peut y avoir d'être humain sans communauté mais il ne peut y avoir de communauté sans êtres humains. Il y a donc un lien inextricable du fait même que l'être humain – avec sa différence ou son individualité – est un «animal social» dans le sens où il ne peut vivre pleinement sa vie s'il est totalement isolé des autres, voire la vivre tout court.

L'être humain est depuis son origine un individu membre d'une communauté qui lui donne le statut de personne. En tant qu'individu, il recherche son intérêt. En tant que membre d'une communauté dont il est issu nécessairement, il recherche à gérer les relations avec autrui tout en souhaitant les optimiser pour lui et son clan (famille, amis et alliés).

Son but premier est de vivre. Son but second est d'avoir une existence sûre. Son but troisième est de profiter de ce que la vie lui offre.

Pour cela, il doit être libre. Aucune société ne peut revendiquer être au service de ses membres si ceux-ci, égaux entre eux, ne jouissent pas de la liberté.

C'est dans le lit des fleuves qui ne risquaient pas de provoquer des crues dévastatrices que les êtres humains se sont installés durablement ce qui leur permit de se développer en plus grande sécurité. Au fil du temps, ils mirent leur intelligence et leur volonté au service du développement de la communauté et de ses membres, ce qui donna les premières civilisations. Dès lors, le mouvement d'intégration et d'émancipation n'aura de cesse de se sophistiquer malgré les à-coups et quelques accidents régressifs au cours de l'Histoire.

Cependant, avant de s'établir sur les rives des fleuves, les êtres humains vivaient depuis longtemps en communautés plus ou moins complexes. Ils étaient chasseurs-cueilleurs et vivaient dans des bandes organisées structurées. Ils utilisaient des objets, d'abord rudimentaires puis de plus en plus sophistiqués qui devinrent des artefacts, des objets sortis uniquement de leur intelligence et de leur imagination. Puis ils devinrent éleveurs et agriculteurs et se sédentarisèrent de plus en plus.

Mais la communauté humaine existe depuis que l'être humain existe. N'oublions pas que l'humain ne peut survivre et ne pourra jamais survivre, à l'opposé de certaines espèces animales, s'il n'est pas pris en charge dès sa naissance et au cours des premières années de son existence par ceux qui l'ont engendré, ses parents, ou d'autres s'il a été abandonné pour une raison ou une autre. De même, l'humain a toujours été plus fort collectivement et s'est uni pour se défendre et subsister. Ce qui n'ôte rien au caractère unique de chaque être humain, son individualité irréductible. Cependant, celle-ci s'est toujours développée dans un cadre communautaire.

C'est-à-dire que la condition d'humain s'acquiert tout autant dans sa propre existence que dans la cadre communautaire de cette existence. Ceux qui, par idéologie, prétendent que l'autonomie est l'état naturel de l'être humain ou ceux qui affirment que la communauté doit toujours primer sur l'individu nient tous la réalité qui s'est forgée au fil du temps: l'être humain ne peut vivre sans la communauté, dont il est, en quelque sorte le débiteur, mais son individualité le rend aussi créancier de cette communauté. Pour établir donc une société équilibrée nous devons trouver ce «Juste équilibre» où l'être humain se fond dans une communauté qui lui permet, en retour, d'être unique et d'être libre. Même un auteur aussi radical que Max Stirner reconnaît cette réalité. Il sait qu'il doit vivre avec et au milieu de ses congénères. Ce qu'il demande, ce n'est pas une liberté totale, autant illusoire que dangereuse, mais le respect de son individualité.

Définir ce Juste équilibre, c'est trouver les valeurs et les principes qui fondent la vie en société et qui permettent de bien vivre ensemble. Y a-t-il des règles immanentes que doivent respecter les humains et leurs sociétés? Y a-t-il un «Bien universel»? Pour cela, nous devons analyser ce qu'est la vie et qu'est-ce qu'elle sous-tend dans la manière dont elle doit être appréhendée par l'humanité.

Derrière ces règles immanentes, y a-t-il de règles dépendant de ce qu'est l'humain intrinsèquement et du résultat de son évolution? Y a-t-il un «Bon universel»? Pour cela, nous devons examiner quelles sont les volontés de l'être humain, collectivement et individuellement et, dans ce cadre, qu'est-ce que peut lui apporter l'organisation politique.

L'action politique doit s'inscrire dans les attentes profondes des humains. Le cadre de l'action politique est la satisfaction des attentes des humains, de ces attentes existentielles profondes modelées par le temps et l'évolution des sociétés humaines et de leurs membres.

S'il existe une valeur, une règle ainsi qu'une vertu – c'est-à-dire une morale – et un principe qui fondent la vie humaine en communauté, il n'existe pas de morale de la vie elle-même dans toute sa diversité. La vie est un combat pour la survie des différentes espèces et sauf à y voir un dessein divin qui n'est pas du propos développé ici (sans porter, par ailleurs, aucune appréciation sur son existence ou non), la bataille n'a rien de morale entre les espèces. L'être humain a conquis sa place de haute lutte et doit toujours lutter pour la garder.

Rendre compatible l'action et la morale est une tâche délicate si l'on se rappelle, par exemple, la distinction entre l'éthique de conviction et l'éthique de responsabilité. Cette compatibilité pas toujours facile n'est en rien une objection à la définition de valeurs. Cependant, parler de valeurs sans les confronter au réel est une falsification du politique et de la politique. Agir sur le réel par une action s'appuyant sur des valeurs nécessite de définir tous ces mots exactement ainsi que leurs interdépendances.

Le réel, par exemple, n'est pas celui d'hier ou de demain mais celui d'aujourd'hui même s'il peut avoir des similitudes avec les deux précités et qu'évidemment ils interagissent entre eux. Les valeurs de référence doivent donc prendre en compte la situation actuelle. Ainsi, par exemple, l'humanité n'est pas unie en ce début de XXI° siècle mais morcelée. Que demain elle soit unie, c'est un vœu mais celui-ci ne peut être la base de cette réflexion actuelle.

L'organisation de la nécessaire et inséparable union entre l'être humain et la société est le sujet de cette réflexion. Le but est de fonder une morale (valeur, règle, vertu) et un principe pratique qui permettent de faire fonctionner les rouages de la société dans le but de la Vie bonne.

Première Partie

Proposition

Préambule

La Vie est-elle la condition indispensable à notre existence?
La réponse est oui.

Notre naissance est-elle obligatoirement issue de la rencontre d'un spermatozoïde et d'un ovule?
La réponse est encore oui.

L'aide des autres êtres humains est-elle indispensable pour que chacun de nous puisse vivre les premières années de sa vie?
La réponse est toujours oui.

La société existe-t-elle grâce à l'existence individuelle de chacun d'entre nous?
La réponse est évidemment oui.

La vie humaine n'est-elle possible que grâce à une Humanité composée d'êtres humains se réunissant ensemble?
La réponse est sans conteste oui.

Peut-on fonder une valeur «éternelle» sur laquelle toute société humaine doit se fonder pour être respectueuse de ses membres?
Oui, cela est possible.

Peut-on fonder une règle «éternelle» sur laquelle toute société humaine doit se reposer pour assurer l'équité envers tous ses membres?

Oui, cela est possible.

Peut-on fonder un principe «éternel» sur lequel doit reposer toute conduite de toute société humaine pour fonctionner en accord avec cette valeur?
Oui, cela est possible.

Peut-on fonder une vertu «éternelle» sur laquelle doit reposer toute conduite de tous les membres de la société humaine pour permettre à la valeur et à la règle d'exister pleinement et concrètement?
Oui, cela est possible.

Peut-on fonder des règles juridiques, économiques et sociales intemporelles pour réglementer les rapports entre individus?
Rien n'est moins sûr.

Chapitre 1

A la recherche de la Métapolis

L'objet de cet essai est multiple. Sa première ambition est de trouver les Métaconcepts, dont les Métapiliers, sur lesquels toute société humaine doit reposer pour remplir sa mission c'est-à-dire vers la recherche du bien-être des membres de la communauté qu'elle agrège dans la Vie bonne afin d'être cette Métapolis, cette cité optimale, la Cité bonne. Sa deuxième ambition est de définir une Métarègle, une Métavertu ainsi qu'un Métaprincipe politique qui vont de pair avec une Métavaleur pour la mise en œuvre effective de cette mission par une action politique efficiente. Sa troisième ambition est de démontrer qu'une fois cette Métavaleur et cette Métarègle en place et mises en œuvre par le Métaprincipe sous l'auspice de la Métavertu, la Métapolis existe et permet l'établissement de la Vie bonne dans l'Optimum de l'organisation de la société réelle.

La Métavaleur, la Métarègle, la Métavertu et le Métaprincipe – qui font partie des Métapiliers des Métaconcepts – sont liés pour que la Métapolis existe. En outre, il ne serait y avoir de Métavaleur et de Métarègle uniquement référentielles qui permettraient, une fois qu'on les a définies, de passer au concret en les oubliant immédiatement dans une négation des fins d'une société, c'est-à-dire dans le refus de voir dans l'association d'humains une volonté d'établir autre chose qu'une simple réunion de circonstance plus ou moins hasardeuse d'intérêts individuels qui s'entrechoquent constamment dans des oppositions et une concurrence sans fin, poursuivant des buts égoïstes et égocentriques. Non pas que cette réalité n'existe et ne soit même un des moteurs premiers pour faire société mais elle n'est pas la seule.

Il ne serait y avoir, non plus, une action politique efficace déconnectée de toute référence à des valeurs car toute action politique doit s'inscrire dans un cadre plus large qui est le devenir de l'Humanité tout entière et donc de chacun des membres de cette communauté mondiale. Ce qui ne signifie pas qu'il faut qu'il n'y ait obligatoirement qu'une culture mondiale – qui serait la réunion de toutes les cultures individuelles et qui serait la meilleure chose qui puisse subvenir – mais que les différentes cultures collectives existantes doivent coexister dans un cadre référentiel organisé autour de la Métavaleur, de la Métarègle et de la Métavertu.

Ce que je veux définir ici est la Métapolis, une sorte de modèle politique que devrait suivre toute société pour être réellement une société d'êtres humains au service d'êtres humains bâtie solidement grâce à la Métavaleur existentielle, la Métarègle morale, la Métavertu altruiste et le Métaprincipe pratique de la Vie bonne.

Quatre questions préalables se posent immédiatement au-delà même de leur existence.
Pourquoi rechercher une Métavaleur universelle et immuable? Pourquoi rechercher une Métarègle universelle et immuable? Pourquoi rechercher une Métavertu universelle et immuable? Pourquoi rechercher un Métaprincipe universel et immuable de la Vie bonne?

A la première question, on serait d'abord tenté de dire que le foisonnement des valeurs, leur évolution, leur changement font que l'on pourrait se dire qu'après tout la vie appelle cette évolution constante et que figer la morale politique serait faire du surplace voire de la régression. Oui, mais voilà, l'être humain est l'être humain. Sa nature et son essence sont des constantes malgré son évolution, en particulier de ses capacités. Et si grâce ou à cause de la technologie sa nature et son essence changent dans les temps futurs, alors il ne sera plus un être humain. Il sera un être d'autre chose qui demandera que les sociétés d'êtres d'autre chose définissent leur nouvelle Métapolis.
C'est donc à partir de la constante être humain qu'une Métavaleur universelle et immuable non seulement peut mais doit être définie.

A la deuxième question, on répondra de la même façon. La Méta-règle est directement issue de la constance de la nature et de l'essence de l'être humain.

A la troisième question, on dira que sans une vertu universelle qui chapeaute les autres et qui permet aux humains de vivre bien et pacifiquement ensemble, il n'est pas de société où la Vie bonne puisse vraiment s'épanouir. Mais cette vertu doit être accessible à tous les êtres humains, sans quoi elle deviendrait une sorte de référence absolue, de but inatteignable, donc sans plus d'intérêt dans l'organisation concrète du vivre ensemble.

A la quatrième question, on pourrait d'abord appliquer le même raisonnement que pour les deux premières questions. A la différence des première et deuxième questions, la réponse n'est pas dans l'immuabilité des recettes de la Vie bonne mais dans celle de la Métavaleur et de la Métarègle et dans l'efficacité découlant de l'expérience et de la pratique.

Chapitre 2

La réalité de la Métapolis

La Métapolis est tout sauf une utopie. La Métapolis est encore moins une construction intellectuelle vouée à demeurer dans les livres et à se recouvrir de la poussière du temps et de l'oubli. Au contraire, la première caractéristique de la Métapolis est la possibilité de sa mise en œuvre et de son fonctionnement immédiats ainsi que sa pérennité. La Métapolis peut réellement fonctionner sans période de transition d'un temps indéterminé entre l'ancien et le nouveau.

La Métapolis parle de l'Optimum de l'organisation de la société réelle, c'est-à-dire d'une société humaniste que l'on peut concrètement établir et non d'un quelconque projet d'une société idéale qui ne pourra jamais être appliquée ni même de la Meilleure société possible que les êtres humains pourraient bâtir s'ils le voulaient qui, elle, pourrait exister mais demanderait de très importants changements et évolutions dans les mentalités et dans l'organisation de la communauté humaine mondiale et donc un certain temps avant de pouvoir réellement exister.

La Métapolis est ce que l'on peut bâtir de mieux dans le réel existant, c'est-à-dire en reconnaissant celui-ci et en le prenant en compte dans l'élaboration de ce socle organique – toujours en mouvement et en adaptation – pour mettre en place la Vie bonne dans la meilleure organisation de la société existante.

La Métapolis ne procède ni d'une vision positive, ni d'une vision négative de la société mais d'une vision réaliste.

Chapitre 3

L'action politique est l'art d'organiser la Vie bonne par l'action et dans le réel

La politique intervient de manière prégnante ou dans une mesure plus ou moins grande dans les rapports des individus entre eux et les organise dans le cadre de leur vie collective dans une communauté. Ces rapports sont tous les rapports juridiques, sociaux, économiques, sociétaux ainsi que culturels et non pas seulement ceux intermédiatisés par une organisation telle que l'Etat.

Ce qui ne signifie pas que la société civile – au sens de l'existence aux côtés d'une sphère publique, d'une sphère privée où le politique n'intervient que pour fixer le cadre dans lequel se nouent des rapports entre individus et dans l'affirmation de la liberté de conscience et de pensée de chaque individu – n'existe pas, bien au contraire.

Mais il serait faux de prétendre que la société civile est un univers indépendant et autonome du politique comme certaines constructions théoriques veulent le laisser croire dans une volonté de lui donner une sorte de prestige et de supériorité sur l'univers de la politique déconsidéré. Ce serait une erreur majeure de le prétendre car le politique au sens large du terme est l'organisation de la vie en société et donc de tout ce qui implique des rapports sociaux, même si c'est pour affirmer que la société ne doit pas s'immiscer dans telle ou telle partie de la sphère civile ou que l'Etat ne peut intervenir.

Erreur majeure disais-je parce qu'une telle fiction permet à tout un courant de pensée relayée par nombre d'activistes de déconnecter le destin individuel, du destin commun, de détruire les solidarités et d'être un des éléments d'un mouvement d'autonomisation (et non d'individualisation) irresponsable des individus, mortifère pour l'organisation harmonieuse de la vie en société, vie en société qui, rappelons-le, est indispensable à l'être humain.

La politique, en effet, permet, par des options prises et mises en œuvre par la société et garanties par l'autorité en charge de gouverner, d'ordonner du mieux possible les rapports entre les individus dans une communauté. C'est sa mission et son objectif. Que ceux qui sont en charge de réaliser la première et d'atteindre le second soient imparfaits et parfois malhonnêtes ou incompétents, c'est vrai et cela ne reflète que l'imperfection du genre humain. Qu'il faille sanctionner les actes répréhensibles de manière particulièrement forte parce que ces individus représentent la collectivité et qu'ils devraient rechercher sinon atteindre un comportement irréprochable est une évidence.

On peut ainsi affirmer que l'Etat n'a rien à faire dans telle ou telle activité humaine, dans tel ou tel relationnel entre des individus. Cela ne signifie pourtant pas qu'il ne faille les organiser pour qu'ils s'inscrivent dans le cadre qui est le but de la Métapolis, créer cette harmonie entre liberté et égalité dans la sécurité. Par exemple, la société et son outil, l'Etat, n'a pas à entrer dans les relations amoureuses au sens où, dans une démocratie républicaine, chacun aime qui il veut. En revanche, ces relations doivent s'inscrire dans des rapports entre les individus régis par le respect de la personne humaine qui ne peut être organisé que par des règles édictées par la société et garantie par elle et son outil pour les mettre en œuvre, l'Etat. Si tel n'était pas le cas, ce serait la loi du plus fort qui régirait certains rapports sociaux ou certaines activités humaines, ce qui ne répond pas aux critères de l'Organisation de la société optimum que doit gérer la Métapolis et dont les caractéristiques premières sont d'être démocratique et républicaine.

Toutes les communautés sont uniques mais leur métacadre doit être commun

La politique, ce sont les idées qui deviennent action pour transformer le réel. Le réel, c'est ce qui existe réellement. Pour agir sur ce qui existe réellement, les communautés humaines ont façonné, chacune, des mythes fondateurs, des récits structurants et des références communes mais ont aussi élaboré un but commun ainsi qu'un rêve collectif qui est partagé par l'ensemble des membres ou la majorité d'entre eux de chacune de ces communautés.

Ceux-ci permettent de formuler un destin commun propre à chacune de ces communautés humaines, de la plus petite à la plus grande, fondant leur légitimité, c'est-à-dire leur reconnaissance comme cadre de référence d'un groupe humain. De ce point de vue, toute communauté est unique et ne pourra jamais se fondre en totalité dans une autre.

Cependant, dans le même temps, toutes les communautés humaines sont sœurs. De cette dernière constatation découle la loi suivante: **pour être respectueuses de leurs membres, toutes les sociétés doivent respecter les mêmes valeurs, règles, vertus et principes de base, celles qui fondent la Métapolis.**

Par valeurs, il faut entendre des références morales découlant et fondées sur le bien. Ces valeurs, dont nous nommerons la principale, celle qui est à la base de tout, la Métavaleur, sont identiques et communes à toutes les communautés humaines sans exception, qu'elles les mettent en œuvre ou non, qu'elles les respectent ou non.

Mais seules la Métavaleur et les valeurs qui découlent directement de celle-ci et de la Métarègle peuvent conférer une Métalégitimité à ces communautés humaines, c'est-à-dire que toutes doivent, pour être réellement au service de leurs membres, collectivement et individuellement, les respecter pour être légitimes.

Dans le même temps, il faut imaginer une structure capable de mettre en pratique cette Métavaleur et les valeurs qui en découlent. Cette Métastructure doit obéir à un Métaprincipe, et reposer sur une Métarègle c'est-à-dire un principe et une règle généraux qui permettent de mettre en pratique cette Métavaleur et ces valeurs, de les dynamiser et d'en faire, à la fois des permanences et des moteurs du changement.

Mais, en plus, elles doivent être portées par une Métavertu qui seule a la capacité de faire fonctionner correctement cette architecture.

Permanences et moteurs du changement qui permettent de créer le lien social, le Métalien social, de la Vie bonne c'est-à-dire du bien vivre ensemble du bien vivre personnel et de la réalisation de soi individuelle. C'est le Métadessein de toute communauté humaine.

Chapitre 4

La Métapolis,
ses Métaconcepts et ses Métapiliers

La **Métapolis** est le socle organique impératif sur lequel s'édifie toute communauté humaine équilibrée et respectueuse de ses membres, c'est-à-dire l'Optimum de l'organisation de la société réelle seule capable de mettre en place puis de gérer la Vie bonne.

La Métapolis est composée de Métaconcepts c'est-à-dire d'universels prégnants pour la définir et assoir la Vie bonne.

Ces Métaconcepts de la Métapolis constituent ainsi les fondations de toute société dont le but est cette Vie bonne.

Les **Métaconcepts** de la Métapolis sont le Métafondement, le Métabien la Métavaleur, la Métarègle, la Métavertu, la Métastructure le Métaprincipe, le Métasujet, la Métamesure, le Métalien social, le Métaobjet, le Métadessein et la Métapolitique.

Ici nous ne parlons que des Métaconcepts effectivement applicables dans le réel et qui doivent présider à la gestion d'une communauté humaine. Ces Métaconcepts de la communauté humaine sont les concepts essentiels et incontournables qui fondent l'Optimum de l'organisation de la société réelle c'est-à-dire la référence ultime de toute communauté humaine existante (et non qui pourrait exister).

Dans le cadre de ces Métaconcepts, le système politico-économico-socio-sociétal s'organise selon les réalités et les nécessités historiques du moment grâce à la Métapolis afin de permettre la réalisation effective du Métaobjet.

Parmi ces Métaconcepts se trouvent les Métapiliers, c'est-à-dire les piliers cardinaux de la Métapolis. Sans un seul de ces métapiliers, la Vie bonne ne pourrait exister dans sa plénitude et la société sensée la mettre en œuvre serait bancale, sans cesse en train de tanguer.

Les **Métapiliers** de la Métapolis sont au nombre de six. Il s'agit du Métafondement, du Métabien, de la Métavaleur, de la Métarègle, de la Métavertu et du Métaprincipe.

Sans ces Métapiliers, les autres Métaconcepts n'existeraient pas.

Ces piliers cardinaux fondent la Vie bonne de l'Optimum de l'organisation de la société réelle composée du vivre bien ensemble collectif, du vivre bien personnel et de la réalisation de soi individuelle.

Chapitre 5

L'organisation politique
de la communauté humaine

Dans une communauté humaine:

Le **Métafondement**, c'est la *Vie*.

Le **Métabien**, c'est la *protection et la préservation de la Vie*.

De ce Métabien découle, d'une part, le **droit cardinal imprescriptible** de *vivre en sécurité* pour chaque membre de la communauté et cette **obligation catégorique** pour la communauté d'*assurer la sécurité* de tous ses membres afin de réaliser le Métadessein, la Vie bonne.

La **Métamesure**, c'est l'*Humanité* à la fois dans sa dimension individuelle et collective.

Le **Métasujet**, c'est l'*Etre humain* à la fois individu libre et personne humaine.

Ce qui lui confère la **dignité cardinale *d'humain*** et la **qualité cardinale de *personne*** ainsi que le **droit cardinal imprescriptible** à la **protection et au respect de son individualité**.

Le **Métaobjet**, c'est l'**Optimum de l'organisation de la société réelle**.

La **Métavaleur** qui fonde et guide l'action politique mais aussi qui fonde et guide l'Optimum de l'organisation de la société réelle est la *Liberté*.

La Liberté est la reconnaissance du **caractère unique de l'individualité de chacun**.

De cette Métavaleur découle la **valeur tolérance**, l'**état cardinal**, *être libre* et **le comportement catégorique**, *être responsable*, état et comportement qui sont les bases du **Métaagir**, c'est-à-dire *être dans la Liberté responsable de ses actes et dans ses actes* à la fois comme condition et conséquence de la Liberté.

L'état cardinal implique nécessairement la responsabilité sous ses deux facettes. Cette responsabilité permet d'être l'auteur de ses actes en toute liberté mais de devoir rendre compte de ces actes vis-à-vis de la liberté de l'autre.

La **Métarègle** c'est l'*Egalité* entre tous les individus qui leur permet de se réaliser chacun dans sa différence et rechercher la *justice sociétale*.

De cette Métarègle découle la **valeur solidarité** et la **condition cardinale**, *être égal*.

La **Métavertu**, c'est le *Respect*.

Du Respect découle la **prérogative cardinale**, *être respecté*, due en regard de la Métadignité et la **conduite catégorique**, *être respectueux*.

Le **Métaprincipe** qui guide l'action politique et permet la réalité effective de la Métavaleur et de la Métarègle, est le *Juste équilibre*.

Celui-ci est l'adaptation continuelle de l'action politique à la réalité afin de permettre à tous de recevoir ce qui leur est dû en tant qu'humain et en tant que personne mais aussi en regard de leurs mérites et de leurs capacités.

Le **Métalien** social, c'est la Métavaleur, la Métarègle et la Métavertu mises en œuvre par le Métaprincipe.

Le **Métadessein** de toute communauté humaine est la *Vie bonne* constituée du *vivre bien ensemble* (vivre bien collectif), du *vivre bien personnel* et de la *réalisation de soi individuelle*. Si ce n'est pas le cas, on se trouve face à la confiscation par un groupe de la communauté humaine.

La **Métastructure** est le système et l'organisation politique qui permettent d'agir de manière concrète pour la réalisation effective du Métalien en regard de la réalité et par référence au Métadessein de la communauté humaine.

La **Métafonction** d'une société humaine est d'assurer le Métabien par la plus grande sécurité possible qui n'interfère pas négativement avec la Métavaleur, la Métarègle et la Métavertu ainsi que de permettre l'épanouissement de chacun de ses membres de par la meilleure utilisation de ces Métavaleur, Métarègle et Métavertu pour réaliser le Métadessein dans le Métalien.

La **Métamorale** de la société et de l'individu est de se conformer au Métabien et de mettre en œuvre le Métalien.

L'**éthique catégorique** de l'individu est de pratiquer la Métavertu (par sa conduite catégorique) et ses **devoirs catégoriques**, *être solidaire* et *être tolérant*) dans le cadre de la Métavaleur et de la Métarègle.

Dans une société, en sa qualité cardinale de personne, l'individu est:
- de part sa condition cardinale, égal à l'autre;
- de par son état cardinal, aussi libre que l'autre.

Sa dignité cardinale d'humain implique qu'il doit être respecté par l'autre ce qui lui impose en retour sa conduite catégorique, être respectueux envers l'autre.

Dès lors:
La Métapolitique, l'action politique concrète légitime et perti-

nente que doit mener tout pouvoir constitué pour posséder **la Méta-légitimité,** a comme but de réaliser, d'instituer et de faire fonctionner **le Métadessein de la Métapolis en organisant le Métaobjet, l'Optimum de l'organisation de la société réelle, par la Métastructure** chargée de réaliser **le Métalien** basé sur **la Métavaleur, la Liberté,** reposant sur **la Métarègle, l'Egalité,** s'appuyant sur **la Métavertu, le Respect,** et fonctionnant par **le Métaprincipe, le Juste équilibre,** afin de créer les conditions de **la Vie bonne** autour du **vivre bien ensemble, du vivre bien personnel et de la réalisation de soi individuelle** tout en respectant **le Métafondement, la Vie, par le Métabien, la protection et la préservation de la Vie.**

La Métapolitique guidée par la **Métapolis** qu'elle met en œuvre s'attèle à la recherche de **la société juste (justice morale)** tout en sachant qu'il ne sera possible que d'aboutir à **la «société la plus juste possible»,** c'est-à-dire à l'**Optimum de l'organisation de la société réelle,** dans le cadre d'une réalité qui empêche de concevoir que l'humanité puisse vivre dans la justice parfaite même la seule justice politique, sociale et sociétale.

La mission catégorique de la **Métapolis** est de travailler sans relâche à créer les conditions de la justice qui est une articulation harmonieuse et équilibrée mais aussi dynamique donc non-figée, entre la liberté et l'égalité, le tout dans la sécurité.

Chapitre 6

Définitions

Je rappelle que mon entreprise n'est pas de définir des Métaconcepts et des Métapiliers absolus, c'est-à-dire qui seraient les fondements de l'existence humaine. Non, il s'agit pour moi de définir ceux qui sont essentiels pour la Vie bonne en société.

Le Métafondement, c'est la Vie.

Le Métafondement d'une communauté humaine, fondement originel, source et mesure de tout, axe indépassable et cause suprême, c'est la Vie. La Vie, origine de tout. Sans Vie, rien.

Le Métabien, c'est la Protection et la Préservation de la Vie.

Le Métabien d'une communauté humaine, c'est la protection et la préservation de la Vie. Tout ce qui défend et concoure à préserver la Vie ne peut que constituer ce que l'on appelle le Métabien. Ce Métabien découle «naturellement» du Métafondement, la Vie. A contrario, tout ce qui détruit la Vie constitue ce que l'on appelle le Métamal (ou l'ennemi du Métabien).

Par Vie, il faut entendre vie humaine et tout ce qui est nécessaire pour qu'elle soit possible (son environnement au sens large), puisque nous raisonnons en tant qu'êtres humains et dans le cadre de l'organisation d'une société humaine. Pour la société, le Méta-bien consiste dans la protection et la préservation de la Vie.

La Métamesure, c'est l'Humanité.

La Métamesure c'est l'Humanité dans sa dimension individuelle et sa dimension collective, c'est l'Etre humain et une communauté d'êtres humains.

Le Métasujet, c'est l'Etre humain à la fois individu libre et personne humaine.

Le Métasujet d'une communauté humaine, c'est l'Etre humain à la fois individu libre par sa naissance et sa différence et personne humaine grâce au lien social lorsqu'il est pensé collectivement.

L'individu libre dans sa relation avec l'autre par la médiation de la société devient une personne en acquérant un statut garantissant sa liberté d'individu unique et différent et, de plus, lui assurant respect, solidarité et tolérance en échange de sa responsabilité, le tout dans la sécurité.

La Métavaleur, c'est la Liberté.

La Métavaleur qui fonde et guide l'action politique mais aussi qui fonde et guide l'Optimum de l'organisation de la société réelle existante est la Liberté. La Liberté, la mienne et celle de l'autre.

Associée à la Liberté, se trouve la valeur de la Tolérance et le comportement être tolérant. Tolérance envers moi et envers l'autre, de moi envers l'autre, de l'autre envers moi.

En outre, la Liberté est la capacité et la faculté pour chaque individu à vivre son individualité responsable (être responsable c'est décider de ses actes soi-même et d'être comptable de ceux-ci dans leurs conséquences).

La Métarègle, c'est l'Egalité.

Pour donner la légitimité indispensable à tout l'édifice de la Métavaleur et du Métaprincipe ainsi qu'au Métaobjet, il faut évidemment que tout membre de la communauté qu'ils façonnent soit égal à un autre en tant qu'être humain capable grâce à sa différence d'être unique dans une société d'égaux.

L'Egalité dans la différence de son individualité propre irréductible à celle d'un autre est un état qui permet à chacun de pouvoir vivre cette individualité dans la communauté grâce à la Liberté, le Respect, la Solidarité et la Tolérance. C'est ce que j'appelle la justice sociétale qui n'est ni la justice naturelle, ni la justice sociale mais celle qui prend en compte l'individualité de chacun (ses différences) et son mérite. Il s'agit donc d'une égalité de condition (humaine et non matérielle ou sociale) et d'opportunités.

Associée à l'Egalité se trouve la valeur de la Solidarité et le comportement être solidaire. Solidarité avec moi et avec l'autre, de moi avec l'autre, de l'autre avec moi.

La Métavertu, c'est le Respect

Le Respect pour moi et pour l'autre, de moi pour l'autre et de l'autre pour moi. D'où la prérogative cardinale, *être respecté*, due en regard de la Métadignité et la conduite catégorique, *être respectueux*.

Respecter quelqu'un, c'est d'abord reconnaître son existence et son individualité mais c'est aussi reconnaître qu'il est mon égal ainsi que d'avoir de la considération pour lui et ne pas porter atteinte à sa personne.

Sur cette Métavaleur, cette Métarègle et cette Métavertu se fondent les valeurs, les règles et les vertus propres à chaque communauté, valeurs, règles et vertus qui ne peuvent, évidemment, être en contradiction avec la Métavaleur, la Métarègle et la Métavertu.

Le Métaprincipe, c'est le Juste équilibre.

Le Métaprincipe qui guide l'action politique et permet la réalité effective de la Métavaleur dans le cadre de la Métarègle, est le Juste équilibre. Une action politique qui est une adaptation continuelle à la réalité pour permettre ce Juste équilibre.

Le Métaobjet, c'est l'Optimum de l'organisation de la société réelle.

L'Optimum de l'organisation de la société réelle est le Métaobjet de la Métapolis, qui est son but, ce qu'elle peut atteindre de meilleur c'est-à-dire de ce qu'elle peut offrir collectivement et individuellement à l'humain.

La communauté humaine qui doit être mise en place c'est celle de l'Optimum de l'organisation de la société réelle, la société qui assure le maximum de ce que chacun peut obtenir dans son existence unique dans le maximum de sécurité en regard de ce que l'autre doit pouvoir obtenir exactement la même chose dans une communauté, cadre naturel de la réunion d'êtres humains. C'est le Juste équilibre dans la différence.

Le Métalien social, c'est la Liberté, l'Egalité et le Respect en action

Le Métalien de l'Optimum de l'organisation de la société réelle est issu de la Métavaleur et mis en œuvre grâce au Métaprincipe et par la Métavertu. Le Métalien réalise la Vie bonne grâce au vivre bien ensemble, au vivre bien personnel et à la réalisation de soi individuelle.

La Métapolitique, c'est l'action politique légitime et pertinente

La Métapolitique est l'unique action politique légitime et pertinente, la seule voie qui permet d'édifier et de gérer l'Optimum de l'organisation de la société réelle, cadre obligé de la Vie bonne. La Métapolitique découlant de la Métavaleur, est l'agir de la Métastructure fonctionnant autour du Métaprincipe.

La Métapolitique est l'action politique légitime et pertinente de tout pouvoir politique basée sur la Métarègle et la Métavaleur issues du Métafondement et du Métabien, fonctionnant grâce à une Métastructure basée sur le Métaprincipe pour établir le Métadessein dans le cadre du Métaobjet, l'Optimum de l'organisation de la société réelle.

La Métapolitique organise la justice (harmonie liberté-égalité dans la sécurité) que met en pratique la Métastructure grâce au Métaprincipe afin de permettre la réalisation de la Vie bonne dans le cadre de l'Optimum de l'organisation de la société réelle.

Dès lors, **la Métamission** de la **Métapolitique** des organes de gouvernance d'une société guidés par **la Métapolis**, c'est d'assurer la justice la meilleure possible, c'est-à-dire l'harmonie la plus accomplie possible entre la Métavaleur, la liberté, et la Métarègle, l'égalité, dans la sécurité.

La Métastructure, c'est le système et l'organisation politiques optimums

La Métastructure est constituée du système politique optimum et de l'organisation politique optimum.

Découlant de la Métavaleur, de la Métarègle, de la Métavertu et du Métaprincipe, le système politique optimum de la Métapolis est une démocratie républicaine, les deux termes impérativement dans cet ordre. Du fait de la complexité des affaires publiques, il convient que ceux qui exercent le pouvoir souverain qui appartient à la communauté reçoivent d'elle une délégation pour les représenter. Ainsi, la démocratie républicaine doit être représentative et non directe pour être la plus efficace.

Toujours découlant de la Métavaleur, de la Métarègle, de la Métavertu et du Métaprincipe, l'organisation politique optimum de la Métapolis est de diviser le pouvoir en quatre organes élus indépendants, séparés et cependant liés, le pouvoir exécutif, le pouvoir législatif, le pouvoir judiciaire et le pouvoir formatif et informatif.

Ces quatre pouvoirs ont comme but de permettre l'existence d'une communauté de personnes libres, respectées, respectueuses, solidaires, protégées, tolérantes, tolérées, c'est-à-dire de personnes capables de faire des choix en toute sécurité, responsables et éclairées grâce à la transmission du savoir et informées grâce à la transmission de l'information.

Il faut préciser que si la société a un devoir de formation et d'information qu'elle doit remplir par des organes publics indépendants qui doivent rendre des comptes à la communauté, des organes non contrôlés par l'Etat peuvent évidemment coexister avec les premiers nommés, la formation et l'information sont également des droits au nom des libertés de conscience, de parole et d'expression. Chacun peut donc être un vecteur de transmission de formation et d'information, seul ou associé à d'autres.

La Métastructure permet l'existence du Métalien social basé sur la Métavaleur, sur la Métarègle et sur la Métavertu grâce au Métaprincipe essentiel pour l'existence effective du Métadessein.

La Métastructure de la communauté humaine permet l'édification de l'Optimum de l'organisation de la société réelle qui permet la Vie bonne constituée du vivre bien ensemble, du vivre bien personnel et de la réalisation de soi individuelle.

Découlant de la Métavaleur, la Métastructure ne peut être ni liberticide, ni irrespectueuse de toute personne.

Le Métadessein, c'est la Vie bonne

Le Métadessein de toute communauté humaine est la Vie bonne constituée d'un côté du vivre bien ensemble et de l'autre côté du vivre bien personnel et de la réalisation de soi individuelle.

Deuxième Partie

Discussion

Avertissement

Cette deuxième partie pose des arguments, des questions et des problématiques en rapport avec la Métapolis. Le foisonnement et le peu d'ordre dans lesquels ils sont présentés ainsi que la possibilité d'une certaine redondance peuvent dérouter le lecteur mais indiquent surtout que le travail de réflexion concernant le sujet n'a pu être dompté afin de lui offrir un plan structuré et un déroulé fluide et rationnel de ma pensée en ce que ceux-ci auraient sans doute pu être réducteurs de la discussion que je souhaite initier. Que le lecteur m'en excuse et puisse y trouver malgré tout un enrichissement supplémentaire.

1. Métafondement, pourquoi la vie?

S'il n'y a pas de vie, il n'y a rien pour l'être humain. Et même s'il est difficile à la biologie ou à la philosophie de définir exactement ce qu'est la notion de vie, il nous suffit ici de dire qu'il faut des êtres humains vivants au sens commun du terme pour faire une société. C'est-à-dire des membres de l'espèce humaine qui naissent et qui meurent et dont la période qui va de leur naissance à leur mort s'appelle la vie. Bien entendu, si l'on arrive un jour à ce que l'humain soit éternel – ce qui semble aujourd'hui impossible – alors la vie d'un humain sera caractérisée par la période qui part de sa naissance.

Et cette société d'humains créée par des humains pour des humains n'existe que parce qu'il y a des humains qui la constitue. De ce point de vue, la vie est donc le fondement premier, le Métafondement, de toute société humaine.

Deux problématiques émergent aussitôt que l'on parle de vie. La première est la mort. Si le métafondement de toute communauté humaine est la vie alors elle ne peut en aucun cas l'arrêter chez un de ses membres. Le meurtre est donc évidemment interdit mais tout comme la peine de mort. Ce n'est que l'individu qui peut choisir de se tuer avant sa mort naturelle. Ce droit doit lui être reconnu car sa vie est son bien personnel qui n'appartient à personne d'autre même pas à la société.

Or celle-ci revendique souvent un droit de regard parce qu'elle aurait contribué à l'existence de l'individu, à sa formation et à sa préservation et que cela a un coût et que celui-ci interdirait l'individu de disposer à sa guise de sa vie. Mais cette argumentation ne vaut pas puisque l'individu ne peut demander à la société une rémunération du simple fait qu'il vit et qu'il accomplit des actes en faveur de la communauté (en dehors de son activité professionnelle).

La deuxième est de savoir quand commence exactement la vie. Selon la biologie, l'embryon n'est qu'une agrégation de cellules sans aucune conscience ni système nerveux jusqu'à la quatorzième semaine après sa conception. En outre, dès la formation d'un embryon, il existe de grandes chances qu'in fine celui-ci ne se développe pas naturellement du fait de problèmes divers.

2. Qu'est-ce que la vie?

Cette question qui semble simple à première vue, hante pourtant les études des philosophes, des scientifiques, des biologistes, des médecins, des juristes, des théologiens et de tous les penseurs en général depuis que l'Humanité se pense. La question n'a pas encore été résolue d'une façon unanime et, surtout, sur des critères totalement objectifs. Ainsi, il n'existe pas de définition consensuelle de la vie commune à toutes les disciplines des sciences humaines, ni même à l'intérieur de chacune des sciences. Néanmoins, pour notre propos, il nous suffit de dire que la vie est la condition de l'existence de l'être humain.

3. La vie est la condition de l'existence de l'humain

La vie est la condition de l'existence de l'humain. La vie, base de l'existence de l'Humanité, à la fois, de l'être et de la communauté. L'être et la communauté ne sont pas deux entités distinctes mais deux entités reliées par des liens vitaux. Sans l'un pas l'autre. Sans l'une pas l'autre.

4. Penser l'étant détermine cet étant comme manifestation de la vie

Penser l'étant détermine cet étant comme manifestation de la vie, du métafondement de la communauté humaine. Si l'étant nous permet de penser, penser nous permet de conceptualiser l'étant dans son antériorité évidente de manifestation de la vie, dans ce qu'il a d'antérieur à tout, à tout acte (qui suppose son existence) et à toute chose produite (qui suppose la réalisation d'actes). Dès lors être est la base de tout, le départ de tout, l'explication de tout, le tout humain, bien entendu. Etre, c'est la vie Ce qui n'est pas, ne vit pas, n'existe pas. La vie est donc sans conteste le métafondement de l'humanité. La vie défend la vie. La vie s'exprime comme métafondement de l'humanité dans sa continuelle protection, donc des êtres humains dans leur multiplicité.

5. Métabien - Pourquoi la protection et la préservation de la vie?

Le bien fondamental, le Métabien, dans une société est la référence indépassable de la loi morale sur laquelle elle est établie. Mais également la raison pratique pour laquelle elle a été créée. Et cela ne peut être que la préservation du fondement premier qui légitime son existence, c'est-à-dire la vie.

D'autant que le métabien individuel est évidemment pour chaque personne la protection et la préservation de sa propre vie, sa plus chère possession – sans celle-ci il n'existe pas et donc ne peut ni être, ni avoir – à laquelle on peut ajouter la vie des personnes qui lui sont particulièrement chères et pour lesquelles il serait prêt à sacrifier la sienne. Le métabien individuel fonde donc et s'inclut naturellement dans le métabien commun, la protection et la préservation de toutes les vies humaines

Dès lors, l'évidence est que la protection et la préservation de cette vie constituent l'essence de ce Métabien.

6. Le Métabien et le Métamal se définissent sur des bases minimalistes

Le Métabien et le Métamal se définissent sur des bases minimalistes. A part la vie, il n'existe pas pour une communauté humaine d'autre métafondement sur lequel pourraient s'appuyer le Métabien et le Métamal. L'erreur de la plupart des philosophes et théologiens est et a été de vouloir définir ces deux notions sur de larges bases. Ils veulent y introduire de nombreux éléments qui n'ont de lien qu'avec une idéologie particulière, une croyance, une utopie. Leurs buts étaient idéologiques, essentiellement ontiques mais non ontologiques.

Si nous raisonnons dans une optique kantienne, nous aboutissons, en toute logique, à ce que le métabien, empiriquement et suivant la connaissance de la pratique humaine, soit la protection et la préservation de la vie et que cela soit la revendication de la volonté raisonnable de l'être humain.

7. Définition du «sens moral»

Le «sens moral» se définit comme une capacité de distinguer ce qui, moralement, est bien et ce qui est mal, assortie de la volonté de s'y conformer dans l'action. Il appartient à tout être humain. L'être humain affirme généralement que le métabien, le bien au-dessus de tous les autres, est «naturellement» la préservation et la protection de la vie et la préservation et la protection de sa vie, avant tout. Il s'agit d'une réalité primaire puisque sans vie l'individu n'existe pas et ne peut donc rien réaliser.

Par ailleurs, chaque personne définissant ce qu'elle entend par le bien, c'est la somme de ces «biens individuels» qui trouvent sa traduction dans un «bien admis» (qui n'est pas, cependant, a priori, forcément identique au «bien absolu»). Or, si chacun de nous désire avant tout préserver individuellement sa vie (et que donc, au minimum, les autres ne la menace pas et que donc, en retour, il ne menace pas la leur), c'est que cette préservation est à la base de notre souhait de vivre – par définition – et, par extension, de vivre en société. Dès lors, la préservation de la vie est également le «bien admis» tout comme il est le «bien absolu», comme cela a déjà été défini.

Tout ceci rejoint le débat sur la morale et sur celle qui, en particulier, fonderait les valeurs d'une société, débat qui tourne autour de savoir s'il existe des valeurs «objectives» dont, notamment, une ou plusieurs métavaleurs. Cette ou ces valeurs, pour mériter ce dernier terme doivent se référer uniquement à la définition du métabien, qui est la préservation de la vie et doivent être générales, c'est-à-dire s'appliquer à tout le monde et être égales pour tout le monde.

Ensuite, à partir de la reconnaissance et de la définition du Métabien et du Métamal et de cette ou ces métavaleurs, peuvent se construire des théories et des idéologies qui définiront plus largement un bien et un mal dépendant de la société dans laquelle les hommes et les femmes évolueront.

Ce bien et ce mal, dans une société donnée, se définissent, donc, par rapport aux propres buts et aux propres valeurs de cette société, deviennent un système de référence, mais plus le Métabien et le Métamal dans l'absolu, ni la ou les métavaleurs.

Ajoutons que la préservation de la vie appelle corrélativement à son respect et sa protection. Préserver la vie signifie, bien évidemment, respecter absolument son intégrité absolue.

8. Lien organique et tension entre le Métabien, la Métanécessité et le Métaintérêt

Individuellement, entre le Métabien (protéger et préserver sa vie), la Métanécessité (assurer sa subsistance) et le Métaintérêt (réaliser son épanouissement personnel), y a-t-il un lien organique ou une tension, une confrontation voire une opposition? Il y a une tension qui peut virer à l'opposition voire à la confrontation. Celle-ci implique les êtres humains entre eux, soit dans une relation d'un membre d'une communauté avec un autre, soit entre des communautés entre elles. Mais, avant tout, le lien organique est une évidence. Sans préservation et protection de la vie pas de subsistance et pas d'épanouissement pour un être humain. La Métanécessité et le Métaintérêt de l'être humain sont donc totalement dépendants du métabien.

9. Réconcilier nécessité, intérêt et morale

Tout le travail de la Métapolis est aussi de réconcilier nécessité, intérêt et morale. Le juste équilibre est évidemment la solution lorsqu'il s'appuie sur la métavaleur.

10. Morale, nécessité, intérêt

Seule la Métapolis peut aboutir à ce que la morale, la nécessité et l'intérêt puisse se développer harmonieusement les uns à côté des autres, les uns avec les autres.

11. Tension et confrontation entre le Métabien collectif et le Métaintérêt individuel

Entre le Métabien collectif et le Métaintérêt individuel, il y a tension et confrontation.

12. La Métanécessité et le Métabien sont les deux demandes primaires de l'être humain

La Métanécessité et le Métabien sont les deux demandes primaires de l'être humain. La Métanécessité est de pouvoir, en toute sécurité physique et psychologique, manger, boire, dormir, se reproduire, etc. Sans vie pas de réalisation de cette nécessité. La réalisation de cette nécessité suppose l'agir. Ces actions représentent l'activité humaine primaire.

L'humain immobile est mort. Le mouvement indique la vie. Le mouvement suppose de l'énergie. Cette énergie ne peut être obtenue que par l'activité (ou travail). Le travail est consubstantiel à l'existence de l'être humain.

La Métanécessité est le moteur de l'être humain. Mais la Métanécessité ne peut se réaliser que dans le cadre du métabien.

13. Si être est à la base de tout, son inexistence est néant

Si être est à la base de tout, son inexistence est néant. Sa destruction est volonté de néant, elle est négation de notre être. La négation de la base de tout ne peut être que le Métamal. Donc l'affirmation de cette base est le métabien.

14. Le bien d'une société humaine faite par les humains pour des humains est la préservation de la vie humaine

Le bien d'une société humaine faite par les humains pour des humains est la préservation de la vie humaine. Une société existe avant tout pour assurer la sécurité de ses membres. Une société d'humains fondée par des humains pour des humains a comme principe la sécurité de ses membres. La sécurité est la première mission de la société. Celle-ci n'existe que dans le respect de ceux-ci, dans la solidarité avec ceux-ci et dans la tolérance de ceux-ci. Dénier une de ses valeurs à ses membres revient à ce que la société leur rende leur environnement dangereux.

15 Du bien dans la société

Une société d'êtres humains doit rechercher le bien de la collectivité et le bien de ses membres dans le bien de chaque membre.

16. Un principe de bien

Quelques soient les avancées technologiques ou biologiques; quelques soient les interrogations existentielles et morales, il n'y a et il ne peut y avoir qu'un principe de bien dans une société qui est la réunion d'êtres humains. Ce principe, c'est la préservation de la vie. Toute discussion ne peut être basée que sur ce principe, qu'elle le respecte ou non.

17. La sécurité, première exigence de la société

On peut dire que la sécurité, donc la pérennité de toute société, est sans doute la première exigence des sociétés. Sécurité intérieure avec l'ordre, sécurité extérieure, avec la défense face aux menaces, voilà les deux priorités de toute société qui veut continuer de structurer un vivre ensemble.

18. Métamesure - Pourquoi l'Humanité?

Nous avons vu que le fondement premier d'une société humaine était la vie humaine et que le bien fondamental en était la protection et la préservation. Dès lors, tout naturellement, la mesure incontournable, la Métamesure, d'une société humaine est l'Humanité qui la compose, partie indétachable de l'Humanité toute entière.

19. Humain, unique et groupe

En tant qu'un – individu – et multiple – espèce –, l'humain se pense à la fois comme unique et comme groupe. Comme unique, il est son centre naturel et unique constituant. Comme membre d'un groupe, il en est une partie du centre et une partie constituante. En tant qu'unique, sa seule recherche est son intérêt. En tant que partie d'un groupe, il confronte son intérêt à celui des autres pour en tirer un compromis.

20. Les deux caractéristiques des membres de l'espèce humaine

Les membres de l'espèce humaine ont deux caractéristiques fondamentales: Leur indépendance et leur appartenance au groupe. Ce sont des êtres libres dans un environnement social.

21. Etre humain, individu, personne

L'être humain possède la vie, propriété inaliénable. L'individu possède la liberté (ainsi que des droits et des devoirs). La personne possède des attributs sociaux dans le cadre d'un lien social.

Pour qu'il y ait «individu», il faut des relations plus ou moins tempo-raires ou épisodiques entre plusieurs êtres humains, n'importe quel nombre, c'est-à-dire des rapports en commun mais pas forcément dans un réseau relationnel continu.

Pour qu'il y ait «personne», il faut un lien social et donc une com-munauté, c'est-à-dire un groupe social ayant des caractères et des intérêts communs dans un réseau relationnel continu.

22. Définition de la nature humaine

On peut définir la nature humaine, l'essence de l'être humain par trois caractéristiques: L'intérêt personnel, la compassion pour l'autre, l'amour. Celles-ci permettent l'établissement de la Métapolis.

23. L'humain, c'est l'individu et la communauté

Que ce soit par la biologie, la paléontologie, la paléoanthropologie ou la religion, le constat est le même: l'être humain n'a jamais été isolé mais a toujours vécu dans une communauté plus ou moins importante. Chaque être humain résulte de la fusion d'une cellule sexuelle d'origine paternelle et d'une autre d'origine maternelle. Chaque être humain naît de la rencontre d'un père et d'une mère. Chaque être humain vit dans le ventre de sa mère. Issu de deux êtres humains, l'être humain est conçu dans un ventre humain. Il demeure plusieurs mois en gestation dans ce ventre. Incapable de se nourrir et de se soigner seul à sa naissance, il est totalement dépendant d'autres êtres humains. Cette dépendance vis-à-vis d'autres êtres humains dans des domaines variés et variant selon l'être humain durera toute son existence car aucun être humain n'est autosuffisant. Dès lors, sans contestation possible, le cadre «naturel» de l'être humain est la communauté.

L'affranchissement de la communauté est-elle un but de l'être hu-main? L'évolution de l'être humain le rend-il capable de cet affran-chissement plus ou moins total? Cet affranchissement est-il un pro-grès dans l'existence de l'être humain? L'individualisation croissante de l'individu grâce à son autonomisation permise par la société mo-derne est-elle une évolution légitime de la société? A toutes ces questions, la réponse est non. C'est une dégénérescence du lien social et une inadaptation de ses fondements qui mériteraient d'être actualisés.

Dès lors, l'être humain doit rechercher le maximum d'autonomie dans le cadre d'un Métalien social en constante adaptation mais basé sur la même métavaleur, la même métarègle et le même métaprincipe, le tout en pratiquant la même métavertu et non détruire le lien social pour trouver une autonomie illusoire dans l'affranchissement de la communauté dans laquelle il vit.

24. Devant Dieu, l'être humain est seul

Devant Dieu, l'être humain est seul. Il rend compte de ses actes et uniquement de ses actes. Sa liberté est indissociable de sa responsabilité. Si Dieu n'existe pas, l'être humain doit rendre compte de ses actes devant les autres êtres humains. Sa liberté est indissociable de sa socialisation.

25. Partir de l'humain

Pour organiser au mieux la vie en société des êtres humains, il faut partir de l'être humain, de ce qu'il est, de ce qu'il fait et de ce qu'il veut. C'est en partant très concrètement de la réalité de l'existence de l'humain qu'il est possible de comprendre celui-ci afin de bâtir les fondations solides d'une société qui réponde à ses besoins individuels et collectifs. Partir de l'être humain ne veut pas dire que l'on reconnaisse l'autonomie totale de celui-ci mais que l'explication de son fonctionnement permet de comprendre ses relations avec les autres humains et donc le fonctionnement de la société même si celle-ci en tant qu'entité possède des réactions qui ne sont pas réductibles à celles de l'être humain. Ainsi, ce point de départ doit permettre d'élaborer la meilleure relation entre l'individu et la collectivité et de faire de l'individu une personne libre et responsable.

26. Apparition de la vie

Ce qui nous intéresse, c'est, comment est apparue la vie et pourquoi elle existe et comment est apparu l'être humain et pourquoi il existe. Les processus d'apparition de la vie et de l'être humain ainsi que les conditions de leur apparition et de leur pérennisation démontrent la nécessaire et indivisible relation entre l'un et le multiple, entre l'être humain et l'humanité, entre l'individu et la collectivité, entre la personne et la société.

27. Facteurs de définition de l'espèce humaine

L'espèce humaine se définit par un certains nombres de facteurs. Ces facteurs sont l'existence d'outils complexes, d'un langage complexe qu'elle peut partager, d'une transmission culturelle, de la possibilité de s'extraire du déterminisme de la nature, de la capacité de se projeter dans l'avenir, de la connaissance de sa finitude. Beaucoup d'espèces animales partagent un certain nombre de ces facteurs.

28. Métasujet - Pourquoi l'être humain?

Si l'Humanité est la mesure incontournable d'une société humaine qui doit être la référence à toute organisation de celle-ci, l'être humain est, in fine, celui qui est le récipiendaire de cette organisation et de son fonctionnement. De ce fait, il est le sujet central d'une société humaine, le métasujet, et toute organisation de la société doit se faire au profit de cet individu qui a décidé d'en faire partie.

Mais, dans une relation d'équilibre, le groupe qui compose cette société et le sujet qui compose ce groupe doivent être également des gagnants.

29. Le métasujet, l'être humain

Si la vie (l'être) est le métafondement et tout ce qui concoure à la préserver et la protéger est le métabien il nous faut définir le métasujet de cette vie, celui qu'il faut préserver et protéger, celui qui en est le bénéficiaire. Qu'est-ce qui est et ne peut qu'être le métasujet, le sujet éminemment principal d'une société d'êtres humains? L'être humain, lui-même, sans équivoque et contestation possibles.

Car, pour une communauté d'hommes et de femmes, la vie est avant tout leurs existences considérées collectivement (même si la vie peut, dans un mouvement inverse, se décliner dans la vie de chaque homme et de chaque femme). Cela n'induit pas que ce soit uniquement leurs existences, toutes leurs existences, qui soient importantes et qu'il faille protéger et préserver, mais que ce soit avant tout leurs existences qu'il faille protéger et préserver. Car, comme je l'ai dit, les hommes et les femmes vivent dans un milieu qu'ils se doivent de protéger, d'abord pour se protéger eux-mêmes.

Comme le disait Protagoras, «L'homme est la mesure de toute chose», mais, non pas comme le prétendait le célèbre sophiste grec, parce que c'est lui, l'humain, qui institue toute valeur, mais parce que toute valeur découle de sa position en tant que métasujet de toute société et que sa vie, en tant que partie de la vie, est le constituant unique – par son association avec les autres vies humaines – du métafondement (puisque dans une société d'êtres humains, la vie se confond avec la somme de leurs existences).

Précisons, tout de même, cette construction logique, afin de ne pas prêter le flanc aux sempiternelles critiques qui touchent les thèses humanistes. Ainsi, ce n'est peut-être pas l'homme et la femme qui sont bons naturellement (et ce n'est pas la problématique qui est développée ici) mais c'est la vie qui impose, tout naturellement, leurs propres préservations et la mise en métasujet de l'humain. Et pour préserver la vie, ce métasujet n'a d'autre possibilité que le respect et la reconnaissance d'autrui (donc, de lui-même).

Ainsi l'humain, de par son existence prouvée («Je pense donc je suis»), ne peut que respecter son existence en lui mais également dans son altérité («Tu penses donc tu es» aboutissant à «Nous pensons donc nous sommes» puisque la vie humaine s'organise en collectivité).

De plus, ce n'est pas parce que nous aurions une certaine tendance – innée ou acquise? – à l'autodestruction et à la destruction, que la vie ne serait pas le métafondement et que sa préservation et son respect ne serait pas le métabien (d'autant que cette autodestruction et cette destruction se font au nom de la vie dans une sorte de vision absurde au dernier degré).

Car, une des caractéristiques principales de notre existence terrestre est que la vie se trouve continuellement dans un état de précarité (d'où la nécessité de la préserver, d'ailleurs). De même, si la vie n'était pas destructible sur terre, nous serions dans un paradis et les spéculations métaphysiques sur l'existence d'un au-delà, d'un être suprême et d'une morale extra-terrestre n'auraient, par exemple, aucun sens.

Ce n'est pas parce que nous pouvons détruire ou autodétruire que cela implique que ce soit des actes équivalents à celui de protéger et préserver, ni que ces actes soient «naturels». Nous existons parce que la vie existe d'une manière externe, en dehors de nous-mêmes, avant même que nous soyons. De même pour les autres êtres peuplant cette planète.

Le principe de vie préexiste à notre existence, il en est la condition. De ce fait, il constitue l'élément naturel, le seul.

30. Qu'est-ce que l'être humain?

L'être humain est un être de l'espèce humaine. Il est multiple en tant que membre de cette espèce. Il est unique en tant qu'individu et possède donc une individualité c'est-à-dire ce qui le constitue unique, son originalité propre, sa différence.

31. De la qualité de personne

En tant que membre de la communauté, l'humain acquiert la qualité de personne. Avec la qualité de personne, l'humain acquiert des attributs. Ceux-ci le rendent à la fois créancier et débiteur de la communauté. Il est créancier de prérogatives et débiteur de vertus. La position de créancier de l'humain est indissociable de celle de débiteur et vice versa.

Ces deux positions sont souvent appelées par les tenants d'un contrat social, droits et devoirs. Cette judiciarisation totale de la communauté n'est pas le modèle le plus pertinent de l'organisation des relations humaines car elle sous-estime sciemment le lien social naturel mais elle est la plus pragmatique car elle prend en compte l'imperfection des êtres humains qui impose une telle architecture.

L'être humain, métasujet de la communauté humaine, garde l'essence de son être (la liberté) et acquiert, grâce au lien social, le respect, la solidarité et la tolérance de la communauté.

Le système juridique se substitue aux relations humaines lorsque le lien social naturel n'est pas respecté. Les droits et les devoirs ne sont que les conséquences de la transgression et de l'inobservation du lien social naturel. Celui qui est victime de cette transgression possède des droits. Celui qui transgresse le lien social naturel se voit opposer ses devoirs qu'il n'a pas respectés.

Ce que certains nomment des «droits positifs» ne sont que des attributs de l'essence même de l'humain et de l'exercice de sa liberté. De cette essence et de cet exercice de cette liberté, découlent tout aussi clairement les limites de ces attributs.

32. L'humain est un et multiple

L'être est multiple.
Dans cet être multiple, il y a l'humain.
L'humain est unique et multiple.
Unique car il n'y a qu'une espèce humaine.
Unique car chaque être humain n'a pas de double.

Multiple car il y a plusieurs êtres humains.
Multiple car tous les êtres humains sont de même condition.
Tous les humains sont identiques vis-à-vis de ce qui n'est pas humain.
Chaque être humain est différent d'un autre être humain.
Tout être humain est donc unique.
Cette unicité fonde la qualité d'individu.
L'individu, par essence, est un.
Il n'y a qu'un moi avec mon individualité.
Celui-ci est différent du moi d'un autre et de son individualité.
Ma différence marque ontologiquement ma liberté.
Ma liberté est constituée de plusieurs libertés.
Certaines sont «négatives» en ce qu'elles me protègent des agressions extérieures.
Certaines sont «positives» en ce qu'elles me donnent la capacité à agir.
Elles constituent mon rapport à l'autre.
Mais, l'être humain, par essence, est un animal politique.
Il ne prend toute sa dimension que dans le cadre d'une «polis» et du rapport avec l'autre.
Du rapport à l'autre découle ma liberté.
Du rapport avec l'autre découle une organisation sociale que l'on appelle une société.
La société est la réunion d'êtres humains libres mais dépendant les uns des autres.
De cette dualité naît des tensions que le politique doit organiser et gérer.
Cette gestion doit se faire pour assurer le maximum de liberté dans la meilleure qualité d'échange (économique, sociale, sociétale).
Cette gestion a un outil: le métaprincipe du juste équilibre.
Celui-ci doit définir la base mais aussi la pratique constante d'ajustement nécessaire pour maintenir le taux d'échange maximum sans interférer avec la liberté de chacun mais sans oublier cette dépendance irréductible des membres de l'espèce humaine.

33. Rapports et liens
Etablir les rapports régissant la différence et l'égalité juridique dans un environnement «ajuste». Etablir les liens de dépendance et d'interactions entre l'humanité, l'être humain et la communauté humaine.

34. Le cadre de la société

Individuellement et collectivement, la société peut offrir un cadre. Ce cadre doit être, à la fois, un moteur de l'épanouissement individuel et un fédérateur communautaire.

35. Equations politiques

$1 \neq 1$; c'est le principe de «l'ajustice existentielle».

$1 + 1 \neq 2$; c'est le principe de «la différence existentielle».

$1 + 1 = 1$ et 1; c'est le principe de «l'inégalité existentielle».

$1 = 1$; c'est le principe de «l'égalité politique».

36. Un individu ne s'additionne pas

Les mathématiques sont un langage conventionnel et pratique. Leur utilisation permet, au-delà de toute vérification, de postuler des équations. La science peut ainsi s'en servir pour chercher et découvrir plus facilement et poser, en équations, ses résultats. Mais, l'utilisation de ce langage dans le domaine social se révèle, à la fois, réducteur et faux dans de nombreux cas.

Ainsi, les postulats mathématiques qui font que $1 = 1$ et, surtout, que $1 + 1 = 2$ ne peuvent guère fonctionner en matière sociale et de définition de ce que sont l'individu et la personne.

Si un individu est égal à lui-même, en revanche, il ne peut faire deux car il ne s'additionne pas. Un individu ne peut être égal à un autre individu et leur addition ne fait jamais 2 mais 1 et 1 car chaque individu gardant sa différence. Bien sûr, s'il existe des différences entre individus, il existe des ressemblances.

De même, en matière d'égalité politique, juridique et sociale, au niveau des droits et des devoirs, on peut être amené à considérer que la règle aboutisse à $1 = 1$, par exemple sur le droit de vote.

En revanche, l'équation $1 + 1 = 2$ ne peut être valide que pour des généralités, par exemple, un citoyen possède les mêmes droits et devoirs qu'un autre citoyen ou un citoyen a droit au même respect qu'un autre. Mais dès que l'on passe la barrière de cette généralité, l'équation devient fausse.

37. Ressemblance et différence

Le génome de chaque être humain fonde, à la fois, sa ressemblance aux autres membres de l'espèce et sa différence. La ressemblance nous permet de nous réunir entre semblables. La différence permet de se distinguer en tant qu'être unique. Nous sommes tous différents biologiquement mais aussi par notre relation particulière et unique avec notre environnement. Notre environnement particulier et notre relation unique avec lui, participe de notre comportement.

38. Le un n'existe que par l'union de deux autres uns.

Le un n'existe que par l'union de deux autres uns. Il est donc un «produit» ou le «résultat» de «l'addition de deux uns» mais, surtout, dès sa naissance, devient entièrement et jusqu'à sa mort, «partie» de «l'ensemble des uns». De ce fait, il en est un membre naturel. Mais du fait de sa différence ontologique, il en est un copropriétaire au même titre que tous les autres uns. Son individualité n'est donc par réductible à une égalité autre que sociale avec chacun des autres uns.

39. L'être humain un «être aimant»

L'être humain porte en lui l'amour. Avant sa naissance, il réagit aux sollicitations affectives. Toute sa vie, il recherche l'affection. L'amour est constitutif de l'être humain. Si tous les êtres humains étaient raisonnables, le lien social serait l'amour. L'amour est constitué du respect, de la solidarité et de la tolérance. L'amour fonde toutes les autres valeurs. Il est la valeur qui défend le mieux le principe de vie, ainsi que le bien. Comme le dit Vladimir Jankélévitch, «L'amour n'a pas de valeur, il est la valeur même».

Loin d'être un déterminisme, l'amour agit plus comme référent pour guider l'action des êtres humains. Pour bâtir la «meilleure société possible», l'amour est le principe premier et fondateur de la morale qui la soutient. L'amour est bien la première recherche de l'être humain, même si celui-ci choisit d'autres voies pour obtenir la reconnaissance de son existence.

40. L'être est avant d'avoir

D'abord, l'être humain est. C'est parce qu'il est qu'il a et qu'il peut avoir. Ce qu'il a découle de ce qu'il est. La primauté est donc à l'être.

L'avoir, lui, est scindé en deux. L'avoir découlant mécaniquement de l'être. L'avoir pouvant s'acquérir au cours de l'existence.

41. En dehors et en dedans

L'individu peut revendiquer son «en dehors» de la société pour baser son autonomie et sa différence dans son «en dedans» de la société. Mais il ne peut en faire un principe de réalité. Le «en dehors» n'a jamais vraiment existé tandis que le «en dedans» est le principe de réalité de l'existence de l'individu. Ce qui n'empêche pas l'individu de réclamer légitimement plus de «en dehors» au fur et à mesure que la société se police et se civilise.

Ainsi, le «en dehors» n'a de réalité que parce que le «en dedans» se structure de plus en plus comme espace civilisé et policé, offrant à l'individu qui s'y trouve tous les attributs de la personne. Mais cette opportunité ne saurait évidemment légitimer l'abandon par l'individu de la communauté. Cet acte serait en effet basé sur le mensonge qu'il existerait, pour un individu, la possibilité d'être complètement «en dehors» de la communauté alors qu'il doit son existence à l'existence de celle-ci et d'en être, d'être «en dedans».

42. Accomplissement et achèvement de l'individu

L'individu peut être autonome mais ne trouve son accomplissement que dans la complémentarité qui est, par exemple, celle d'assurer sa descendance. Et son génie ne peut trouver son achèvement que dans le collectif.

43. Rôle central de bâtisseur de l'individu

A la différence de l'humanité, l'individu n'est pas l'essence de la communauté et n'existe pas concomitamment avec elle, mais trouve la reconnaissance de ses attributs de personne grâce à elle tout en la fondant. De ce rôle bâtisseur, il tire sa prééminence et donc son rôle central. Mais il ne peut prétendre à la dissociation complète d'elle-même et de la communauté. De même, il ne peut limiter ses relations avec la communauté à une sorte de contrat. Sa relation se fonde sur un lien social dans lequel se trouve sa liberté.

Seule la naissance des garçons dans les choux et des filles dans les roses, ou encore leur acheminement de nulle part par une cigogne pourraient donner une totale autonomie de l'individu vis-à-vis de la communauté. Etant un produit de deux autres personnes (et d'une lignée venant obligatoirement du début de l'humanité), il se situe évidemment dans la communauté dont il tire des bénéfices et dont il lui doit des obligations. Cette évidence ne signifie pas pour autant que l'individu ne peut rechercher un maximum de liberté et qu'il ne peut s'affranchir d'obligations illégitimes ou obsolètes. Mais cela signifie, a contrario, que toute exigence d'une totale autonomie vis-à-vis de la communauté est également illégitime.

44. Métaobjet - Pourquoi l'optimum de l'organisation de la société réelle?

On comprend optimum comme le degré de développement le plus favorable au regard de circonstances et d'une situation données. Mais on peut y ajouter la définition de Vilfredo Pareto, l'état dans lequel on ne peut pas améliorer le bien être d'un individu sans détériorer celui d'un autre, qui a à voir avec le juste équilibre.

Ce que la Métapolis cherche, par ailleurs, de manière très pragmatique en un sens, ce n'est pas de trouver la meilleure organisation sociétale possible, ce que font très bien de nombreux penseurs et philosophes avec des très belles et alléchantes théories et utopies. Non, ce qu'elle cherche est de prendre ce qu'est en réalité la société, ses côtés positifs et ses côtés négatifs, ses contradictions et ses conflits, son environnement et sa composition, son histoire et son possible devenir pour proposer une organisation optimale de ce qu'elle est. Ainsi, la Métapolis prétend qu'en prenant la société comme elle est, on peut l'améliorer puissamment, nettement et profondément. Mais elle ne prétend pas qu'elle va mettre en place la «meilleure société possible», ni même changer de société. Elle ne veut que changer la société existante. Cela ne signifie pas que se soit simple mais que cela est possible.

45. Bâtir l'optimum de l'organisation de la société réelle

Au préalable de la réflexion politique, il faut définir ce que nous devons rechercher qui, dans le cas de la pratique politique, de la gouvernance effective des peuples, de l'action politique, est évidemment synonyme de ce qu'il est réellement possible de mettre en œuvre. Car si la politique, ce sont aussi des croyances, des mythes fédérateurs, des récits structurants et des utopies rassembleuses qui permettent parfois de transcender l'être – parfois, également, de

le conduire à des actes barbares –, cela doit être avant tout la recherche du meilleur que l'on peut tirer de la réalité ou de ce que
nous pouvons en connaître. Ce n'est donc pas le «paradis sur
terre», ni une quelconque «meilleure société» que nous devons
rechercher prioritairement, mais l'optimum de l'organisation de la
société réelle, c'est-à-dire celle que l'on peut vraiment établir, à la
fois, par rapport à ce qui est vraiment possible et à ce que nous
sommes réellement capables de faire.

Toute recherche d'une politique responsable, cohérente et pragmatique est la recherche d'un optimum de l'organisation de la société
réelle capable d'établir le bien vivre ensemble par le juste équilibre,
c'est-à-dire de rassembler tous ses membres en essayant de leur
apporter à chacun la meilleure vie possible.

C'est une vaste ambition et un engagement politique fort et ce, pour
une raison simple: il s'agit d'une politique véritablement concrète,
véritablement possible à mettre en place qui donc peut être réellement évaluée par les citoyens. Pour s'engager dans cette voie, il
faut donc du courage aux politiques puisque l'échec serait avant
tout de leur fait et non d'éléments extérieurs.

46. l'optimum de l'organisation de la société réelle, premier niveau

L'optimum de l'organisation de la société réelle est un premier niveau, celui de la meilleure société que l'on peut bâtir en regard de la
réalité du moment. Le deuxième niveau est celui de la «meilleure
société possible» que l'on peut bâtir au regard de ce qu'est
l'humanité, de ce que celle-ci peut réellement bâtir de meilleur vis-à-
vis de la réalité de la vie sur terre. Le premier niveau peut être effectif immédiatement, le deuxième doit réunir un certain nombre de
conditions pour être effectif et notamment la volonté humaine d'y
parvenir et d'importants changements de comportements. Le premier niveau est de l'ordre de la politique quotidienne. Le deuxième
niveau est de l'ordre de l'utopie politique.

Il y a donc deux niveaux pour améliorer notre existence collective.
Le premier est ce que l'on peut établir dans le monde tel qu'il est
actuellement. Le deuxième, est ce que les humains pourraient bâtir
et qui serait le meilleur qu'il puisse espérer dans ce monde. Les
deux peuvent exister, être réellement bâties par les êtres humains.
Mais si leurs buts peuvent se recouper, l'une est un travail de tous
les jours dans une réalité présente alors que la deuxième est une

projection de ce que ce travail pourrait donner du moment que les êtres humains voudraient bâtir le meilleur futur possible pour eux et leurs descendants. La première ne requiert pas forcément un changement d'état d'esprit, alors que ce dernier est un impératif pour la deuxième.

Cet optimum de l'organisation de la société réelle immédiate ne peut être apporté que par un juste équilibre. Plus j'ai tourné et retourné la question, plus la seule réponse à l'action politique et à l'organisation de la société m'est apparue ne pouvoir être que le juste équilibre, seul métaprincipe qui permette de bâtir une société qui intègre tous ses membres et leur permet d'avoir le plus qu'ils peuvent espérer par rapport à la société, à leurs capacités respectives et à la réalité de la vie.

Le juste équilibre n'est pas un dogme figé et statique mais une notion qui ne peut être qu'évolutive car s'adaptant constamment à une société perpétuellement en mouvement et donc évolutive elle aussi. Ce juste équilibre n'est pas non plus un catalogue de demi-mesures mais de vrais choix de société effectués dans le cadre d'une vision dynamique. De ce point de vue le juste équilibre peut être à certains moments et pour certaines actions précises une sorte de rupture en tant qu'il est la destruction d'un équilibre obsolète ou d'un ordre ancien afin d'en créer un nouveau mieux adapté à l'état de la société à un moment donné.

Ce juste équilibre et cet optimum de l'organisation de la société réelle sont deux concepts universels. Ils établissent des valeurs qui peuvent être mises en pratique partout dans le monde. Mais il ne s'agit pas ici de mettre en avant une uniformisation de tous les individus et de tous les peuples de la planète. D'une part parce que cette ambition serait vaine mais, en plus, elle serait néfaste. La différence est un des attributs de l'individu mais également des groupes d'individus. Et cette différence, qu'elle soit ontologique ou culturelle, les individus et les peuples y tiennent. Et tout groupe tend à développer sa différence et à en faire son cadre de référence.

Dès lors, l'important est de créer un universalisme basé sur des valeurs fortes et incontestables qui ne remettent pas en cause les différences essentielles. Pour autant, tout individu, en dehors de son «devoir» de solidarité avec le groupe doit pouvoir être libre de choisir le groupe dans lequel il entend exercer son devoir. Le groupe originel ne peut prétendre le priver de ce choix et de son autonomie individuelle. Mais, en retour, l'individu qui change de groupe ne peut invoquer une quelconque autonomie complète vis-à-vis de tous les collectifs en affirmant qu'il ne doit rien à personne. Cette fiction ne peut poser les bases véritables de sociétés libres et équilibrées, c'est-à-dire solidaires.

47. Métavaleur - Pourquoi la liberté?

Les principes de philosophie politique permettent de dégager une Métavaleur sur laquelle doivent reposer toute communauté sociale d'individus égaux. Cette métavaleur – et celles qui lui sont associées – définit le cadre dans lequel les relations humaines doivent s'organiser au niveau politique, c'est-à-dire dans l'organisation de la cité (politiquement, socialement et sociétalement). Elle permet également de définir le sens de toute action politique. Reste qu'il convient de les confronter à la réalité ainsi qu'à l'action. Ce qu'il faut étudier c'est la possibilité d'accorder cette métavaleur à la réalité de la vie ainsi qu'à l'action politique (c'est-à-dire aux actes qui modifient cette réalité).

L'être humain doit nécessairement nouer un lien avec autrui pour vivre en société. Et ce lien doit avant tout lui permettre de vivre dans cette société pour s'y épanouir. Pour cela, il doit vivre en sécurité et donc permettre à autrui de vivre également en sécurité. Celle-ci ne découle pas de rapports de force ou de domination (on voit où ces conceptions de la sécurité ont mené les êtres humains à travers l'Histoire!) mais bien de l'établissement d'une relation basée sur la liberté dans l'égalité qui impose les valeurs de tolérance et de solidarité et une métavertu, le respect, écartant toute idée d'agressivité et de violence.

48. De la liberté

Tout humain naît libre. La preuve en est la liberté de penser dont on ne peut déposséder l'humain sauf à attenter à son intégrité physique en lui ôtant la vie (ou en mutilant son cerveau). La liberté n'est pas un droit qui s'acquiert mais est constitutive de la qualité d'humain. La liberté est donc l'état naturel de l'humain pris en tant qu'individualité.

49. Définition de la liberté

La liberté n'a pas toujours eu le même sens à travers les époques pour les sociétés. Cependant, on peut dégager une définition dans l'absolu qui ne prête à aucune contestation. La liberté c'est la possibilité de penser et de faire tout ce que l'on veut à la seule restriction que l'action ne doit pas être irrespectueuse de l'autre, celui-là même qui par sa liberté me garantit la mienne. Car la liberté est nécessairement réflexive et transitive en ce qu'elle ne peut exister réellement que si elle concerne tous les individus sans distinction et toutes les relations entre deux individus confrontés l'un à l'autre.

50. La liberté est indissociable de la responsabilité.

Sans responsabilité pas de liberté. L'humain raisonnable est seul détenteur légitime de l'utilisation effective de la liberté. Celui qui a un comportement irresponsable ne peut invoquer la liberté pour se dédouaner de sa responsabilité et de faire face à une sanction possible.

51. Les deux libertés et leur sécurité

Il existe deux libertés.

Il y a la liberté de penser. Pour être effective, cette liberté a besoin d'être protégée. C'est la préservation de l'intégrité psychique. Il y a la liberté d'agir. Pour être effective, cette liberté a besoin d'être assurée. C'est la préservation de l'intégrité physique.

Ces deux préservations s'appellent la sécurité.

La sécurité c'est la garantie physique et psychologique de pouvoir penser et agir librement. Tout menace et intimidation est une atteinte à cette sécurité donc à la liberté. Agir librement, en parole et en acte, est le pilier spirituel de la sécurité.

Tout manque matériel de base est une atteinte à cette sécurité donc à la liberté. Manger à sa faim et être capable de se protéger de la maladie constituent les deux piliers matériels de la sécurité.

Sans la sécurité de pouvoir l'exercer, la liberté n'est qu'un concept. En se transformant de concept en réalité la liberté de chacun n'a de limite que la liberté de l'autre.

52. Toute société possède un système de valeurs

Toute société possède un système de valeurs plus ou moins ouvert et recouvrant à la fois sa vision d'elle-même et sa pratique en tant que communauté. Ce qui nous intéresse c'est de trouver des valeurs communes à toutes les sociétés humaines qui permettent de fonder la métavaleur et les valeurs qui lui sont associées ainsi qu'à la métarègle. Il ne s'agit pas de les découvrir dans les valeurs de chaque société et de prendre celles qui seraient communes à toutes les sociétés pour la simple et unique raison qu'elles seraient communes à toutes les sociétés. Non, ce que nous recherchons, ce sont des valeurs au-dessus des autres qui fondent l'existence et la légitimité des sociétés, de la raison pour laquelle elles existent au-delà de leur existence naturelle même si celle-ci ressort de la métavaleur (par exemple, assurer la sécurité de ses membres).

53. L'établissement d'une métavaleur universelle et des principales valeurs qui lui sont associées se heurte au foisonnement culturel des peuples et à l'évolution du monde

Le problème d'établir une métavaleur universelle et des valeurs principales qui lui sont associées se heurte non seulement au foisonnement culturel des peuples mais aussi à l'évolution du monde. Néanmoins, il est possible, pour ce dernier écueil, de fixer une limite temporelle à celle-ci et celles-là. La recherche ici concerne des valeurs qui s'appliquent depuis que les êtres humains existent (ou qu'ils sont devenus humains) et jusqu'à ce qu'ils le restent (ou auront disparu). Dès lors, ne sont pas considérées la phase préhumaine ni celle qui pourrait advenir dans les siècles à venir, une phase post-humaine. Cet essai travaille sur une société peuplée par des êtres humains telle que la science, la philosophie et la théologie définissent l'humanité. Ceci est une honnêteté intellectuelle obligatoire tant l'évolution depuis le début de l'apparition de la vie sur terre et tant les bouleversements scientifiques de ces trois derniers siècles permettent d'affirmer que rien n'est figé sur des périodes longues en ce domaine. Ce n'est pas que la métavaleur définie ici ne soit pas universelle mais elle peut ne plus avoir de raison d'exister.

Par exemple, si demain les «post-humains» devenaient tous bien portants, riches, intelligents, robustes et, surtout, immortels, changeant ainsi la nature même de l'être humain, la métavaleur et les principales valeurs qui lui sont associées pourraient n'avoir plus autant d'intérêt qu'elles en ont dans une société humaine qui garde, malgré son évolution, certaines caractéristiques indépassables (sauf en se transformant en autre chose).

54. Non pas conquérir notre liberté de la société mais conquérir notre liberté dans la société

En tant qu'humains nous avons toujours été insérés dans une communauté et nous serons toujours obligés d'y être par notre naissance. Le problème n'est donc pas de conquérir notre liberté de la société mais de conquérir notre liberté dans la société. Tout le reste est fiction.

55. Liberté des anciens et des modernes

On ne peut pas opposer une liberté des anciens (politique et communautaire) à une liberté des modernes (économique et individuelle), ni une société individualiste à une société holiste même en argumentant que le progrès social et démocratique a déplacé le curseur du groupe vers l'individu pour le bien-être de tout le monde car ce serait un contresens.

Les deux libertés, les deux types de société ne peuvent être opposés mais sont intimement liés. Les craintes que l'individualisme hédoniste par l'autonomisation débridée qu'il recèle prenne le pas sur le citoyen solidaire date du XIX° siècle au moment de la révolution industrielle et – paradoxalement – de la montée en puissance des régimes démocratiques et, corrélativement, de celle de la garantie de la loi.

L'individualisme fut présenté comme la victoire ultime de la liberté contre le joug de la société et la possibilité d'enrichissement sans fin de tout citoyen comme le principe clé de la démocratie. C'est la thèse du libéralisme pur et dur. Mais en mettant l'individu au centre des préoccupations de la société démocratique, on a trop mis en avant son autonomie qui recèle un danger si elle est égocentrique et irresponsable et trop oublié la personne qui, elle, est constituée d'autre chose, tout aussi émancipatrice et garantie par un système juridique.

La personne englobe l'individu mais le dépasse dans le cadre de la communauté sans évidemment toucher à l'individualité de celui-ci. Dans le même temps, on a oublié la nécessaire implication de l'individu dans la vie de la cité. Du coup, on se retrouve avec une mise en avant de l'autonomisation irresponsable de l'individu au détriment du collectif alors que la réalisation de la personne passe par un lien social fort et non par un simple intérêt égocentrique.

56. L'être humain ne naît pas libre mais est libre dès sa naissance

En posant comme postulat déterministe que l'être humain naît libre, les libéraux ont voulu, par cette fiction néanmoins indispensable, démontrer que l'individu se possède et ne peut être possédé par personne d'autre que lui. Si l'on comprend l'intérêt idéologique évident de cette affirmation, la réalité est que l'être humain ne naît pas libre car il naît d'une et dans une communauté dont il est entièrement dépendant pendant au moins les premières années de sa vie, incapable de se prendre en main pour subvenir à ses besoins et mener une existence autonome. La dépendance n'est pas la liberté. Néanmoins, il est non moins évident que l'être humain en tant qu'être unique se possède lui-même dès sa naissance et que, de ce fait, s'attache à lui, le principe incontournable de sa liberté.

57. L'être humain acquiert une autonomie de plus en plus grande au fil de sa vie

L'être humain, de totalement dépendant acquiert une autonomie de plus en plus grande au fil de sa vie mais aussi dans l'évolution de la société qui lui permet de demander une liberté de plus en plus grande et d'affirmer de plus en plus son individualité. Cette demande de liberté et de reconnaissance de sa différence vient se heurter à la solidarité qui lui a permis, comme être dépendant, d'être pris en charge. L'être humain n'étant jamais le produit d'une génération spontanée ne peut réfuter la communauté d'où il vient ou celle dans laquelle il est installé même au motif de sa liberté et de son individualité. Pour autant, la société ne peut prendre comme motif cette appartenance pour lui dénier cette liberté et cette individualité.

58. La liberté a un prix.

La liberté à un prix et beaucoup ne veulent pas le payer tout en profitant de ces bienfaits. Cela donne des individus à l'autonomie irresponsable mais aussi des pays démocratiques qui bradent la liberté parce qu'elles refusent de la défendre face à ses ennemis.

59. La liberté n'est pas gratuite, elle a un prix élevé. Sommes-nous prêts à le payer?

Liberté individuelle – vivre sa liberté à un prix face à la société et à la pression sociale. Liberté collective – un peuple doit lutter pour garder sa liberté tant à l'intérieur du pays que vis-à-vis des menaces extérieures. Une communauté renonce petit à petit à sa liberté si elle se compromet avec les ennemis de la liberté. Mais qui veut vraiment être libre? Est-ce que les êtres humains ont envi d'être libres ou ont seulement envie de faire ce qu'ils veulent de manière égoïste sans aucune responsabilité de leurs actes?

De même la liberté a des conséquences sur l'organisation de la société en matière économique, sociale et sociétale. Ces conséquences font également partie du prix à payer pour l'avoir.

La liberté produit toujours des inégalités car elle permet aux différences d'exister. La liberté en assurant la libre activité de ces différences crée donc des inégalités sociales. Les inégalités sociales sont des conséquences organiquement liées à la liberté.

Mais il y a aussi un prix à payer pour tout individu libre, pour toute société libre. Ce prix est souvent élevé, il ne faut se le cacher mais il va de pair avec cette extraordinaire capacité. Ce prix impose, de même, responsabilité et respect.

60. Les désagréments provenant des libertés des autres

Dans le prix de la liberté, il ne faut pas oublier qu'il comprend également tous les désagréments qui proviennent des libertés des autres (qui sont consubstantielles à la mienne si cette dernière est une vraie liberté). Parmi ces désagréments, il y a les incapacités qu'ont certains à vivre libre et il y a les ennemis de la liberté qui se servent de celle-ci pour l'abattre et donc abattre la mienne.

61. La liberté se (re)conquiert constamment

La liberté est un cadeau des dieux. Mais elle n'est pas gratuite et se conquiert constamment. Nous pouvons donc être libres si nous le décidons et si nous le voulons. Pour autant, nous ne demeurons libres que si nous reprêtons sans cesse notre serment d'être libres et que dans nos actes responsables nous le démontrons encore et encore. La liberté n'est pas et ne sera jamais le produit d'un acte passif mais sera toujours issue d'une démarche active sans cesse renouvelée.

62. Là où il n'y a pas de règles, il n'y a pas de liberté.

Là où il n'y a pas de règle, il n'y a pas d'émulation honnête.

Là où il n'y a pas de respect, la loi et la règle ne sont vues que comme des entraves dont on fait tout pour les contourner même si elles sont justes.

63. La liberté, condition d'exercice de mon individualité

Si la liberté est aussi importante c'est qu'elle est la condition de l'exercice de l'individualité. C'est elle qui permet le processus d'individuation. Sans liberté, l'individualité ne peut s'exprimer, l'individuation ne peut survenir et ma qualité d'individu ne peut exister.

Bien sûr, l''individualité, ce que chacun est, est plus importante que la liberté, surtout, préexiste à celle-ci. C'est parce qu'un individu à une individualité qu'il est détenteur, dès sa naissance, de la liberté.

Cette liberté, l'exercice réel et concret de celle-ci, conditionne la possibilité que l'individu a de vivre réellement et concrètement son individualité dans le monde, dans sa vie extérieure (il peut toujours la vivre intérieurement sans avoir besoin d'une quelconque reconnaissance de la société puisqu'aucune force ne peut lui retirer sa vie intérieure ou l'empêcher de la vivre).

Cependant, la liberté extérieure est bornée par la liberté extérieure des autres, par la nécessité d'adopter des règles du vivre ensemble indispensable à la vie en communauté, c'est-à-dire indispensable à la sécurité de l'individu, c'est-à-dire au cadre indispensable à l'exercice de sa liberté extérieure.

64. Métarègle – Pourquoi et quelle égalité?

Pourquoi l'égalité «naturelle» n'existe pas et pourquoi il y a une égalité idiosyncratique, faux oxymore entre les individus? Deux raisons à cela.

La première raison est que, lors de leur naissance, les individus n'ont aucune autonomie. Dès lors, un nouveau-né qui deviendra un individu physiquement supérieur et un nouveau-né qui deviendra un individu intellectuellement supérieur n'ont aucune chance de survie l'un par rapport à l'autre et les deux par rapport à n'importe quel autre nouveau-né de par leurs capacités futures. Ils ont donc besoin comme tous les nouveau-nés de la planète de l'aide de la communauté – et au premier chef de leurs parents – pour espérer vivre.

D'où une inégalité naturelle – la nature nous ayant tous dotés de différences irréductibles – mais, en revanche, égalité parfaite pour vivre, aucune des deux qualités que j'ai mentionné, la force et l'intelligence futures, ne donnant droit à une prééminence pour avoir plus le droit de vivre de l'un par rapport à l'autre, nonobstant évidemment les maladies qu'ils peuvent attraper et les malformations qui peuvent se révéler au cours des ans.

Cette égalité dans la différence est bien, dès lors, une égalité idiosyncratique en tant qu'elle est autant justifiée par le fait que je suis comme l'autre et pourtant que je suis différent de l'autre.

De même, l'individu adulte qui possède l'une des deux qualités, voire les deux, force physique et intelligence, ne peut se prétendre supérieur à celui qui ne les possède pas. La raison en est que ses qualités n'ont pu exister que parce qu'à sa naissance, sans savoir qu'il les possédait, il a été considéré comme égal à tous les autres et a donc bénéficié de l'égalité qui a également été consentie à celui qui, devenu adulte, est moins fort ou moins intelligent que lui.

La deuxième raison est que, lors de notre existence, nous avons autant besoin de la force physique que de la puissance intellectuelle. De fait, celui qui possède l'une sans posséder l'autre ne peut être supérieur à celui qui possède l'autre sans posséder l'une. Cette égalité vient de ce que nous sommes, c'est-à-dire que nous existons et que notre être est égal à n'importe quel autre être.

C'est cette égalité ontologique qui donne l'égalité de condition et des droits ainsi que l'égalité d'opportunité mais pas l'égalité sociale.

65. Les trois égalités

On distingue trois égalités: l'égalité naturelle, l'égalité ontologique et l'égalité sociale.

La première, l'égalité naturelle n'existe pas et n'existera jamais. On peut même dire que l'on est, dans ce cadre, dans une a-égalité qui aboutit à une a-justice mais qui sont à la base de ce qui est le plus cher à chaque être humain, sa différence ontologique, le fait qu'il est unique. C'est même pourquoi il faut souhaiter qu'elle n'existe jamais.

La deuxième est l'égalité ontologique, l'égalité de condition humaine, qui est primordiale (que certains libéraux appellent faussement la liberté naturelle en ce qu'elle préexiste à la naissance même de l'individu, ce qui est vrai, mais qui n'est garantic que par la vie en société, société qui, elle, est le contraire de la nature ou, en tout cas, son prolongement organisé). C'est celle qui fait que tout être humain est égal à un autre, que la société dans laquelle il vit doit lui garantir, au nom de cette égalité ontologique, l'accès aux mêmes droits que les autres et aux mêmes opportunités que les autres de réussir dans sa vie. Bien entendu, cela signifie qu'il est assujetti également aux mêmes devoirs. Sans cette égalité ontologique, pas de respect, pas de démocratie républicaine. C'est, en outre, cette égalité qui est indispensable pour que tout individu inséré dans une société dispose du statut de personne. Cette égalité est aussi égalité politique ou l'égalité de condition (que Tocqueville regroupe en deux sortes d'égalité, l'égalité des statuts juridiques et l'égalité des droits politiques).

La troisième est l'égalité sociale ou l'égalité des besoins (que Tocqueville appelle égalité des conditions de l'existence matérielle), là où est le terrain de prédilection de l'idéologie de l'égalitarisme. Elle n'est pas donnée et pas souhaitable parce que la condition sociale d'une personne dépend du mérite, c'est-à-dire de la mise en œuvre effective des qualités de chacun grâce à son travail. Et ceci est également primordial pour l'avancée de la société, le progrès de toute la communauté. Car c'est parce que cette égalité se mérite et que la liberté est la règle en la matière que le progrès a été possible au cours des âges.

C'est ici que se place une des critiques de l'égalitarisme. L'autre se trouve dans la différence entre les «droits de» et les «droits à». L'égalitarisme qui voudrait que tout le monde puisse faire la même chose au nom des «droits à» est souvent catastrophique si elle est mise en pratique. Reste qu'évidemment la société doit apporter des correctifs à cette inégalité sociale en mettant en œuvre des mécanismes pour garantir au mieux à tous ses membres l'accès aux besoins de base (nourriture, boisson, logement, accès au savoir et à la santé, possibilité de trouver un travail, etc.).

66. Ne pas confondre inégalité et injustice ainsi que l'égalité des chances avec l'égalité de résultat.
Ce n'est pas l'inégalité sociale le problème principal mais bien l'injustice sociale. Ainsi, s'il est important que chaque individu soit égal à un autre, qu'il naisse égal et que la méritocratie lui permette de se faire la place qu'il mérite dans la société tout en lui permettant de vivre ses différences, c'est bien le juste que la société doit permettre et non l'égal.

La justice est bien plus importante socialement parlant que l'égalité qui demeure prégnante en matière politique.

C'est l'ordre juste et non l'égalitarisme qui est important, tout autant par une vision humaniste qu'utilitarisme, c'est-à-dire d'efficacité de la société dans ce qu'elle doit permettre, la réalisation du maximum des potentialités de chacun afin que non seulement celui lui permette de vivre sa vie harmonieusement mais que sa réussite personnelle permette à la société d'être plus équilibrée et plus harmonieuse.

En revanche, l'égalité de condition est la base à une justice sociale qui n'est pas synonyme d'égalité sociale. Car la justice est de donner à chacun selon son mérite. Par exemple, il est juste que celui qui veut travailler ait un revenu supérieur à celui qui ne veut pas travailler. C'est une simple question d'équité. En revanche, celui qui peut travailler ne peut pas se prévaloir de cette aptitude pour refuser à celui qui ne peut pas travailler d'obtenir une aide de la société. Mais, dans l'un ou l'autre cas, c'est de justice sociale qu'il s'agit et non d'égalité sociale.

Tout cela découle de l'absence d'égalité naturelle qui est la conséquence de l'a-justice du monde. Une a-justice qui, si elle induit des inégalités naturelles dommageables, est à la base de notre différence qui fonde notre bien le plus précieux, notre individualité, le fait que nous sommes, chacun de nous, uniques.

De même, si la société doit assurer l'égalité des chances, elle ne peut être comptable de l'inégalité des résultats.

67. Opposition entre injustice sociale et inégalité sociale

L'injustice sociale, c'est l'inégalité de condition et des chances à la naissance mais ce n'est pas l'inégalité sociale qui, elle, est, si les deux premières n'existent pas, la résultante de la méritocratie par rapport au travail que l'on a fourni grâce à cette inégalité naturelle qui est la condition même de notre différence, base de notre individualité irréductible.

De ce point de vue, on peut opposer injustice et inégalité dans le domaine social sachant qu'il faut lutter contre les injustices sociales mais qu'il faut encourager l'inégalité sociale issue de la méritocratie et de l'unicité de chaque individualité.

68. De l'inégalité

Dans toute société, il y a des personnes plus intelligentes que d'autres, plus fortes que d'autres, plus belles que d'autres. Dans une vision de rapport de forces, le plus fort peut imposer sa loi. Le plus intelligent peut en retirer plus d'enrichissement tout comme le plus beau. La force physique, la capacité intellectuelle et la beauté physique sont génératrices d'inégalités. De même que la bonne santé. Par essence la société est inégalitaire car elle regroupe des personnes différentes. Mais la raison essentielle de la liberté est que nous sommes tous uniques, que nous avons tous notre propre individualité. Notre différence est notre bien le plus précieux. La différenciation, c'est déjà une inégalité

Si nous étions tous identiques, il existerait une égalité biologique qui devrait se traduire par une égalité de fait. Notre inégalité biologique se traduit par une inégalité de fait. L'égalité ne peut donc concerner que l'égalité des chances offertes par la société. C'est-à-dire la possibilité de concourir librement afin de conquérir les opportunités que la société offre. Dans un langage plus juridique, c'est le «droit de». Tout autre est la solidarité qui est constituée de «droit à». Ces droits constituent le partage.

69. Inégalité, moteur principal du développement économique

L'inégalité est le moteur principal du développement économique L'égalité politique induit l'inégalité sociale. L'inégalité sociale est contenue dans l'égalité politique. Plus il y a de liberté, moins il y a d'égalité sociale.

70. Egalité de considération

Dans l'égalité sociale, c'est l'égalité de considération qui est la première et la plus importante des égalités d'où toutes les autres découlent d'une manière mécanique.

71. L'égalité politique induit l'inégalité sociale

L'inégalité sociale est contenue dans l'égalité politique.
Plus il y a d'égalité politique, moins il y a d'égalité sociale.
Plus il y a d'égalité sociale, moins il y a d'égalité politique.
Seule une inégalité politique peut réduire l'inégalité sociale.

Mais une inégalité politique peut aussi produire plus d'inégalité sociale.

72. En matière sociale, l'injustice c'est l'égalité

L'injustice sociale, c'est l'inégalité de condition et des chances à la naissance mais ce n'est pas l'inégalité sociale qui, elle, est, si les deux premières n'existent pas, la résultante de la méritocratie par rapport au travail que l'on a fourni grâce à cette inégalité naturelle qui est la condition même de notre différence, base de notre individualité irréductible. De ce point de vue, on peut opposer injustice et inégalité dans le domaine social sachant qu'il faut lutter contre les injustices sociales mais qu'il faut encourager l'inégalité sociale issue de la méritocratie et de l'unicité de chaque individualité.

73. L'ordre juste

L'ordre juste qui qualifie l'inégalité sociale ainsi que la justice sociale et sociétale est celui qui permet à tous d'avoir les mêmes chances au départ et qui permet aussi à chacun de pouvoir réussir par rapport à ses mérites et à tous de pouvoir vivre dans leurs différences.

74. Egalité et équité dans la justice sociétale

La justice sociétale consiste à pouvoir vivre son individualité en toute liberté. Elle fonde l'égalité des droits, c'est-à-dire le cadre de l'exercice concret de la liberté de chacun. Mais c'est l'équité, c'est-à-dire ce à quoi chacun a droit par son individualité unique (ses différences) et son mérite qui qualifie une justice qui n'est plus sociétale mais sociale, au-delà d'une juste répartition des biens nécessaires à sa subsistance en tant qu'être humain égal à tout autre ontologiquement et donc par sa condition même d'humain dans une société d'humain.

75. Egalité et inégalité produites par la liberté

La liberté produit de l'égalité au niveau de la condition humaine mais de l'inégalité au niveau des conditions d'existence.

76. Liberté et inégalité

La liberté produit de l'inégalité.

L'égalité produit de la servitude.

L'égalité se divise en trois.

Il y a l'égalité naturelle qui est une chimère.

Il y a l'égalité de la condition humaine. Celle-ci a pour but d'assurer à chacun sa qualité d'humain et son égalité d'être.

Il y a l'égalité d'existence. Celle-ci a pour but d'assurer à chacun une égalité dans la société.

La deuxième produit une égalité de chances. Cette égalité ne produit aucun effet pervers sur la liberté. La troisième corrige les disparités d'existence. Cette égalité se heurte souvent à la liberté. La demande de cette égalité aboutit au partage par la solidarité. Le partage par la solidarité est liberticide. Mais il est aussi constitutif de l'exercice concret de la liberté. Partager permet de pourvoir l'individu du bagage matériel suffisant pour l'exercice de la liberté.

Mais la tension entre liberté et égalité existera toujours et devra continuellement être gérée par les sociétés. Ce sont celles qui parviendront le mieux à cette gestion équilibrée, c'est-à-dire la gestion au mieux des deux valeurs pour le maximum de profit de l'individu et du groupe, où se trouvera l'optimum de l'organisation de la société réelle.

77. La paix sociale repose sur la liberté et l'égalité

Sans une forme d'égalité d'existence, seule la force règlerait les rapports humains. Sans liberté, seule la soumission à un groupe d'humains ou à une organisation serait la règle. La paix sociale repose donc sur la meilleure articulation possible entre la liberté et l'égalité L'inégalité produit la révolution. La servitude provoque la révolte.

78. La question essentielle de l'organisation de la cité consiste dans la meilleure articulation entre liberté et égalité

La question essentielle de l'organisation de la cité consiste dans l'articulation entre la liberté et l'égalité. La métavaleur est donc la liberté – qui produit un Métaétat, être libre – et la métarègle est l'''égalité – qui produit un Métadroit, être égal à n'importe quel autre dont l'égalité de liberté. De la liberté découle la tolérance ainsi que le droit cardinal imprescriptible de vivre en sécurité (découlant premièrement du métabien, la protection et la préservation de la vie), et l'obligation catégorique de la société qui est d'assurer cette sécurité. De l'égalité découle la solidarité avec le devoir pour la société et l'individu d'être solidaire.

Quel degré de liberté, quel degré d'égalité et donc également quel degré de tolérance et quel degré de solidarité est recherchée par la Métapolis?

Le juste équilibre, le métaprincipe, est donc avant tout mais pas seulement l'articulation harmonieuse entre liberté et égalité.

Pour que tout cela fonctionne correctement, il faut évidemment la métavertu, le respect – qui implique la conduite catégorique, être respectueux – celui de l'un pour l'autre, celui de la société pour ses membres et celui, en retour, des individus pour la société dans laquelle ils vivent.

Bien entendu, l'articulation entre liberté et égalité est un rapport vivant, c'est-à-dire fluctuant selon les nécessités et les intérêts mais se base néanmoins sur un socle indestructible: le plus de liberté possible (ou sa juste proportion) sans détruire l'égalité, le plus d'égalité possible (ou sa juste proportion) sans détruire la liberté, le tout dans la reconnaissance de la personne, sujet responsable et respecté, créancier de droits et débiteur de devoirs dont l'individualité, c'est-à-dire son soi et sa culture, sont ce qu'il est et ce qu'il s'est fait lui-même et qui ne sont pas négociables tant qu'ils n'interfèrent pas avec ceux des autres, qu'ils ne portent pas atteinte à ceux des autres.

79. Ressemblance et différence

La Métapolis, c'est la liberté dans la ressemblance, l'égalité dans la différence.

80. Individualité unique et souveraine

C'est par notre individualité unique et souveraine, notre différence ontologique et irréductible, notre bien le plus précieux que nous naissons libre et égaux. Et c'est encore celle-ci qui fonde notre égalité politique qui implique notre liberté.

81. Métavertu - Pourquoi le respect?

Le respect est la vertu consistant à traiter tout être humain comme son égal et avec égards ainsi que de prendre en considération sa dignité de personne humaine. Pour être effectif socialement et so-ciétalement, il doit être symétrique (l'un respecte l'autre qui respecte l'un) et transitif (l'un respecte le deux qui respecte le trois qui res-pecte le un qui respecte le deux et le trois et ainsi de suite jusqu'au total de la population de la communauté concernée).

Après avoir acquis la liberté dans l'égalité, l'individu doit, pour en faire bon usage, au fur et à mesure que son autonomie augmente, l'utiliser correctement. Pour cela, une seule obligation: respecter. C'est dans le respect de soi-même et de l'autre, de l'autre et soi-même pour les autres, que se bâtit une société de personnes libres. Le respect permet de concilier, à la fois, l'intérêt individuel, l'utilité et l'empathie naturelle pour les autres.

Respecter quelqu'un, c'est d'abord reconnaître l'existence de l'autre. Ensuite, c'est reconnaître qu'il est mon égal. Ce sont les deux principes de base du respect. Mais ce n'est pas suffisant. Respecter l'autre c'est aussi avoir de la considération pour sa per-sonne, c'est ne pas porter atteinte à son individualité physique, psy-chique et sociale, c'est respecter sa différence et sa dignité. Bien évidemment, comme je l'ai dit, tout cela est symétrique, l'autre doit agir exactement de même avec moi et transitif, tous les autres sont concernés.

Le respect se fait d'une personne égale à une autre. Il ne doit ja-mais être imposé pour être réel. Pour cela, il faut que ce qui doit être respecté (le sujet ou l'objet) soit légitime (l'autre ou la règle sociale) mais pas le comportement du sujet ni la manière dont la règle sociale est appliquée car ceux-ci peuvent être irrespectueux ou illégitimes.

De son côté, la société, avant de demander à être respectée, doit d'abord respecter l'individu. Son respect fonde sa légitimité et non le contraire. La société ne peut demander le respect à une personne sans lui accorder le sien comme condition de sa demande. L'irrespect de la société vis-à-vis de ses membres ne serait alors que du mépris de celle-ci à ceux-là et une raison légitime pour les citoyens de se rebeller contre ce qui deviendrait alors une contrainte illégitime d'une société qui oublierait ce pourquoi elle existe, l'émancipation de ses membres.

Mais cette demande de respect ne veut pas dire que l'individu peut tout réclamer à l'autre et à la société. Elle signifie qu'il a le droit au respect ce qui lui permet, s'il respecte les valeurs essentielles de la vie en commun (respecter la liberté de l'autre, avoir de la tolérance vis-à-vis de l'autre et être solidaire de l'autre) et les principes de base du fonctionnement de la société, de vivre sa vie d'égal à l'autre, à tout autre, le plus librement possible.

82. Respect versus droits et devoirs

Lorsque le respect n'existe pas, il faut des droits et des devoirs. C'est une alternative incontournable. Dans nos sociétés, comme le respect n'existe pas ou peu, on se voit obliger de réglementer les rapports sociaux et les rapports directs entre deux individus, non pas par un lien social basé sur le respect, mais par un catalogue de droits et de devoirs qui n'en finit pas de s'allonger au fur et à mesure que le lien social se distend. Ceci est incontournable pour protéger l'individu et permettre le fonctionnement d'un régime démocratique.

Doit-on se féliciter, comme certains, de ce recours sans fin à ce juridisme qui aboutit à édicter sans cesse de nouvelles interdictions, l'interdiction étant, dans nos sociétés, le moyen le plus simple – le plus simpliste – et le plus expéditif qu'ait trouvé l'Etat de régler un problème, règlement qui, bien entendu, n'en est pas un dans la réalité mais le plus souvent un cache-misère. Oui, si l'on considère que la nature humaine ne pourra jamais se discipliner suffisamment pour que l'on se respecte les uns les autres.

Toujours est-il que ce catalogue de droits et devoirs n'est que la preuve malheureuse de notre coupable impuissance à organiser harmonieusement la société et les rapports entre leurs membres. Les tenants de ce juridisme toujours plus prégnant et plus foisonnant, le portent aux nues alors qu'en réalité il est plutôt un pis-aller nécessaire qui nous permet de vivre plus en sécurité et avec des garanties sur notre condition grâce, notamment, à l'édiction de droits fondamentaux dans les démocraties.

Bien entendu, il ne s'agit pas ici de critiquer cette naissance de droits qui a permis la naissance de régimes démocratiques républicains et d'une avancée de la civilisation. Pour autant, on peut regretter que, dans une société harmonieuse, ce soit le juridique qui est la règle alors que cela devrait être le respect avec des droits et les devoirs qui constitueraient l'exception. Alors, et seulement alors, nous serions dans une vraie société respectueuse puisque le respect ne serait pas octroyé d'en haut comme aujourd'hui (de manière très partielle et très imparfaite d'ailleurs) mais par la libre acceptation de chacun.

83. La loi peut réprimer l'irrespect, pas établir le respect

La loi peut réprimer l'irrespect par des interdictions et des mesures répressives, pas établir le respect qui est une vertu qui doit être apprise et réapprise ainsi que pratiquée par ceux qui l'apprennent aux prochaines générations, l'exemple étant dans ce domaine éminemment essentiel.

84. La vie, le plus précieux des biens à respecter

Si, pour un individu la vie est le plus précieux des biens sur terre (car que peuvent valoir les autres s'il n'est pas en vie?), il ne peut pas prétendre que seule sa vie a de la valeur ou lui permet de vivre, même pour lui, dans une justification individualiste, et qu'il n' pas à respecter celle des autres. Car cet irrespect est la source première des menaces qui pèsent sur sa propre vie à côté des maladies et des accidents. En revanche, c'est par le respect de la vie des autres, de toutes les vies des autres, qu'il garantit le mieux la sienne, son bien le plus précieux. Et il pourra bénéficier, en retour et en interaction, de la meilleure protection contre les maladies et les accidents grâce à la solidarité entre êtres humains que ce respect implique et qu'il a manifesté concrètement.

85. Métaprincipe - Pourquoi le juste équilibre?

Le juste équilibre est une adaptation continuelle de l'action politique au principe de réalité pour faire en sorte que la société bénéficie à tous et que chacun puisse recevoir son dû en tant qu'humain, qu'individu et personne en regard de son individualité.

En politique, nous devons maintenir un juste équilibre qui permette d'avancer sur la voie de sociétés de plus en plus apaisées. Le juste équilibre est une notion fondamentale que nous a léguée l'expérience du gouvernement des sociétés. Il n'est pas pensable dans ce monde d'avoir une action dans un sens unique si l'on désire construire un monde de paix et dédié à l'humanité entière. Le juste équilibre permet aussi de prendre ce qu'il y a de mieux partout sur l'échiquier politique tout en créant en même temps une dynamique originale.

En outre, la notion de juste équilibre, sorte de Yin et de Yang politique, permet de marier individu et communauté, liberté et solidarité, esprit d'entreprendre et besoin de sécurité, etc. Ces couples paraît-il antinomiques et soi-disant ennemis irréconciliables doivent au contraire se réunir. Chacune de leurs composantes doit ainsi sortir ses meilleurs atours et apporter son équilibre dans son couple pour lui permettre de contribuer à l'équilibre général de la société.

86. L'équilibre doit être juste

Equilibre, c'est-à-dire répartition harmonieuse et juste répartition des forces; un équilibre c'est-à-dire une harmonie, une symétrie, une pondération, un accord, une plénitude, un compromis. Equilibre, donc.

Juste, c'est-à-dire conforme à la justice, à la morale, à la raison, à la vérité, à la réalité, à la règle, qui est tel qu'il doit être, qui est exact. Juste parce qu'il est équitable, vrai, bon, exact, intègre, légitime et pertinent. Juste, donc.

Juste équilibre: une exacte répartition harmonieuse conforme à la morale, à la raison et à la réalité.

Le juste équilibre est ainsi la bonne et pertinente répartition harmonieuse. Un comportement intègre où se réalise le compromis mais où n'ont pas leur place la compromission et l'instabilité. Juste équilibre, donc.

87. Juste équilibre, recherche constante dans le concret et non dans l'utopie

La recherche constante du juste équilibre est la recherche constante de l'optimum de l'organisation de la société réelle dans le concret et non dans l'utopie. Est-ce une «troisième voie» entre des solutions extrêmes. Non, c'est un équilibre entre les aspirations contradictoires des communautés et de chaque individu. Pour être la solution, le juste équilibre doit s'imposer à chacun comme la meilleure solution dans un maximum de profit pour un minimum de renoncements. D'où cette notion d'équilibre mais en constant renouvellement pour être au plus près des mouvements de la société.

88. Toute société humaine est traversée par des tensions

Toute société humaine est traversée par des tensions. Tensions entre les valeurs, les principes, les émotions. Tensions à l'intérieur de chaque valeur, de chaque principe, de chaque émotion. La gestion de ces tensions se fait par l'application du juste équilibre. Le juste équilibre permet de trouver une issue à ces tensions dans leur gestion équilibrée et juste.

89. L'Etat tend vers la sécurité, l'individu tend vers la liberté

La sécurité appelle l'ordre face à l'intérêt individuel, la liberté appelle la rébellion face à l'ordre collectif. La communauté tend vers la solidarité, l'individu tend vers l'égocentrisme. La communauté tend vers le partage, l'individu tend vers l'accumulation à son profit exclusif et à la demande de sa prise en charge sans contrepartie par la communauté. Le juste équilibre tend vers une juste répartition de ces tensions opposées et inévitables pour créer une société harmonieuse.

90. Juste équilibre, harmonie en mouvement

Le juste équilibre est une harmonie en mouvement s'appuyant sur des valeurs immuables.

91. Juste équilibre et gouvernement des humains

En matière de gouvernement des humains, le juste équilibre est une bonne et pertinente répartition harmonieuse. Il est le métaprincipe de toute organisation sociale.

92. La tâche politique compliquée du juste équilibre en matière de gouvernement des peuples

La tâche du juste équilibre s'avère compliquée en matière politique, de gouvernement des peuples. Comment contenter tous les citoyens dans leurs multiples différences et dans leurs envies personnelles propres à chacun d'eux? Et les oppositions sont tellement fortes et nombreuses qu'une politique du juste équilibre sera toujours décriée, soit sur sa droite, soit sur sa gauche, soit des deux côtés à la fois! Et, pourtant, le juste équilibre est la pièce maîtresse d'une bonne gouvernance politique. Elle est la base sur laquelle on peut bâtir l'optimum de l'organisation de la société réelle. Elle est le métaprincipe de cet optimum de l'organisation de la société réelle et de l'action politique légitime et pertinente.

93. Sans aucune ambiguïté, le juste équilibre n'est pas le juste milieu

Sans aucune ambiguïté, le juste équilibre n'est pas le juste milieu. La politique du juste équilibre ne souhaite pas se trouver au milieu, par définition, de deux extrêmes. D'une part parce que ce positionnement de principe est contraire au pragmatisme inhérent au juste équilibre mais également parce que le juste équilibre ne se définit pas par rapport aux extrémismes. Il est le principe d'une pensée politique à part entière qui se définit par elle-même. Et cette politique originale se définit comme une recherche constante et systématique d'un juste équilibre de la société et de la personne dans la société.

94. Le juste équilibre se définit par rapport à un point d'équilibre

Au contraire du juste milieu, le juste équilibre ne se définit pas en rapport à des extrêmes périphériques mais par rapport à un point d'équilibre dont la mise en place permettra à la société d'offrir ce qu'il y a de meilleur à la communauté tout en respectant sa diversité.

95. La notion de juste équilibre ne s'intéresse pas à un hypothétique lieu géométrique axial

La notion de juste équilibre ne s'intéresse pas à un hypothétique lieu géométrique axial mais vise à équilibrer la société afin d'y établir un consensus maximal au profit de tous les membres de la communauté. Dès lors, le juste équilibre est le principe d'un projet politique qui doit permettre à chaque personne de s'insérer naturellement dans la société et à la société de libérer l'individu grâce à la constitution d'un solide Métalien social bâti sur le quatuor vertueux, liberté, respect, solidarité, tolérance dans l'égalité.

96. Satisfaction des citoyens

En politique, le juste équilibre vise à donner le plus de satisfaction possible à tous les citoyens tout en sachant que personne ne peut être contenté totalement.

97. Harmonie des intérêts particuliers

En politique, le juste équilibre vise tous les intérêts particuliers sans promesses démagogiques. C'est dans l'harmonie de tous les intérêts particuliers que le politique bâtit le juste équilibre de la communauté.

98. Juste équilibre, pièce maîtresse d'une bonne gouvernance politique

Le juste équilibre comme outil de l'optimum de l'organisation de la société réelle est la pièce maîtresse d'une bonne gouvernance politique.

99. Le juste équilibre est une manière de gouverner

Le juste équilibre est une manière de gouverner. Car il ne suffit pas de proposer un bon programme, encore faut-il l'appliquer bien dans un environnement où une morale et une éthique politique respectent les valeurs fondamentales de la démocratie, tout en protégeant cette dernière des tentatives de déstabilisation et de destruction de ses ennemis.

100. Contrôle social harmonieux

Il faut trouver le juste équilibre du contrôle social. Celui-ci doit apporter l'harmonie entre la liberté et le respect. Cette harmonie fonde une individualité responsable seul état qui permet à l'être humain de vivre une existence harmonieuse, de vivre une relation à l'autre harmonieuse et de participer à l'édification d'une communauté harmonieuse. Aucune liberté n'est concevable sans la responsabilité de celui qui l'exerce.

101. Pour être le mieux servi, il faut aussi servir l'autre

Les citoyens estiment en général que ceux qui défendent le mieux leurs intérêts sont ceux qui leur proposent des programmes partisans uniquement en leur faveur. Or rien n'est plus faux. Pour être le mieux servi, il faut aussi servir l'autre, celui qui n'a pas forcément les mêmes intérêts. S'il est servi avec équité alors il ne s'opposera pas à ce que vous soyez aussi servi avec équité. C'est donc avec un programme de consensus, dans une optique de juste équilibre, que cela peut le mieux se réaliser.

102. Synthèse du juste équilibre

Le juste équilibre doit faire la synthèse entre autorité et autonomie, liberté et égalité, élitisme et démocratie directe. Synthèse ne veut pas dire se situer au milieu mais imaginer des passerelles efficaces entre ces termes pour permettre à la société de fonctionner du mieux possible afin qu'elle puisse être la plus efficace possible.

103. Pour être la solution, le juste Equilibre doit s'imposer à chacun comme la meilleure solution pour lui

Pour être la solution, le juste équilibre doit s'imposer à chacun comme la meilleure solution dans un maximum de profit pour un minimum de renoncements. D'où cette notion d'équilibre mais en constante évolution, en constante remise en cause afin de se situer au plus près des mouvements de la société.

104. Promouvoir la méritocratie et organiser le solidarisme

La voie qui permet au mieux de promouvoir la méritocratie et d'organiser le solidarisme. C'est le juste équilibre.

105. Métalien – Pourquoi la liberté des égaux dans la vertu et le juste équilibre?

Le Métalien est la notion la plus fondamentale de toute organisation en société. C'est souvent parce que les individus qui composent une société ne comprennent pas ou n'appréhendent pas ce lien ou, plus encore, parce que la société nie ou minore sa nécessité qu'il n'existe pas de bien vivre ensemble ou qu'il fonctionne mal et que se développe plutôt l'agressivité et une autonomie irresponsable avec la nécessité d'allonger sans fin la liste des droits et des devoirs, surtout celle des interdictions.

Fondamentalement, une société qui tend vers l'équilibre ou qui se fixe comme but cet équilibre doit se fonder sur un lien fort, accepté et légitimé par la totalité de ses membres. Sans la reconnaissance d'un lien, la société demeure déstructurée. Et ce Métalien ne peut être que celui qui accorde aux individus la liberté dans l'égalité, ce qui implique tolérance et solidarité de leur part, le tout dans la pratique du respect et dans la recherche du juste équilibre.

106. Articulation du Métalien

Le Métalien s'articule autour du duo liberté et égalité mais également dans un relationnel entre liberté, respect, tolérance et solidarité: sans respect pas de tolérance, sans tolérance pas de respect, sans respect pas de solidarité, sans solidarité pas de respect, sans tolérance pas de solidarité, sans solidarité pas de tolérance, sans liberté pas de respect, sans respect pas de liberté, sans liberté pas de tolérance, sans tolérance pas de liberté, sans liberté pas de solidarité, sans solidarité pas de liberté.

La question du Métalien est nettement plus primordiale que celle des droits et des devoirs. Ainsi, on peut affirmer qu'il n'existe pas de droits et de devoirs dans l'absolu mais un Métalien basé sur la liberté dans l'égalité où les individus respectueux sont tolérants et solidaires. C'est sur celui-ci que repose l'optimum de l'organisation de la société réelle. Car, si la liberté la tolérance, la solidarité et le respect existent réellement, dès lors, il n'y a pas besoin de définir des droits et des devoirs à rallonge, puisque l'individu n'a pas besoin de faire valoir constamment ses droits et imposer des devoirs dans une société basée sur l'absence de conflits d'intérêt qui engendreraient violences et agressivité (et nécessiteraient la fixation de règles strictes codifiées avec un système répressif pour les faire respecter).

Bien entendu, cela ne veut pas dire qu'il ne peut exister des conflits dans l'optimum de l'organisation de la société réelle (d'autant que celle-ci prétend être édifiée sur la réalité de la vie). Mais ceux-ci trouvent leur véritable solution d'abord dans les composantes du Métalien et seulement ensuite dans les droits et les devoirs, en revanche jamais dans la violence et la répression qui ne sont que des pis-aller qui permettent uniquement de les faire cesser pour un temps donné sans les résoudre.

De plus, souvent, le débat sur les droits et les devoirs reste tout théorique. En effet, quels droits sont véritablement exercés par les hommes et les femmes? Et l'on ne parle pas, bien sûr, de ceux et celles qui ne peuvent même pas prétendre à leur exercice vu leur condition. En réalité, ce débat permet d'occulter celui qui est autrement plus fondamental, celui sur le Métalien, sur le mode de relation entre les individus qui fonde toutes les potentialités que l'individu peut exprimer envers l'autre (puisqu'il définit le cadre réel de la relation avec autrui). Si le Métalien s'applique, alors la société qui s'articule autour de lui ne ressemble pas du tout à celle qui institue un lien basé sur des rapports hiérarchiques, dominés par la violence et l'égoïsme.

La présentation de l'individu affublé de droits et de devoirs fait de lui un être autonome qui n'aurait, vis-à-vis d'autrui, qu'à demander son dû (droits) tout en rendant compte de ses actions (devoirs) dans une dimension quasiment uniquement juridique. Or, l'individu vivant dans une société est certes garanti de sa liberté. Cependant, il n'est pas autonome de celle-ci (il le devient s'il quitte la société pour vivre en totale autarcie, ce qui demeure toujours une possibilité qu'il peut revendiquer) mais autonome dans celle-ci. Et signifier cette évidence n'est pas revenir à une conception de l'individu, en vogue dans les régimes autoritaires et liberticides, partie indissoluble d'un tout, issue de la société féodale, d'une cosmogonie religieuse ou d'une vision holiste, mais tend seulement à démontrer qu'une société est avant tout déterminée par son lien. De ce point de vue, l'organisation optimum de la société réelle doit d'abord être définie par son lien avant de l'être par les droits et devoirs de l'individu.

Et puis, qu'est-ce qu'une société où le Métalien entre ses membres est uniquement régit par des droits et des devoirs? Une société où domine, le plus souvent, la contrainte et non l'acte positif. Et là où domine la contrainte, se développe des moyens d'y échapper ou de la contourner. Surtout lorsque cette contrainte va à l'encontre de l'intérêt de l'être humain. La contrainte appelle donc l'irrespect de la norme et donc appelle l'appareil répressif. Le Métalien basé sur l'intérêt de l'être humain résout la confrontation et dissout de ce fait l'appareil répressif.

107. Nécessaire Métalien social

Un Métalien social est indispensable pour fédérer les membres d'une société. Le plus naturel et le plus évident est la liberté dans l'égalité et mis en œuvre dans le respect et par le juste équilibre.

108. Le juste équilibre du lien social

Quand le lien social est trop fort, l'être humain étouffe et se révolte. Quand le lien social est trop lâche, l'être humain acquiert une autonomie qui peut être destructrice pour la communauté. Il faut donc trouver le juste équilibre du lien social.

109. Le «droit à» s'attaque au «droit de»

Nous sommes passés d'une société où le lien découlait du fait du prince à une société où le lien est dominé par le droit dans les démocraties républicaines, ce qui a permis d'émanciper l'individu face à des règles archaïques et qui le bridaient. Mais cette société du «droit de» est devenue petit à petit une société du «droit à». Ainsi, nous avons assisté à un retournement de la relation des individus entre eux et avec leur communauté. Alors que le devoir envers la communauté primait dans une société au lien traditionnel étouffant où le sujet était constamment sous la menace du bon vouloir des gouvernants puis que l'équilibre se faisait plus ou moins bien dans une société moderne des droits et des devoirs où les obligations entre le citoyen et la société se répondent, c'est désormais, dans une société postmoderne, l'obligation de la communauté envers l'individu qui est mise en avant avec les fameux des «droits à» dans une dynamique qui de positive dans certains de ces aspects pourrait être à terme dangereusement destructrice.

Pour éviter cette dérive mortifère pour le bien vivre ensemble, ce que nous devons faire, ce à quoi nous devons parvenir, c'est de définir une nouvelle relation entre les individus et entre eux et la communauté, prenant en compte les changements et les évolutions sociétales ainsi que celles de la condition humaine tout en gardant le socle qu'a apporté la modernité. Le lien demeure essentiel pour la cohésion de la communauté et pour les relations entre les individus mais plusieurs «droits à» des individus, même si certains doivent être (re)définis, doivent être garantis dans une relation nouvelle avec tout un débat public pour savoir quels sont les «droits à» fondamentaux et ceux qui minent le vivre ensemble ou qui menacent l'universalité de la métavaleur et de la métarègle.

110. Nouvelle base du lien social

Si la communauté doit garder sa force entitaire et identitaire, elle doit aussi suivre le mouvement en prenant en compte les évolutions de l'individu sans pour autant sacrifier à sa mission qui a toujours été qui sera toujours d'assurer sa pérennité afin d'assurer la sécurité de ses membres. Mais, dorénavant, depuis les Lumières, le rôle est d'assurer l'émancipation des individus dans la sécurité. De leur côté, les individus ne peuvent prendre cette mission comme une sorte de «service gratuit». Celle-ci a un coût social et ils doivent assurer le renforcement du lien social non plus basé sur l'obéissance aveugle mais sur le respect de valeurs communes et le respect de l'autre.

111. Fondement du lien social

Le fondement du lien social vient avant tout que nous ne pouvons pas vivre sans vivre en société et qu'il nous faut donc établir un lien pour vivre ensemble et nous permettre de nous développer en sécurité. Le lien social, ensuite, se justifie parce que nous sommes tous des êtres humains et que nous recherchons tous nos intérêts personnels et que cette recherche ne peut se faire que par la réunion et l'association des êtres humains, à la fois, pour des raisons pratiques (assurer une sécurité collective, permettre de réaliser des actions impensables en solitaire, perfectionner la spécialisation et la division des tâches pour offrir mieux et plus) et des raisons humanitaires (entraide).

Les droits et devoirs des êtres humains ne peuvent se concevoir en dehors d'un lien social. Ils ne sont qu'un ajout au lien social mais ne peuvent se substituer à lui. Pour autant l'individu ne peut être résumé à un membre d'une communauté. Il est plus que cela comme l'ont expliqué les penseurs libéraux à parti de John Locke. C'est pourquoi le lien social ne peut être soumission mais doit être émancipateur dans son intégration nécessaire de l'être humain.

112. Une valeur, une règle, une vertu et un principe pratique de la Vie bonne réellement applicables et utilisables

Ce que nous recherchons ici ce sont une valeur, une règle, une vertu et un principe pratique de la vie bonne – c'est-à-dire réellement applicables et utilisables – que toute société doit respecter pour être une société équilibrée, c'est-à-dire permettre à tout individu qui le désire de s'épanouir le plus librement du monde dans un cadre lui assurant toute la sécurité dont il a besoin. C'est pourquoi nous ne discuterons pas les «évidences» mises en lumière par les penseurs et les scientifiques de toutes disciplines qui ont mené des travaux pour les découvrir. Nous les prenons pour des réalités incontournables.

Rappelons rapidement ces évidences qui sous-tendent cette réflexion:

- L'être humain nait dans une communauté dont il est entièrement dépendant pour se développer avant d'acquérir de plus en plus d'autonomie et de revendiquer sa liberté pour se réaliser dans son existence. Il ne peut y avoir d'être humain sans communauté mais il ne peut y avoir de communauté sans êtres humains. Il y a donc un lien inextricable du fait même que l'être humain est un «animal social».

- L'être humain est depuis son origine un individu membre d'une communauté. En tant qu'individu, il recherche son intérêt. En tant que membre d'une communauté dont il est issu nécessairement, il recherche à gérer les relations avec autrui tout en souhaitant les optimiser pour lui et son clan (famille, amis et alliés). Son but premier est de vivre. Son but second est d'avoir une existence sûre. Son but troisième est de profiter de ce que la vie lui offre.

- Le monde est mouvement et tout est en constante évolution.

113. Des relations entre l'humain et la communauté

Tout humain est le fruit de l'union de deux autres humains, membres d'une communauté. Et ces deux humains sont nés de la double union de deux fois deux êtres humains. Et ainsi de suite jusqu'au «couple originel» (ou aux deux cellules originelles...) si jamais il y en eut. Aucun humain ne naît donc en dehors d'une communauté même si elle est réduite ce qui est plutôt rare, à ses simples parents. Aucun humain n'est autonome à sa naissance. Sans aide et sans affection, un humain ne pourrait vivre et se développer. Cette aide et cette affection lui sont apportées par les autres. Ces autres sont sa famille et la communauté dans laquelle il se développe. Cette communauté est la réunion d'être humains entre eux.

Cependant, l'humain étant la seule raison de l'existence d'une communauté, il en est à la fois son origine et son but, sa substance et sa seule légitimité. L'humain en tant que principe fondateur de la communauté préexiste à celle-ci. En conséquence, la communauté doit servir l'humain et non le contraire. L'humain est donc la substance originelle de la communauté. La communauté a pour mission première la préservation de l'humain. Cette communauté est structurée autour de croyances et de règles. Celles-ci organisent les relations sociales entre ses membres.

L'humain est donc à la fois être libre – cette liberté étant ontologique et «naturelle» – et membre d'une communauté. C'est sa double appartenance à lui-même et à la communauté. Il s'appartient et il est membre de la communauté. Dans le cadre d'un choix de vivre au sein d'une communauté, cela lui confère une liberté et l'oblige à une solidarité dans le respect et la tolérance.

114. Nous ne savons pas quelle sera la condition humaine dans le futur

Nous ne savons pas quelle sera la condition humaine dans le futur. Pourra-t-on rendre les êtres humains «intelligents» et «bons»? Pourra-t-on leur offrir une autonomie maximum? L'organisation hiérarchique de la société d'aujourd'hui sera-t-elle encore pertinente demain?

Ni les politiques, ni les philosophes, ni les scientifiques ne peuvent répondre à ces questions à l'échelle des siècles ou même à celle de quelques décennies tellement les fantasmes et les désirs prennent le pas sur la réalité future si difficile à appréhender.

L'histoire semble signifier que le changement de la «nature humaine» ne pourra excéder certaines limites, ce que la science semble également dire actuellement. Mais ce serait faire fi de l'extraordinaire emballement du changement qui a marqué les deux cents dernières années et qui se poursuit avec l'emballement que certains prédisent encore de la biologie, des technologies de l'information, des nanotechnologies, de la robotisation, de la médecine réparatrice, des substances chimiques et de tout ce qui apparaîtra dans le futur et que nous ne pouvons pas ou à peine conceptualiser.

Certains veulent inventer un nouvel être humain délivré totalement de la nature et qui deviendra, grâce aux progrès des sciences, un être immortel ou, tout au moins, vivant beaucoup plus longtemps et beaucoup mieux. Peut-être que cette dernière proposition se révélera possible.

Cependant, il faut une base morale. Et celle-ci affirme que le bien ne peut pas être «relativiste» sauf à nier l'humanité, l'égalité de condition de tous les êtres et leur différence individuelle, leur individualité. D'autant que le relativisme est aussi un manque de courage, une solution de facilité, une reddition sans combattre, un fatalisme a priori.

Ainsi, il faut dépasser l'antagonisme idéal/réalité par un idéal pragmatique et un pragmatisme transcendé. Il faut donc demeurer humble mais dans l'action. Définir des valeurs et un principe intemporel est possible. Définir des règles juridiques et sociales intemporelles serait bien présomptueux et ignorant du génie humain lorsqu'il travaille dans le bon sens.

115. Chercher l'ordre et le désordre dans l'anarchie – le «sans-ordre» – de la vie

Chercher l'ordre et le désordre dans l'anarchie – le «sans-ordre» – de la vie. Accorder ordre et désordre. Dégager les principes qui régissent les rapports entre ordre et désordre.

116. L'un et le multiple ont toujours coexisté

Dans un monde «sans début, ni fin», l'un et le multiple ont toujours coexisté. L'un et le multiple sont deux facettes d'une même réalité. L'un précède-t-il le multiple ou le multiple engendre-t-il le un? Quelque soit la réponse, l'un et le multiple sont donc indissociables. Individu et communauté sont donc totalement liés.

117. L'être humain doit continuellement s'adapter aux conditions de la vie

L'être humain doit continuellement s'adapter aux conditions de la vie. Il doit évoluer pour réussir son adaptation. Grâce au génie humain en matière scientifique et médicale, l'adaptation concerne tous les humains, même les plus faibles et les plus fragiles.

118. Que veut l'humain?

Il faut définir ce que recherche l'être humain individuellement. Mais il faut également définir ce que recherchent les êtres humains collectivement. L'être humain recherche son intérêt. Mais l'être humain réagit à l'injustice et possède des sentiments de solidarité. Issues de la nécessité, de l'intérêt, du désir, du partage avec l'autre et de l'amour, les deux quêtes principales de l'humain sont donc la recherche de la sécurité et la recherche du bien notamment pour lui et pour ses proches.

119. De quelle humanité parle-t-on?

La condition humaine est en constante évolution et la transformation de l'être humain sera sans doute possible dans les siècles qui viennent. Déjà de nombreuses recherches sont faites dans ce domaine. Aboutir à une sorte de «surhomme» biologique est à la fois un rêve (immortalité) et un cauchemar (normalisation) de l'humanité portés par un mouvement baptisé transhumanisme.

Bâtir une société humaine sur des valeurs éternelles semble donc difficile si, demain, l'on pourra faire de tous les êtres humains des «surhumains». Mais, justement, il faut dépasser cette difficulté et affirmer que l'humain demeure l'humain quoiqu'il arrive sans éluder la réalité d'une évolution et de la difficile appréciation de ce que pourra réaliser la science dans les siècles à venir.

Déjà, l'on peut dire que l'humain d'aujourd'hui est le résultat d'une évolution constante. Nous ne sommes plus ce qu'étaient nos ancêtres grâce à toute une série d'évolutions de nos capacités intellectuelles et physiques qui proviennent pour partie de nos conditions d'existence.

Alors que le corps humain ne s'est que peu transformé depuis plusieurs centaines de milliers d'années, ce n'est pas le cas de son cerveau. De même, la communauté d'êtres humains a connu de nombreuses évolutions dans sa manière de fonctionner et dans les rapports entre les membres de la communauté ainsi que dans ses relations avec son environnement et avec la nature.

L'évolution de l'être humain et de l'humanité est donc à la fois une adaptation au milieu mais aussi une marche vers l'émancipation toujours plus importante, vers la liberté, notamment la liberté individuelle et la liberté de l'humanité vis-à-vis de certaines contraintes de la nature.

C'est tout le mystère et la fascination du progrès généré par l'humain dans tous les domaines de son existence, progrès qui n'est pas toujours dénué de menaces. Néanmoins l'être humain appartient à une communauté à laquelle il doit, non seulement, sa naissance mais également d'être demeuré en vie grâce à la protection qu'elle lui offre et dont il est redevable par la suite.

La nature de l'être humain ne change pas mais son environnement, oui. Et, dorénavant, l'être humain, non seulement agit sur son environnement, mais est capable de le détruire. Plus, il est même capable d'agir sur la vie et non plus seulement sur la vie d'autres êtres humains ou d'autres animaux. L'être humain peut agir sur la vie de l'Humanité tout entière. Voilà donc une nouvelle responsabilité qu'il s'est lui-même donné.

L'évolution n'est pas un choix mais une donnée humaine.

120. L'individu fait partie de plusieurs communautés

L'individu fait partie de plusieurs communautés que l'on peut représenter en cercles concentriques. Certains de ces cercles ne recouvrent pas la totalité identitaire de l'individu qui peut appartenir à certains niveaux comme le niveau national à plusieurs cercles s'il possède plusieurs nationalités ou si sa famille est originaire de plusieurs nations, par exemple. Les cercles partent de la plus grande, l'Humanité, jusqu'à la plus petite, la famille. Cette multi-appartenance induit des comportements différents et des conflits entre les communautés entre elles, entre les communautés et l'individu, entre les différents rôles de l'individu selon qu'il se place dans telle ou telle communauté. Ces conflits ne peuvent être gérés que dans le cadre d'un Métalien social qui s'applique dans tous les cercles en question. Ce Métalien social constitué de la métavaleur (liberté), de la métarègle (égalité), de la métavertu (respect) et du métaprincipe (juste équilibre).

121. De la liberté et du partage

La liberté et le partage (la solidarité) sont indissociables. Ils unissent la personne et la communauté, la personne à l'autre, les personnes ensemble. La liberté et le partage ne peuvent s'établir que si existe le respect et la tolérance entre les différents membres d'une même communauté.

Quel est le degré de liberté et le degré de solidarité à instituer? Tout humain naissant libre, la liberté dont il doit bénéficier doit être la plus étendue possible tant qu'elle ne nuit pas à autrui (liberté n'est pas licence). Toute personne vivant dans une communauté dont elle a bénéficié, dont elle bénéficie et dont elle bénéficiera de la solidarité, doit participer à la solidarité d'une manière ou d'une autre.

122. Outil de redistribution de la solidarité

Au nom d'une plus grande rationalité et d'une plus grande efficacité, un outil global est préférable pour redistribuer l'effort de solidarité.

L'humain va donc déléguer un certain nombre de tâches à cet outil. Cet outil est censé permettre le gouvernement des personnes. Celui-ci est généralement l'Etat. Si la liberté est commune à chaque membre de la communauté et de même nature ainsi que de même degré, il n'en est pas de même de la solidarité. La solidarité s'adresse avant tout à ceux qui ne parviennent pas à vivre décemment. Cependant, la solidarité ne peut être uniquement dirigée vers les plus pauvres. La communisation de la solidarité doit bénéficier à la communauté tout entière dans un certain nombre de domaines comme la sécurité. Le partage n'est pas un outil d'égalité, ni de fraternité. Il découle de l'association entre les personnes. Dans cette relation, toutes les personnes sont interdépendantes et il est impossible de pouvoir réellement faire la part de ce qui revient exactement à chacune. Dès lors, le partage représente cette redistribution minimum permettant à chacun de vivre dans la dignité en regard de son apport à la société.

123. Liberté et possibilités
L'être humain est doté de possibilités. La liberté n'est rien d'autre que l'utilisation positive de ces possibilités c'est-à-dire l'utilisation à des fins positives de ces possibilités pour soi-même sans interférence négative sur la liberté des autres.

124. Confiscation de la communauté humaine
Si le vivre bien ensemble ainsi que le vivre bien personnel et la réalisation de soi individuelle ne sont pas associés alors on se trouve face à la confiscation par un groupe de la communauté humaine.

125. L'humain est multiple
L'humain est multiple. Cette simple affirmation recouvre plusieurs réalités. La première est que chaque être humain est unique (unique biologiquement avec un ADN original sauf pour les vrais jumeaux, unique intellectuellement, unique dans son développement) et sa vie ne ressemblera à aucune autre. La seconde est que chaque communauté (du couple à l'humanité entière) est unique, aucune ne fonctionnant exactement comme une autre similaire ou différente, aucune n'ayant exactement la même culture, etc. La troisième est que l'être humain d'hier est différent de celui

d'aujourd'hui, lui-même différent de celui de demain sans pour autant être de nature différente, il reste un être humain. L'évolution de l'espèce humaine fait que nous nous adaptons à de nouvelles situations, que nous en créons d'autres et que nous produisons une évolution de notre quotidien, de notre environnement, de nos communautés et de nous-mêmes. Nous développons, entre autres, une meilleure hygiène, une meilleure capacité à nous protéger des agressions extérieures, une meilleure capacité d'utilisation de notre cerveau, des nouveaux outils extérieurs ou implantés en nous pour nous transformer ou nous aider. Si nous savons un peu ce que nous sommes, si nous avons quelques idées sur ce que nous avons été, nous ne savons pas grand-chose sur ce que nous serons à l'horizon de quelques siècles ni même, sur beaucoup de points, de quelques décennies.

126. La prétention de dégager une unité dans le flot irréductible de différences

Quelle est cette prétention de dégager une unité dans le flot irréductible de différences? Au nom de quoi devrait-on supprimer certaines différences pour parvenir à un consensus afin d'uniformiser une morale communautaire alors que les différences sont essentielles à l'affirmation de notre unicité et à l'intérêt même de notre existence individuelle? Un individu aime la liberté, un autre préfère le lien social avec autrui. Qui a raison? Une société promeut la liberté et l'émancipation de l'individu, une autre met l'accent sur l'appartenance de l'individu à la communauté et à ses devoirs envers elle. Qui a raison? Néanmoins, cette entreprise se justifie. L'espèce humaine est une réalité et elle représente un groupe homogène de membres ayant des caractéristiques communes. Cette constatation est une évidence. A partir de là, on peut essayer de dégager l'existence de quelques valeurs (dont une métavaleur) au-dessus ou au-delà, comme on veut, de la diversité et de la différence, une «base morale» obligatoire pour toute société qui veut se bâtir sur le respect de ses membres et dont le but est de les protéger et de leur permettre de devenir des personnes.

127. La société mondiale, somme de relations entre des entités

La société mondiale peut être vue comme une somme de relations entre des entités dont celle de base est l'être humain. L'être humain entre en relations avec un autre être humain soit directement soit par la médiatisation d'autres entités (groupes plus ou moins importants de la famille à l'Etat). Mais la société n'est pas seulement cette somme de relations, elle est plus que ça, elle inclut également tous les individus-mondes et leurs existences qui, même sans relations directes les uns avec les autres, interfèrent sur les existences des uns et des autres.

128. La communauté n'est pas une entité décharnée
De la même façon que l'être humain est fait de chair, la communauté n'est pas une entité décharnée qui gérerait inhumainement des individus.

129. Obligation sociale et obligation d'émancipation
L'obligation sociale et l'obligation d'émancipation sont les deux obligations que s'échangent l'individu et la société.

130. Morale partagée
Quand on parle de morale partagée par l'ensemble de la population comme le font de nombreux chercheurs en sciences sociales et en biologie, il ne faut pas l'étendre à tout va. Elle est essentiellement dans la condamnation de la violence surtout physique.

131. Notre noyau dur
Si nous sommes uniquement issus des circonstances successives, alors il n'y a que la morale de la nécessité et de la survie qui compte puisque nous ne sommes que ce que nous sommes à l'instant, étant autre chose juste après et ayant été autre chose juste avant. Or, bien que nous soyons en perpétuelle évolution, que demain nous serons autre chose, nous ne serons pas différents d'aujourd'hui sur bien des points essentiels. Nous serons plutôt ce que nous sommes avec autre chose, c'est-à-dire que ce qui forme notre «noyau dur» ne sera pas entamé. Cela ne signifie pas que celui-ci puisse l'être à force d'évolution et lors de chambardements aigus. Néanmoins, ce qui sera affecté dans notre noyau dur sera de l'ordre de peu de choses. Et si demain, avec la science et les technologies, un être humain devenait autre chose, il ne serait plus un

être humain mais autre chose. Dès lors, il existe bien une morale inhérente à l'être humain qu'il porte en lui et qui s'impose à lui et qui fait qu'il ait pu vivre jusqu'à aujourd'hui et qu'il ait pu construire des communautés où vivre.

132. Révolte contre l'environnement

C'est la révolte contre son environnement qui fait que l'être humain est devenu ce qu'il est et qu'il a pu survivre dans un environnement largement hostile. Mais, en revanche, il ne s'agit pas pour lui d'aller contre sa nature mais justement de l'utiliser. Il n'y a donc rien de non-naturel dans le développement de l'humain et de l'humanité issu de sa révolte.

133. La société n'est pas de l'ordre culturel mais bien de l'ordre naturel

La société n'est pas de l'ordre culturel mais bien de l'ordre naturel. Cette réalité constatée scientifiquement remet en cause le primat du contrat social cher à Rousseau (contrat qui n'est bien sûr qu'une fiction néanmoins indispensable car permettant de justifier un accord tacite de chaque individu de vivre dans une société donnée et d'en accepter les règles). Les êtres humains sont en communauté naturellement et non par un accord politique.

Vivre en communauté est une obligation pour l'être humain qui naît totalement dépendant physiquement et affectivement. Ce n'est qu'ensuite qu'il conquiert une autonomie mais celle-ci n'est pas suffisante pour qu'il puisse vivre seul. Néanmoins, il peut alors s'entendre sur la signification qu'il veut donner à son adhésion à la société et définir avec les autres membres de la société une partie du lien social, celui qui ne ressort pas du naturel mais du culturel.

Bien entendu, l'évolution humaine a ajouté de plus en plus d'éléments culturels à ce lien social, de plus en plus d'éléments contractuels pour parler comme Rousseau. Il n'en demeure pas moins que la base du lien social est bien naturelle, ressort de la nature même de l'humain, de ce qu'est l'être humain, un être qui a un besoin vital de la communauté pour vivre puisqu'il naît totalement dépendant de la communauté à travers ses parents et sa famille.

134. Peut-on trouver des valeurs immuables dans le mouvement?

Tout est mouvement. Peut-on trouver des valeurs immuables dans ce mouvement? Si tout est mouvement, tout doit être aussi équilibre pour que le mouvement ne soit pas négatif pour certains. On ne peut arrêter le mouvement mais l'on peut faire en sorte qu'il soit le plus équilibré possible.

135. Degré d'autonomie de l'être humain dans la société

L'être humain doit vivre en société pour vivre et se développer, ceci n'est plus à démontrer. Ce qu'il faut déterminer, c'est quel degré d'autonomie il peut avoir dans cette société et non pas tenter d'imaginer son illusoire indépendance face à la société. Cette indépendance ne pourrait exister que si l'être humain se créait lui-même ce qui n'est évidemment pas le cas et ne semble pas le devenir malgré les progrès de la science. Ce qu'il nous faut déterminer ici ce sont les valeurs qui permettent à l'individu de se réaliser dans la société, c'est-à-dire les valeurs qui lui permettent de prétendre à l'existence qu'il souhaite dans le cadre d'une société qui doit, non seulement, lui permettre cette prétention mais le permettre à tous ses autres membres. Comment faire cohabiter des individus-mondes dans un monde d'individus, telle est ma recherche.

136. La méthode que l'on doit utiliser pour toute question politique

La méthode que l'on doit utiliser pour toute question politique se décompose en trois phases. La première phase est de faire le constat de la réalité, de ce qui est. La seconde phase est de bâtir ce qui devrait être. La troisième phase est de savoir comment faire pour ce qui est devienne ce qui devrait être et qu'est-ce qui est réellement réalisable dans ce dernier cas (sachant que certains objectifs peuvent être des références et non des buts concrets). Ainsi l'étude, la réflexion et l'action sont les trois phases dont nous parlons: la réalité, le changement dans la réalité, la réalité du changement.

137. Capacité du politique et de son action

Une des questions fondamentales pour le propos développé ici porte sur la capacité du politique et de son action. Il est de bon ton d'affirmer que le pouvoir est essentiellement voire uniquement détenu par la sphère économique – plus exactement par la sphère marchande et financière – et que le politique ferait, d'une part, de la gesticulation et, d'autre part, que son rôle effectif serait de conformer la société à l'économique dans son travail d'édictions de normes et de leur application. Le politique serait donc en quelque sorte l'auxiliaire de l'économique étant entendu que cela serait une évidence puisque l'économique, c'est-à-dire l'organisation de la production de richesses et de leur pénurie, serait la base de notre activité, celle qui permet d'assurer notre existence même.

Or rien n'est plus faux. Comme le disait Aristote, l'être humain est un animal politique. Mais il est en plus un être spirituel. Bien entendu, il a besoin de vivre pour en être un et donc de produire des richesses comme l'alimentation. Cependant, on opère là un retournement de l'essence même de l'être. Si nous étions des machines qui réclamerions une énergie pour «vivre» alors la production de cette énergie serait la base de notre «existence». Ce n'est pas le cas, nous ne vivons pas pour manger, nous mangeons pour vivre.

Donc, si la production de richesse est essentielle, elle l'est parce qu'elle est issue de notre existence et non le contraire. Dès lors, l'organisation de la cité, la politique, inclut l'économique et non le contraire, quel que soit l'importance de l'économique. Ainsi, pour prendre un autre exemple, l'organisation de la sécurité est un préalable à l'organisation de l'économie mais, avant tout, à l'existence même d'une communauté et donc de l'existence de l'être humain. L'économie permet de demeurer en vie mais n'a pas créé la vie. Et lorsque l'économie acquiert une autonomie par rapport au politique c'est parce que le politique l'a bien voulu et a considéré, à tort ou à raison, que cela allait dans le sens d'un meilleur développement de la société.

138. Agir dans un cadre de référence

En matière de pratique politique – la pratique de l'art d'organiser la vie de la cité –, l'action prédomine. La vie ne s'arrêtant jamais, l'action est donc continue. Cette action politique, comme tout agissement humain, est alors sujet aux erreurs et aux approximations. Cela fait partie du risque de celui qui agit. Et ce risque ne pourra jamais être supprimé. Car la politique ne peut être, in fine, que de l'expérimentation grandeur nature tant une partie de la réalité nous échappe ainsi que de la manière de la domestiquer. C'est pourquoi les démagogues peuvent tout promettre et c'est pourquoi les personnes de bonne volonté peuvent tout essayer sans jamais trouver la «solution miracle».

Néanmoins, on ne peut agir pour agir. Si c'est le cas, le risque est de ne faire que de la simple gesticulation, ou, pire, de détruire plutôt que de construire. Et ce ne sont pas des risques acceptables par la communauté.

C'est la raison pour laquelle l'action nécessite que l'on définisse un cadre de référence qu'elle se doit de respecter pour être légitime et utile à ceux auxquels elle s'adresse. Un cadre qui n'a pas pour objet de brider l'action mais bien au contraire de la libérer puisqu'elle sera légitime malgré l'incertitude de son succès. Définir ce cadre, c'est définir une philosophie morale de l'action politique.

Cependant, comme dans toute activité humaine, on est interpellé par ce paradoxe puissant qui fait que les humains définissent des cadres moraux à leurs actions et qu'ils n'ont de cesse de les violer. Ce paradoxe ne serait-il qu'un avatar de plus à cet esprit de compétition qui fait que l'être humain se fixe constamment des challenges, certains étant quasiment impossible à relever? De même, tout cadre étant nécessairement limitatif, il incite ceux qui sont capables de le transgresser à leur profit de le faire, notamment s'ils estiment que le risque de sanction est minime.

Cependant, il est tout aussi évident qu'une norme absolue ne doit pouvoir être édictée que s'il ressort qu'elle est bien pour tous les individus pris individuellement et pour la communauté prise collectivement. De là, non seulement on peut limiter la transgression mais on peut mettre en place un système légitime de répression de la transgression.

139. Agir bien sert à vivre bien

La philosophie permet d'acquérir la sagesse par la connaissance et le savoir des principes et des valeurs de l'existence, pour la mettre au service de notre volonté afin de bien agir. Agir bien sert à vivre bien. La philosophie sert ainsi à avoir une vie bonne. La philosophie politique permet donc à la communauté d'acquérir la sagesse nécessaire à l'action politique par la connaissance et le savoir des rapports entre les individus dans une communauté afin de fonder les principes et les valeurs qui vont les régir au mieux afin de permettre la vie bonne composée du bien vivre ensemble, du bien vivre individuel et de la réalisation de soi. La philosophie politique sert donc à utiliser collectivement cette sagesse acquise pour agir en vue d'ordonner du mieux possible les rapports entre les individus dans la communauté afin que chacun d'eux vivent du mieux possible individuellement et collectivement.

140. Notre relation à l'autre se fait par la parole et par l'action

Notre relation à l'autre, notre communication avec l'autre et notre rapport à l'autre, se fait par la parole et par l'action. Nos paroles et nos actes agissent sur l'autre comme ses paroles et ses actes agissent sur nous. De cette interaction naît nos rapports en société. De même, la politique consiste à parler et à agir. La politique, consiste en des paroles et des actes. La politique est un mélange de communication et d'action.

141. Sans savoir pas de citoyen responsable et pas d'optimum de la société réelle

Sans savoir, pas de citoyen responsable. Sans citoyen responsable pas de Métapolis et d'optimum de la société réelle. La transmission du savoir par le système formatif et le système informatif est indispensable afin d'avoir un citoyen responsable qui prend ses décisions en regard son propre intérêt et de l'intérêt de la communauté mais qui peut, pour cela, concevoir ce qu'est son intérêt et celui de la communauté ainsi que de concevoir que son intérêt propre et celui de la société dans laquelle il vit sont compatibles et indissociables.

142. Vivre est un choix a posteriori

Vivre n'est pas un choix a priori. Aucun humain n'a demandé à naître. Mais vivre devient un choix a posteriori par la conscience que l'humain acquiert de son état.

143. De l'harmonie et de l'uniformité

Il ne faut pas confondre l'harmonie et l'uniformité. L'harmonie est l'unité des différences. L'uniformité est la dissonance des ressemblances. L'harmonie crée la prospérité alors que l'uniformité détruit la créativité.

144. Différence culturelle

Toute «différence culturelle» qui nierait la liberté, l'égalité, le respect, la solidarité et la tolérance, nierait le principe fondamental de toute organisation d'êtres humains libres et solidaires entre eux. Toute société qui ne les respecte pas ne respecte pas la vie et la personne.

145. L'individuel et le collectif sont totalement imbriqués

L'individuel et le collectif dans une communauté sont totalement imbriqués. Dès lors, il faut faire un sort à deux fictions, celle d'une personne totalement autonome et sans attache à une communauté quelconque et celle d'une personne complètement intégrée à une communauté et dépendant totalement d'elle.

146. Du pouvoir

Le pouvoir nécessite la conscience. L'exercice du pouvoir est issu de la conscience de son existence.

147. Le pouvoir nécessite un extérieur.

Le pouvoir ne s'exerce que sur un extérieur au moi.

148. Naissance du pouvoir

Le pouvoir entre humains naît en même temps que la communauté quel que soit le nombre d'humains qui la composent.

149. Deux composantes au pouvoir

Il y a deux composantes au pouvoir. Il y a le pouvoir sur l'environnement de l'être humain, des objets aux animaux: c'est la domination de l'espèce humaine. Il y a le pouvoir sur les êtres humains: c'est le pouvoir politique.

150. Légitimité du pouvoir politique

Le pouvoir politique doit être légitime. Le pouvoir politique s'acquiert par la violence ou par le consensus. La communauté, la religion et l'intérêt d'un groupe sont les trois bases invoquées de la légitimité.

Le pouvoir politique peut être légitimé par la communauté qui l'exerce directement (démocratie) ou désigne des représentants pour l'exercer (système représentatif). C'est la prise du pouvoir et son exercice par le consensus.

Le pouvoir politique peut être légitimé par le divin qui délègue son pouvoir à des représentants (théocratie) qui ne sont responsables que devant cette instance divine. C'est la prise du pouvoir par la violence et son exercice par la coercition mais un certain consensus peut entrer en jeu lorsqu'une majorité écrasante de la communauté partage le même point de vue religieux et légitime par sa volonté un tel type de pouvoir.

Le pouvoir politique peut être légitimé par un groupe de la communauté qui se l'approprie pour son intérêt (oligarchie où je mets l'appropriation par un groupe où se trouve un chef incontestable et qui est la tyrannie parce qu'un seul ne peut jamais gouverner une multitude s'il ne fait pas partie d'un groupe assez puissant pour y parvenir). C'est la prise du pouvoir par la violence et son exercice par la coercition.

151. Efficience d'une société vis-à-vis de la liberté et de la solidarité

Si l'on examine l'efficience d'une société, quelle doit être son organisation vis-à-vis des deux piliers que sont la liberté et la solidarité? En matière économique, la liberté l'emporte sans conteste. En matière sociale, la solidarité assure plus aisément la paix sociale que la liberté.

152. Tension d'une association de personnes

L'association des personnes crée une tension entre liberté et égalité, entre liberté et solidarité.

153. De l'environnement de l'humain

L'humain s'est battu contre la nature pour assurer sa propre sécurité et celle de sa descendance. La personne doit préserver son environnement. La nature doit demeurer au service de la société et de la personne. La préservation de la nature doit être au service de la société et de la personne. L'humain a besoin de la nature pour vivre mais d'une nature domestiquée et à son service. Il doit donc faire en sorte de préserver cette nature. Mais promouvoir une nature qui pourrait être autonome et donc contre l'humain serait une aberration pour la communauté. La culture n'a pu naître que parce que la nature était domestiquée. Mais sa domestication impose à la communauté sa gestion cohérente au service de l'humain dans le maximum de respect possible aux autres espèces vivantes en regard de cette mission.

154. But de la société
La fonction de la société est d'assurer la sécurité de ses membres. Son but est de permettre l'épanouissement de ses membres. La société doit donc permettre aux individus de s'épanouir du mieux possible en toute sécurité. L'épanouissement des individus passe par la liberté. Cette liberté suppose qu'ils soient de plus en plus autonomes vis-à-vis des mécanismes de solidarité. Plus la quantité de solidarité est forte, plus les personnes sont dépendantes des organes poliçant la communauté et plus elles subissent de contraintes. Plus la demande de solidarité est faible (ce qui signifie que les personnes en ont moins besoin), plus les personnes sont autonomes et plus elles bénéficient réellement de la liberté et plus la qualité de la solidarité est meilleure et donc plus le lien social est fort.

155. Le sens de l'histoire
Au niveau sociétal, d'une société de sécurité, où les personnes se sont réunies afin de se protéger de la violence de la nature et des autres personnes, on s'est dirigé vers une société de liberté, où la société donne la possibilité à tous de s'épanouir ce qui minore son rôle sécuritaire et solidaire matériellement parlant (même si la solidarité demeurera toujours ne serait-ce que face aux catastrophes naturelles) et augmente son rôle de garant de la liberté. Si les personnes se sont réunies pour la sécurité, la finalité de la société est devenue l'épanouissement individuel et collectif de ses membres. Si la sécurité demeure un des fondamentaux, il s'agit maintenant de permettre à chaque personne de s'accomplir. L'évolution naturelle d'une société est d'être de moins en moins protectrice et de plus en plus libre. Pour ce faire, la société doit promouvoir l'autonomie de la personne. Mais celle-ci ne peut-être promu qu'autant que la responsabilité s'impose à tous.

156. Le monde est violence

Le monde est violence. Tout le challenge de l'humanité est de contrôler in fine cette violence par l'amour (à défaut, elle le fait par l'interdiction). La naissance, le quotidien, la mort des êtres humains sont violence. Cette nature violente de la vie et de l'existence peut-être accompagnée et sublimée par un dépassement de la violence par l'amour. N'oublions pas, pour autant, que toute violence n'est pas négative et illégitime quand elle tend à défendre la vie.

157. De la violence humaine

Il existe une violence collective et une violence individuelle. La violence collective se déroule, premièrement, à l'intérieur d'une société donnée, c'est le maintien de l'ordre dans sa version légaliste par ses organes de pouvoir et de contrôle. La violence collective se déroule, deuxièmement, à l'extérieur d'une société, c'est la guerre. La guerre, directe ou indirecte, est la lutte pour la puissance entre les nations et les Etats. La guerre permet souvent de s'approprier une part plus importante du gâteau économique. La guerre est un des moyens de résoudre des conflits entre communautés. Cette violence peut être physique mais également psychologique

La violence individuelle sociale et économique s'exerce à l'encontre d'un ou plusieurs autres individus. Dans sa version exacerbée, elle s'attaque à l'intégrité physique et psychologique ou aux biens. Ses moteurs principaux sont soit la nécessité, soit l'envie, soit la vengeance. Elle consiste à s'approprier par la force les biens des autres ou d'agresser leurs corps. Dans sa version «pacifique», cette violence individuelle est une compétition. Son moteur principal est un mélange d'égocentrisme et d'égoïsme. Elle consiste à amasser plus que les autres afin de posséder plus que les autres.

158. Règles justifiées

La relation de la personne avec sa communauté n'implique pas que celle-ci impose des règles sans qu'elles soient justifiées. La justification de l'établissement de règles par la communauté doit être non seulement démontrable mais compréhensible.

159. Ordre et sécurité

La sécurité crée l'ordre qui permet les conditions effectives de l'exercice de la liberté dans un cadre social donné. La société produit de l'organisation qui établit un ordre qui induit de la sécurité pour le créer, le préserver et le maintenir qui est un préalable à la liberté effective.

160. Monde sans ordre
L'être vit dans un monde anarchique c'est-à-dire sans ordre et non pas en désordre. C'est la communauté qui crée un ordre social et c'est l'individu qui peut se créer son propre ordre (qui, dans une communauté donné, doit être compatible avec l'ordre social). Mais l'ordre est toujours culturel et non naturel, institué et non immanent. Ce qui ne signifie pas qu'il n'est pas juste ni légitime mais qu'il doit être protégé effectivement pour exister réellement.

161. Différence et harmonie
Ce n'est pas l'inégalité qui produit la différence (individualité). Mais c'est la différence qui produit l'inégalité. En précédant l'inégalité, la différence affirme sa primauté. C'est la différence qui fonde la liberté et non le contraire. C'est la différence qui fonde une partie des droits de l'homme.

162. Différentes cultures et compatibilité
Les différentes cultures, les différentes civilisations démontrent la différence ontologique de l'être humain. Faut-il aller vers une même civilisation et une même culture mondiales ou faut-il encourager la différence? Faut-il trouver une «base» humaniste sur laquelle pourrait vivre les différences dans un esprit de coopération et coexistence pacifique? Il faut encourager les différences individuelles et faire disparaître les incompatibilités communautaires. Le monde doit être compatible. Les cultures doivent être compatibles ensembles. Elles le seront quand elles ne concerneront que des cultures individuelles et non des cultures de groupes.

163. Conservatisme et réformisme en même temps
Toute politique cohérente doit mêler conservatisme et réformisme. Toute politique qui s'appuie sur le réel doit agir de la sorte. Mais un problème surgit rapidement: la politique doit insuffler un idéal et

donner de l'espoir. Cette dimension – ajoutée aux mythes et aux rituels nécessaires à la cohésion sociale – vient souvent (mais pas toujours) en contradiction avec le réel. Nous avons besoin de mythes fondateurs, de rêves d'espérance. Nous avons besoin de transcendance. C'est ce qui nous fait agir, nous, les êtres humains. Nous devons donc marier une politique réaliste avec une aspiration humaine à la transcendance, aspiration qui permet de réunir les énergies et d'avancer.

164. La politique doit reconnaître le réel

Il y a le réel. Pour pouvoir agir efficacement, le politique doit reconnaître son existence. Une de ses missions est de partager ce savoir sur le réel avec la population. Ce partage est une grande partie de sa responsabilité politique. Il doit aussi savoir et faire savoir ce qui est modifiable de ce qui ne l'est pas.

165. Réel et demande des citoyens

Il y a le réel. Ce réel se confronte d'abord aux demandes des citoyens. Celles-ci sont évidemment paradoxales et contradictoires. Chaque électeur demande plus pour lui et moins pour les autres avec des exigences inconciliables (plus de services publics et moins d'impôts, par exemple). Ce réel se confronte ensuite aux promesses des politiques, promesses faites en réponses à ces demandes. Ce réel se confronte enfin aux possibilités des politiques, à leurs capacités et leurs marges de manœuvres pour agir sur ce réel et le modifier en rapport de la demande de leurs électeurs. Tant que les politiques ne s'appuieront pas sur le réel et n'en feront pas un élément central de leur action politique, il ne peut y avoir de politique efficace. Cela ne signifie pas qu'il faille complètement évacuer la part de rêve de la politique. Mais ce rêve ne peut remplacer la réalité au risque de provoquer de graves crises à périodes répétées.

166. Mouvement et évolution

Le monde est mouvement et tout est en constante évolution.

167. Humain et nature

L'humain vient de la nature; il en est un des produits. La nature n'est ni bonne, ni mauvaise; elle est. Toute la nature est régie par la lutte pour la survie. L'humain n'échappe pas à cette règle. Quel que soit le degré de son développement et de sa culture, l'humain devra toujours assurer sa survie vis-à-vis d'éléments hostiles de la nature à son encontre.

168. Préserver la vie de l'humain contre les éléments de la nature qui lui sont hostiles

L'une des missions de la communauté est de préserver la vie de l'humain contre les éléments de la nature qui lui sont hostiles. Cependant, grâce à son développement, l'humain domine en partie la nature. Cette domination est un élément essentiel de sa capacité de survie et de développement. La domination de l'humain sur la nature est donc constitutive de son développement. De son point de vue, l'humain est légitime à dominer la nature. Tout humain prétendant le contraire ne défend pas l'Humanité.

Domination ne veut pas dire destruction. Domination signifie contrôle, utilité ainsi qu'entretien, voire protection quand cela est nécessaire dans une démarche de protection de l'Humanité, la seule qui soit légitime pour une société humaine. La protection de la nature et donc de l'environnement de l'humain n'est légitime que si elle sert à la protection de l'Humanité.

169. Nature, différence, dépendance

Naturellement et biologiquement, chaque être humain est différent. Naturellement et biologiquement tous les êtres humains sont dépendants les uns des autres.

170. Nature, différence, liberté, autonomie, interdépendance, partage, solidarité

La nature et la biologie fondent l'être humain unique. L'unique fonde la différence. La différence fonde la liberté. La liberté fonde l'autonomie. La nature et la biologie fondent l'espèce humaine interdépendante. L'interdépendance fonde la solidarité. La solidarité fonde le partage.

171. Culture et Nature

L'être humain n'est pas que nature parce qu'il se pense aussi en dehors de la nature. De nombreuses religions font de l'être humain un produit en partie «extra-terrestre». Ainsi, l'âme est considérée comme «prisonnière» du corps dont elle s'échappera à la mort de cette enveloppe terrestre. Toute la lutte de l'être humain est de domestiquer la nature à son profit. Cette tentative peut être considérée comme une vacuité en tant qu'elle repousse le rendez-vous final qui lui n'appartient qu'à l'ordre naturel en ce qui concerne, au minimum, le corps. Mais alors, on nie toute activité humaine pensante et même l'instinct de conservation que nous partageons pourtant avec les autres êtres vivants. Si l'être humain demeure largement à la merci de la nature, sa transformation de la nature le rend aussi dépendant de son action sur celle-ci. Les réactions «naturelles» ou «induites» de la nature ne sont pas toutes maîtrisables par l'être humain.

172. L'humain s'unit à d'autres êtres humains

L'humain s'unit à d'autres êtres humains.
Ceux-ci créent ainsi une communauté.
Cette communauté s'appelle une société.
Celle-ci est indispensable pour l'espèce humaine car elle permet de partager son présent et son avenir.
La société n'est donc pas opposable à l'humain.
La société n'est que la réunion d'humains.

173. L'organisation de la société a toujours oscillé entre force et paix

L'organisation de la société a toujours oscillé entre force et paix. La lutte pour la survie puis pour la vie est la raison de la vie en société.

174. L'humain créancier et débiteur

L'humain n'est pas seulement créancier de la société, il en est également débiteur.

175. De l'utilité de la société

Si les humains sont unis, c'est pour être plus fort ensemble vis-à-vis de leur environnement mais aussi et surtout parce que la vie en commun est le cadre naturel des humains. Comme les cellules de notre corps qui ne se développent que dans le cadre communautaire et dans une interaction entre elles. Cette réunion est donc naturelle, consentie, consentante et nécessaire. La dimension naturelle provient de notre naissance et de notre dépendance alors complète au groupe qui nous permet de vivre puis de nous développer. Le consentement est tacite lors de la naissance et devient contractuel lorsque l'humain acquiert tous les attributs de la personne. Ce qui signifie qu'il peut être rompu par l'humain par son départ de la communauté. Mais il ne permet pas à l'humain de s'affranchir des règles de la communauté dans laquelle il vit.

176. La société permet à l'humain de grandir et de se développer

La société permet à l'humain de grandir et de se développer afin de pouvoir effectivement jouir petit à petit des attributs de sa qualité de personne. Cette qualité il la possède dès sa naissance mais il ne peut l'exercer effectivement.

177. Le civilisé contre le plus fort

La société doit établir la loi du plus civilisé contre la loi du plus fort.

178. Règles de vie en commun

Pour permettre à la personne de grandir et de se développer, la société édicte des règles de vie en commun. Ces règles doivent permettre de garantir le maximum de liberté de la personne. Elles permettent aussi le fonctionnement de l'action collective.

179. Une société existe avant tout pour assurer la sécurité de ses membres

Une société d'humains fondée par des humains pour des humains a comme mission la sécurité de ses membres. La sécurité est la première mission de la société d'humains libres. Cette société n'existe que dans le respect de ceux-ci, dans la solidarité avec ceux-ci et dans la tolérance de ceux-ci. Dénier une de ses caractéristiques à ses membres revient à ce que la société leur rende leur environnement dangereux. Toute «différence culturelle» qui nierait la liberté, l'égalité, la tolérance, la solidarité et le respect, nierait le principe fondamental de toute organisation d'êtres humains libres et solidaires entre eux.

L'individuel et le collectif sont donc totalement imbriqués. Dès lors, il faut faire un sort à deux fictions, celle d'une personne libre et sans attache à une communauté quelconque et celle d'une personne complètement intégrée à une communauté et dépendant totalement d'elle.

Une société qui ne respecte pas la liberté, l'égalité, la tolérance, la solidarité et le respect, ne respecte pas la vie et la personne.

Les besoins de la personne pour se développer et acquérir son autonomie sont les mêmes dans le monde entier. Ce qui signifie qu'il n'y a qu'une seule société légitime et elle est mondiale. L'humanité n'a été divisée que par les conflits historiques et les conditions géographiques qui ont longtemps fait qu'il n'était possible que de se réunir sur un territoire restreint. La vocation de l'humanité est donc de se fondre dans une société mondiale.

180. Sécurité et intérêt, rôle de la communauté

Une communauté humaine est formée d'être humains. Son rôle est d'assurer la sécurité et l'intérêt de ses membres. Et de ce fait, elle doit assurer la sécurité et l'intérêt de chaque membre. La reconnaissance de ce rôle garantit l'existence de chaque membre de la communauté. Cette garantie c'est le respect de la vie, le métabien de la société. Ainsi que ce soit par exigence morale et par l'essence même de son existence, la communauté respecte la vie.

181. La société doit d'abord garantir la sécurité de ses membres

La société doit d'abord garantir la sécurité de ses membres. C'est sa mission première. Cette sécurité est multiple dans ses applications. La société doit d'abord garantir la sécurité vis-à-vis de l'extérieur, des éléments naturels dangereux, des autres espèces vivantes dangereuses et, par le fait du morcellement de l'humanité, des autres communautés humaines belliqueuses. Ensuite, la société doit garantir l'ordre intérieur. La communauté qu'elle regroupe doit pouvoir vivre en sécurité à l'intérieur du territoire qu'elle recouvre. Les individus doivent pouvoir être protégés contre les

risques internes violents. Lorsque l'on parle de risques internes violents, c'est évidemment les atteintes physiques aux personnes auxquelles on pense en premier. D'ailleurs, l'Histoire nous montre qu'il
s'agit, avec la sécurité extérieure, de l'unique fil rouge constant de
tout regroupement humain.

Cette sécurité intérieure doit évidemment prendre en compte un
certain nombre de critères qui permettent d'assurer la sécurité de
ses membres. Car la violence naît également de problèmes sociaux
comme la pauvreté, la faim, la maladie, etc. Une société uniquement répressive – qui est le modèle qui a dominé l'Histoire jusqu'à
maintenant – ne peut pas résoudre les problèmes au fond. Elle doit
également être préventive et cette prévention passe aussi par la
mise en place de politiques sociales et sociétales et pas seulement
par une éducation du respect qui ne peut à elle seule empêcher les
désordres qui naissent de dures conditions d'existences.

182. Que doit offrir la société à l'humain?

Individuellement et collectivement, la société doit offrir une organisation et un cadre. Ce cadre doit être, à la fois, un moteur de
l'épanouissement individuel et un fédérateur communautaire.
L'épanouissement individuel ne peut se réaliser que dans la sécurité, c'est-à-dire le cadre qui permet de vivre une vie décente.

183. L'ajustice, règle immuable de la vie sur terre

Depuis le commencement de l'humanité, l'injustice existentielle – et
non l'inégalité et l'injustice sociale qui ne sont que ses corollaires,
ses conséquences – est une des rares règles immuables qui régit
les rapports entre les êtres humains et la vie en société. Cette «injustice immuable», cette partie de l'injustice que nous ne pouvons
changer ne doit pas être confondue avec l'injustice émanant du
fonctionnement de nos sociétés et des rapports sociaux. Il ne s'agit
donc plus d'injustice mais de «a-justice». Notre existence se déroule ainsi dans le cadre d'une « ajustice ». L'ajustice est une condition permanente que vit l'être humain dans son milieu et de l'être
humain en société (l'être humain dans ses rapports et sa confrontation avec l'autre). Cette réalité incontournable rien, malheureusement, ne pourra la changer. Cette constatation ne doit pas induire
un renoncement ou une acceptation de ce qui peut être modifié ou
amélioré au niveau des injustices produites par nos sociétés et qui,

elles, n'ont pas le qualificatif d'incontournables. Dès lors, nous pouvons et devons travailler à réduire ou aménager ces injustices là où c'est possible. De fait, nous ferons tout de même reculer l'injustice globale.

184. Qu'est-ce que l'ajustice ?

L'ajustice n'est pas l'injustice, le contraire de la justice. Plus profondément, elle est l'absence de justice sur terre, la négation de la justice sur terre ou encore l'impossibilité d'une justice sur terre. Pour chacun, l'ajustice commence dès sa conception. Le couple qui l'a engendré, avec sa génétique propre, son milieu social particulier, l'importance de ses capacités intellectuelles, la qualité de son affection parentale, etc. est une base différente de celle de tout autre individu conçu par un autre couple que ce soit au même moment ou à un autre. Cette base différente qui fonde l'individualité est celle aussi de l'ajustice. Cette dernière, ensuite, ne fera que croître, soit en faveur de cet individu, soit en sa défaveur, soit l'une et l'autre, sinon alternativement, mais parallèlement. L'ajustice est liée à notre existence terrestre même, elle en est une composante. On ne peut donc la combattre Mais on peut, en reconnaissant son existence, atténuer ses effets et ses conséquences.

185. De l'ajustice comme règle fondamentale de la vie

Nous éprouvons des difficultés à envisager et à conceptualiser l'existence d'une «vraie» justice, ni même d'une vraie équité (à chacun selon son mérite) dans nos sociétés. Cela n'est guère étonnant, car cette vraie équité fonderait une société parfaite.
Nous pouvons, dès lors, comprendre que cette vraie équité n'existe pas dans nos sociétés qui sont loin d'être parfaites. Et il ne peut en être autrement car il existe une équivoque d'importance, puisque nous continuons à parler de justice et à vouloir que nos sociétés soient le plus juste possible par rapport à un idéal de justice qui ne peut exister. Nous ne sommes, en effet, ni dans le règne de la justice (toute approximative qu'elle pourrait être par ailleurs), ni dans le règne de l'équitable, ni dans le règne de l'injuste, ni dans le règne de l'inéquitable mais dans le règne de l'ajuste.
Cette ajustice est totale et immuable. Cela signifie que nous ne pourrons jamais l'éradiquer sauf à être tous identiques de A à Z et ce, dans tous les domaines. Une situation impossible et même in-

concevable puisque cette égalité parfaite serait, pour certains, une injustice!

Donc, il faut faire avec cette ajustice. Cela ne signifie pas du tout qu'il faille renoncer à changer nos sociétés pour éradiquer le plus possible tout ce qui n'est pas équitable afin qu'une certaine équité soit mise en place. Par exemple, protéger le plus faible par rapport au plus fort est une règle de justice sociale qu'il faut sans cesse améliorer, même si elle est une injustice pour les plus forts et même si elle ne résoudra jamais l'injustice vécue par les plus faibles, sauf à en faire les plus forts et, alors, à inverser les rôles...

186. Ajustice et cadre réel
Parler d'ajustice permet de replacer les sociétés humaines dans un cadre réel et non dans des théories qui n'ont de justification que leur existence. Reconnaître l'ajustice immuable permet de l'inclure dans l'organisation de la vie en société et, à l'inverse, de combattre les injustices émanant de nos sociétés plus efficacement et d'essayer de les juguler, voire de les éliminer. Tout ceci sera plus efficace que de se gargariser d'une société juste, d'une justice équitable et toute autre formule du même genre, belle mais qui ne peut exister dans la réalité.

185. Inégalité naturelle raison de l'ajustice
L'ajustice dans notre monde est le produit de l'inégalité naturelle qui existera toujours. Pourtant, dans ce monde ajuste, il est possible de réduire certaines inégalités, les inégalités sociales et de mettre en place un environnement favorable à l'équité.

187. De la nature et de la justice
La nature n'a que faire de la justice. C'est à la société que revient la mission de corriger l'injustice sociale et d'atténuer les effets négatifs de l'ajustice naturelle.

188. L'ajustice existentielle
L'existence n'est qu'une ajustice vécue par chaque individu à la fois dans son inégalité avec autrui mais également dans sa «différence». Lorsque Pascal signifie qu'il n'y a pas une justice identique

sur toute la terre, que son état change selon le lieu où l'on est, et qu'en même temps, une même justice n'existe pas dans le temps, il signifie que la «vraie» justice ne peut exister sur terre. On ne se trouve donc pas dans une situation d'injustice (qui impliquerait qu'il y ait une situation de justice soit existante, soit atteignable concrètement), puisque la justice sur terre est impossible. On se trouve dans cet état d'ajustice, où la notion même de justice ne peut être réellement appliquée même si elle peut être conceptualisée, et encore.

En fait, seule une vie supérieure, dans un état parfait, ce que certains nomment le paradis, peut nous amener à une justice «parfaite». Une justice «parfaite» que nous ne saurions pourtant déterminer et dont nous ne serions montrer le fonctionnement. Cependant, au-delà de la recherche de cette «vraie» justice qui nous mettrait tous à égalité, l'état d'ajustice n'est-il pas une composante essentielle du moi de chacun d'entre nous? En effet, si deux personnes sont différentes (donc inégales), elles doivent garder cette différence (et cette inégalité) dans n'importe quel état où elles se trouvent. Cette différence peut s'appréhender sous la dénomination d'injustice (ajustice pour la thèse défendue ici) lorsqu'il s'agit d'une inégalité.

Pourtant, si cette différence est vécue comme «positive» par l'ensemble de la communauté – c'est-à-dire que son exercice n'est pas une source de conflit majeur – et concerne uniquement la «personnalité propre» de notre âme (ou ce que l'on appelle notre personnalité), n'est-elle pas un des éléments qui nous permet d'être unique (ou de le croire...)? Dans ce cas, la plupart d'entre nous souhaiteront conserver cette différence et même la cultiver d'autant qu'elle ne générera pas de conflits alors qu'ils souhaiteront mettre un terme à leurs inégalités.

Il existe donc, tout au moins en apparence, des éléments de l'ajustice que nous ne considérons pas comme négatifs mais plutôt comme un signe de différenciation. Ceci montre que, quoiqu'il arrive, nous ne recherchons pas une «vraie» justice qui, de toute façon n'existe pas car nous ne recherchons pas à mettre un terme à nos différences mais à nos inégalités. De fait, nous demandons à la société de nous donner, au minimum, la meilleure justice sociale, voire un ordre juste pour vivre nos différences. Quant à notre unicité naturelle, nous devons, pour la plupart, nous en faire une raison, qu'elle se caractérise par des différences «positives» ou par des inégalités «négatives» (notre inégalité devant la maladie, par exemple, même si nous devons bénéficier des mêmes soins médicaux, mesure de justice sociale) car elles entrent dans le cadre de l'ajustice immuable. Et nous ne pouvons en demander des comptes qu'à un éventuel être supérieur, ce qui entre dans le cadre de la foi, qui n'est pas notre propos ici, ou à se plaindre de la providence. Cette «vraie justice» et cette «vraie équité» n'existent donc pas sur terre où notre inégalité est notre premier trait, dès notre naissance. Une inégalité qui construit pourtant un aspect positif de nous-mêmes, notre personne indépendante et unique – nos différences – que nous ne voudrions aliéner à aucun prix. Dès lors, le seul acte de «vraie justice» et de «vraie équité» que nous pouvons mettre en place est celui qui permet la préservation de la vie de chaque individu, ressortissant du principe originel la vie. Sinon, nous pouvons approcher l'équité mais ne jamais l'atteindre, à quelque niveau que ce soit.

189. Du risque dans la société
La vie est un risque.
Il n'y a pas de vie sans risques.
Le risque est donc inhérent à la vie.
Le risque est donc inhérent à l'existence de l'être humain.
Le risque est donc une composante d'une société d'êtres humains.
La société doit limiter certains risques et en promouvoir d'autres.
Le risque de maladie doit être limité.
Le risque d'accidents doit être combattu.
Le risque de la violence physique doit être éradiqué.
Le risque d'entreprendre doit être promu.
Sans risques, une société serait apathique.
Sans maîtrise des risques, une société serait en désordre permanent et ses membres dans l'angoisse permanente.
L'angoisse n'est pas propice au développement d'une société.
Le risque «positif», lui, est le moteur du développement d'une société.

190. La vie est un risque
Pour les philosophes, les physiciens et les biologistes, la vie est un risque. Les sociologues nous disent même que nous sommes entrés dans une société du risque depuis que l'être humain est devenu

capable de détruire l'humanité tout entière grâce à l'atome. Or donc, le risque fait partie de notre quotidien.

191. Risque pris, risque subi

Lorsque l'on parle de risque, il est essentiel de faire des distinguos pour clarifier ce fatras d'idées reçues. La première et la plus fondamentale des distinctions est à faire entre le risque pris et le risque subi. Prendre un risque n'a rien à voir dans le processus de décision avec se prémunir d'un risque subi. Un alpiniste qui gravit une montagne prend le risque d'être emporté par une avalanche. Dans la station en contrebas, les touristes qui sont dans un hôtel bâti, non seulement, au mauvais endroit mais aussi avec des matériaux incapables de résister à cette avalanche, la subiront. Un automobiliste qui décide de rouler à une vitesse dangereuse dans les petites rues d'une ville prend le risque d'avoir un accident et d'être tué. Les enfants qui vont traverser la rue pour se rendre à l'école quand il passe en trombe sur un passage piéton qui n'est pas sécurisé subiront le risque d'avoir un accident et d'êtres tués. L'alpiniste et l'automobiliste choisissent, en toute liberté, de prendre un risque et doivent l'assumer en toute responsabilité pour leur vie, pas la société. Les touristes et les enfants ne choisissent rien du tout, ils subissent l'irresponsabilité individuelle de l'hôtelier et du conducteur ainsi que la faute collective de la société qui n'a pas pris les bonnes décisions afin d'assurer leur sécurité. Dans le cas de l'hôtelier et de l'automobiliste, on est dans la responsabilité et la liberté individuelle. Dans le cas des touristes et des enfants, on parle de responsabilité collective et de sécurité. La distinction est énorme.

Dans les risques subis, il faut une nouvelle distinction entre ceux qui sont inévitables à plus ou moins long terme (comme la mort) et ceux que nous pouvons prévenir (comme un accident de la route). Nous devons vivre avec les premiers que nous ne pouvons éviter même en s'en protégeant et nous pouvons – et devons – éradiquer plus ou moins totalement les seconds.

C'est cette dernière catégorie qui doit être l'objet de toute l'attention du politique lorsqu'il met en place des politiques de sécurité et de protection. Mais le politique doit aussi garantir le risque pris. Bien entendu, ce risque pris ne doit pas être un risque subi pour d'autres car alors il entre en conflit avec la liberté et la sécurité de l'autre.

192. Promouvoir le risque pris

Il faut promouvoir le risque pris, notamment en matière économique, et bâtir une protection efficace contre le risque subi évitable.

193. Réduire le risque subi

La recherche constante des êtres humains et des sociétés a été de réduire le risque subi, de le confiner voire de le faire disparaître.

194. Risque subi inhérent à la vie et créé par la société

Dans le domaine du risque subi, il faut distinguer entre le risque inhérent à la vie et celui que crée la société. Dans le premier domaine, il faut distinguer le risque incompressible (celui de la mort, par exemple) et celui que l'on peut contrôler, voire éradiquer. Dans le second domaine, il faut distinguer le risque du fait même de la constitution d'une société et celui de telle ou telle organisation sociale qui pourrait être éradiqué.

195. Risque pris à vocation sociale et à vocation individuelle

Dans le domaine du risque pris, il faut distinguer le risque à vocation sociale et celui à vocation individuelle. Bien entendu, dans le risque à vocation sociale (créer une entreprise commerciale, par exemple), la dimension individuelle est présente. Mais, il ne peut être totalement assimilé au risque que l'on prend, par exemple, lorsque l'on fait un sport dangereux pour son plaisir.

196. Vain et contre-productif de prévenir certains risques

Pour tous les risques, la prévention ne peut pas agir de même et, dans certains cas, ne doit pas agir. On peut, évidemment, informer sur les risques encourus mais il serait vain et même contre-productif de prévenir certains risques sauf à créer une société sclérosée.

197. Principe de précaution uniquement pour les risques subis

Un principe de précaution ne peut que concerner les risques subis. Et encore, il ne doit pas intervenir dans la mécanique du risque pris qui peut parfois être assimilé à un risque subi. Ainsi, toute opération chirurgicale comporte un risque. Celui-ci est pris par le patient. Si une erreur est commise, le patient prétend qu'il a été la victime d'un risque subi. Mais cela ne peut et ne doit être vrai que s'il y a eu une faute réelle ou un désir de nuire. Le seul fait du danger de l'opération ne peut être retenue à la fois pour ne pas prendre le risque ou pour condamner ceux qui ont agi afin d'opérer et donc de rendre sa santé au patient.

198. Prévention plus efficace que l'interdiction
La prévention est beaucoup plus efficace et beaucoup plus économique que l'interdiction, la répression, la punition et la réparation.

199. La prévention doit être un fil rouge du développement d'une société
La prévention doit être un fil rouge du développement d'une société. L'important est de prévenir. Il ne faut pas se contenter de punir puis de réparer des dégâts qui, par ailleurs, sont le plus souvent impossibles à réellement réparer.

200. Prévention et promotion du risque
La société doit prévenir le risque mais aussi le promouvoir. Il y a risque et risque. Prévenir le risque de guerre est un but humaniste. Promouvoir le risque d'entreprendre l'est également car entreprendre est une action d'émancipation indispensable à la vie et au progrès humaniste. Risquer sa vie doit avoir un sens émancipateur et non être une fatalité voire une imposition.

Considérations

Politiques

1. Politique, science politique, philosophie politique

La politique est l'organisation de la cité par le meilleur système politique; la science politique est l'explication du phénomène politique et la recherche du meilleur système politique; la philosophie politique est la discussion des concepts et des idées afin de trouver les valeurs et les principes qui fondent le meilleur système politique. Que ce soit la politique, la science politique ou la philosophie politique, toutes se doivent de travailler sur le réel et avoir une démarche pratique, c'est-à-dire utile concrètement aux humains afin d'améliorer leurs existences individuelles et collective.

2. La politique améliore le monde

«Le monde est tel qu'il est», dit le défaitiste. «Le monde sera comme je le veux», dit l'impudent. «Le monde est tel qu'il doit être» dit le religiosâtre ou le scientiste. Quant au sage, il dit, «le *monde tel qu'il est* pourrait être amélioré dans le sens d'un *monde comme nous le voudrions* à condition que nous soyons capables, ensemble d'atténuer ses imperfections qui peuvent l'être grâce à notre volonté et au travail sur nos propres imperfections».

3. Trois manières politiques d'appréhender, de comprendre et de gérer la réalité.

Il y a trois manières politiques d'appréhender, de comprendre et de gérer la réalité.

La première est de conclure que le monde étant ce qu'il est, il n'est possible de rien faire volontairement et de s'en remettre à la chance pour que le monde parvienne à être meilleur tout en refusant de changer quoi que ce soit en tentant d'endiguer le danger par l'immobilisme. C'est le conservatisme préservateur.

La deuxième est de croire que la réalité n'est en fait que la manifestation d'un système idéologique et qu'une idéologie différente peut le transformer de fond en comble pour en créer un nouveau. C'est le destructionnisme créateur.

La troisième est de bien analyser les réalités du fonctionnement des sociétés et de s'appuyer sur celles-ci pour le faire évoluer vers une meilleure organisation qui aura des conséquences positives pour les individus. C'est le réformisme constructeur.

La première option est un renoncement à agir. La deuxième option est une illusion révolutionnaire. La troisième est un pragmatisme progressiste.

4. Individus-mondes dans un monde d'individus

La politique c'est de savoir comment faire cohabiter des individus-mondes dans un monde d'individus.

5. L'art de la politique: partir du complexe pour aller vers la simple

L'art de la politique est de partir de la complexité pour aller vers la simplicité. Encore faut-il que cette simplicité s'appuie sur la réalité de la complexité et qu'elle ne soit pas caricaturale de la réalité même si elle estompe nécessairement certains particularismes.

6. Fondement d'une bonne politique

Le fondement d'une bonne politique est que l'on doit permettre à chacun d'obtenir le plus qu'il lui est possible d'obtenir grâce à sa condition d'humain, à son individualité (ses différences et ses capacités) et par son mérite mais que, dans le même temps, il convient de contenter tous les autres avec le même principe tout en permettant à la société de fonctionner correctement, c'est-à-dire de rendre possible concrètement les opportunités d'y parvenir pour chacun tout en sachant que donner à tous signifie que l'on ne peut pas donner tout à chacun. C'est le principe du juste équilibre qui permet d'y parvenir.

7. La politique doit être efficace et morale

En matière politique, l'efficacité peut se passer de la morale et la morale peut se passer de l'efficacité. Mais, à chaque fois que ces figures sont survenues, l'échec était inévitablement au bout du chemin. Efficacité et morale peuvent ne pas s'aimer mais elles sont complémentaires et indissociablement liées si l'on veut conduire une bonne politique.

8. La politique est mouvement

La politique n'a pas un but qui, une fois atteint est la fin de son action mais elle a un but qu'elle doit constamment atteindre par un juste équilibre car elle travaille sur un matériau en constante transformation, une communauté qui change et évolue sans cesse. De ce point de vue, la politique est un mouvement perpétuel.

9. Les idées politiques peuvent changer le monde

Les idées politiques ne peuvent pas changer de monde mais elles peuvent changer le monde ou, ad minima, l'améliorer. Mais elles peuvent tout aussi bien le détériorer.

10. Hiatus entre le monde politique et celui des idées

Entre le monde politique et le monde des idées, il y a un hiatus de départ qui rend inconciliable la pratique du premier et les idéaux du second. Mais il y a aussi une interconnexion où chacun des deux mondes se nourrit du contenu de l'autre afin d'élaborer des visions plus efficaces, plus concrètes et plus réalisables. Ainsi le monde des idées doit se frotter constamment à celui de la réalité pour apporter de vrais outils au monde politique qui, lui, doit puiser son inspiration dans le monde des idées afin de proposer une vision et des idéaux mobilisateurs, crédibles et réalisables ainsi que des valeurs applicables. Et ce, même si le monde des idées peut également développer des visions «parfaites» et plus ou moins éloignées des capacités humaines à une époque donnée ou de manière définitive, ce qu'on appelle des utopies.

11. Les idées politiques demeurent

Les structures et les organisations passent, les idées demeurent.

12. La politique, une méthode

La politique ce sont des idées mais aussi une méthode. Et, souvent, la méthode, cette mise en musique des idées, est aussi importante que les idées.

13. La politique travaille sur ce qui est, sera et a été

En politique, l'important n'est pas ce qui aurait pu être mais de travailler sur ce qui est afin de construire sur ce qui pourra être en tirant les leçons de ce qui a été.

14. Une bonne politique c'est le compromis sans la compromission

Dans toute communauté, il faut savoir faire des compromis afin que tous puissent vivre ensemble, aller ensemble de l'avant, sans laisser certains sur le bord du chemin, les exclure et provoquer des ressentiments. Cependant, l'action politique doit se fonder sur des valeurs fortes et indiscutables avec lesquelles il ne faut pas de compromission au risque de porter atteinte à la démocratie.

15. Dernier mot au politique

Ce qui est économiquement souhaitable ne l'est pas toujours socialement. Et le dernier mot doit revenir au politique.

16. L'action politique doit être une gestion harmonieuse de la société

L'action politique ne consiste pas à prendre aux uns pour donner aux autres ou à prendre à tous sans donner à personne mais consiste dans une gestion harmonieuse dans laquelle tous doivent être des gagnants.

17. L'action politique s'occupe du présent et de l'avenir

L'action politique consiste à gérer le présent en pensant à l'avenir;

prévoir l'avenir en construisant le présent.

18. La bonne action politique ce sont des lignes claires

La bonne action politique doit se nourrir de réflexions approfondies et diverses mais dégager des lignes claires.

19. Constat, idéal, action politiques

Il y a le constat de ce monde; il y a la pensée politique et puis il y a l'action. Car, quel que soit le constat, quel que soit l'idéal, ceux-ci doivent se matérialiser dans l'action qui tendra vers l'idéal contre le constat parce que la politique, c'est se confronter au réel afin de l'améliorer par rapport à son idéal. Et ce, quel que soit le résultat de l'action.

20. L'action politique nécessaire complément des idées

En politique, il faut faire un constat puis avancer des idées. Celles-ci sont indispensables et leur existence peut changer les comportements de ceux qui les découvrent sans besoin souvent d'une action concrète à part leur diffusion par des vecteurs de communication (vecteur écrit ou audiovisuel, par exemple). Mais, profondément, la politique doit être dans l'agir (la diffusion des idées peut d'ailleurs être considérée comme étant du domaine de l'agir). Car, sans l'action individuelle (incluant le changement de comportement) et collective pour les mettre en œuvre, les idées ne changeront rien. Il doit, en outre, exister une volonté politique pour que l'action politique ait un sens et aboutisse.

21. Avoir de bonnes idées

L'important n'est pas d'avoir des idées et de tenter de les imposer coûte que coûte. L'important est d'avoir des idées pour mener une politique qui, réellement, prend en compte la réalité de l'existence et de la situation présente pour améliorer la vie des citoyens en une bonne gestion et un changement réellement nécessaire. Ce dont nous manquons, ce n'est pas d'idées mais de bonnes idées pour conduire une politique basée sur la réalité et capable d'offrir un meilleur présent et un bel avenir.

22. L'action politique est sujette aux erreurs

En matière de pratique politique – la pratique de l'art d'organiser la vie de la cité –, l'action prédomine. La vie ne s'arrêtant jamais, l'action est donc continue. Cette action politique, comme tout agissement humain, est alors sujet aux erreurs et aux approximations. Cela fait partie du risque de celui qui agit. Et ce risque ne pourra jamais être supprimé. Car la politique ne peut être, in fine, que de l'expérimentation grandeur nature tant une partie de la réalité nous échappe ainsi que de la manière de la domestiquer. C'est pourquoi les démagogues peuvent tout promettre et c'est pourquoi les personnes de bonne volonté peuvent tout essayer sans jamais trouver la «solution miracle».

23. Eloge du pragmatisme

Il y a ceux qui construisent des modèles impossibles et qui voudraient que la société s'y conforme par pure idéologie. Et puis, il y a ceux qui prennent la société comme elle est, imparfaite, et qui tentent, à partir d'idées simples de la faire devenir meilleure.

24. L'action politique c'est vouloir atteindre des buts

Atteindre les buts est aussi le moteur de l'action politique, ce qu'il convient de ne pas oublier.

25. Peur et espoir, deux moteurs de la politique

Il y a la politique de la peur et la politique de l'espoir. Cette dernière, seule, prépare l'avenir et construit le présent.

26. Valeurs et réalité

Bien gouverner c'est avoir des valeurs et de prendre en compte la réalité et agir vis-à-vis de ces deux pôles.

27. La pensée positive

Il faut mettre en place la pensée positive, celle qui construit et essaie de donner les clés pour bâtir l'avenir

28. La sécurité, préalable social à la liberté

La société produit de l'organisation qui produit de l'ordre qui induit de la sécurité qui est un préalable à la liberté effective. Car sans existence sûre, il ne peut y avoir d'existence libre. Si plane constamment au-dessus de la tête de l'individu une épée de Damoclès, alors il ne peut vivre pleinement une liberté entravée par la peur et par les risques pour sa personne. C'est pourquoi la société doit assurer la sécurité pour que l'être humain soit libre dans sa vie sociale.

29. Le respect des enfants et des personnes âgées qualifie une société humaniste

Une société doit être appréciée principalement par la place qu'elle donne à l'enfance. Mais on doit aussi l'interroger sur la place qu'elle fait aux personnes âgées. Respecter les enfants est le premier et essentiel fondement d'une société humaniste. Respecter les personnes âgées est le deuxième fondement.

30. La complexité de nos sociétés moderne n'est qu'un leurre

La complexité de plus en plus grande de nos sociétés n'est qu'un leurre car tout est demeuré aussi simple depuis le premier jour. Les questions essentielles seront toujours les mêmes et cette soi-disant complexité n'est souvent qu'une manière non pas de chercher les réponses mais de les occulter.

31. Toujours mieux est toujours mieux

Faire une politique du «toujours mieux» contre une politique du «toujours plus».

32. La société du toujours plus est violente par essence

L'idéologie du «toujours plus» ne peut qu'engendrer de la violence. C'est pourquoi une société du «toujours plus» ne peut être que violente à la fois par dépit, par convoitise et par cupidité.

33. Les écrits sont le support des actions politiques

Les mots imprimés ne sont jamais anodins. C'est pour l'avoir trop souvent oublié que nous nous sommes exposés à des régimes ir-respectueux de l'être humain et intolérants qui puisaient leur idéolo-gie dans des écrits innommables, orduriers, criminels.

34. L'individu possède sa propre culture irréductible à une culture collective

Chaque être humain est détenteur d'une culture qui lui est propre. Culture qui devient de plus en plus complexe et différenciée des autres au fur et à mesure qu'il emmagasine expériences, compé-tences et savoirs. Il est donc totalement illusoire de vouloir uniformi-ser la culture, de créer une culture universelle identique pour tous.

Ce n'est pas dans la fusion culturelle que nous devons tendre pour créer une vraie culture universelle mais dans la réunion de toutes les cultures individuelles, réunion que sera la seule garante du res-pect de l'autre et de la liberté. Ayant dit cela, il faut immédiatement ajouter que c'est uniquement dans le cadre du respect, de la tolé-rance de l'autre qu'une culture se doit d'être respectée. Car dès qu'elle promeut le rejet et la haine de l'autre, elle doit être combat-tue sans relâche.

35. Le courage d'annoncer de mauvaises nouvelles

On accuse souvent les hommes politiques de ne pas avoir le cou-rage d'annoncer les mauvaises nouvelles et les journalistes de ne chercher que celles-ci. Mais, tout autant que les trains qui arrivent à l'heure ne sont pas une information, les trains qui déraillent ne font pas une élection.

36. L'oubli et la perte de mémoire en politique

L'oubli et la perte de mémoire sont deux choses communes dans le monde mais semblent beaucoup plus développés en politique. C'est vrai que l'on peut changer d'avis ou d'opinion, que l'on peut évoluer, que l'on peut découvrir de nouvelles idées ou penser que l'on s'est trompé. Tout cela fait partie de la vie. Rien de tout cela chez de nombreux politiques. Leurs «oublis» permettent d'adopter toutes les positions et postures que l'on attaquait la veille et leurs «amnésies» permettent de se refaire une virginité.

37. Défendre la morale face à l'intérêt

Entre l'intérêt et la morale, c'est l'intérêt qui gagne le plus souvent n'en déplaisent à ceux qui pensent que les peuples et les individus qui les composent sont avant tout mués par des valeurs morales. C'est pourquoi l'intérêt n'a pas besoin d'être défendu collectivement alors que les valeurs morales, oui.

38. La transformation des sociétés est due à l'évolution des capacités de l'intelligence humaine

La transformation des sociétés est due à l'évolution des capacités de l'intelligence humaine. Ses côtés positifs et négatifs, eux, ne sont imputables qu'aux décisions des êtres humains. Le progrès, effet positif de cette évolution, vient de notre envie de bâtir un monde meilleur et de notre curiosité naturelle face à la vie et à notre environnement. Quant à l'évolution de nos capacités, elle ne se décrète pas, elle est la résultante d'un empilement toujours plus important de nos connaissances et de nos savoir-faire. Chaque génération compile ses découvertes et ses innovations qu'elle transmet à la suivante et qui permettent à cette dernière, en s'appuyant sur elles, de continuer à évoluer.

Nous ne sommes pas forcément plus intelligents qu'auparavant mais nous savons plus de choses car nous ajoutons à chaque génération un savoir supplémentaire grâce aux savoirs acquis par les générations précédentes. C'est grâce à la transmission du savoir que le progrès peut exister. Mais c'est aussi grâce à celle-ci que les effets négatifs de l'évolution de nos capacités existent.

39. Est-il possible d'organiser le monde?

La recherche d'un système capable d'organiser le monde a toujours été au cœur de toute idéologie, de toute construction politique. Il semble que la réponse soit négative même si l'on ne se risquera pas à dire que c'est impossible malgré l'enseignement tragique de l'Histoire. Cela ne veut pas dire que le laisser-faire total que l'on voit parfois dans certains domaines comme celui de l'économie soit le meilleur système. Cela ne veut pas dire, non plus, que là où une organisation a été entreprise, celle-ci soit bonne. Néanmoins, s'il n'est pas possible d'organiser le monde, il est possible de baser la vie des sociétés humaines sur quelques valeurs, règles et principes afin de policer autant que faire se peut leur fonctionnement.

40. Recherche de l'unité

Comment rechercher l'unité dans ce magma de valeurs, d'idéologies, de philosophies, d'idées politiques, de théories économiques, d'analyses sociales, de jugements et d'opinions, de préjugés et de fantasmes, de goûts et de choix? Le monde est pluriel, c'est une évidence et tenter de le réduire à une humanité homogène, une et indivisible, semble être une gageure voire une simple escroquerie intellectuelle.

Cependant, il existe une unité, les êtres humains. Ou, plutôt leurs similitudes et leurs souhaits communs qui fondent un bien à atteindre, la préservation de la vie, et des valeurs, des règles et des principes à mettre en œuvre, avec le respect, la solidarité, la tolérance et la liberté qui fondent, avec la règle de l'égalité, le lien social. C'est là, en effet, que se trouve l'unité et pas ailleurs, car tout le reste est différence et il en sera toujours ainsi.

41. Existe-t-il un meilleur système politique?

Existe-t-il un meilleur système politique sachant que tout système politique est un produit de son époque, de circonstances particulières et d'un environnement spécifique? La réponse est positive car on ne saurait valider et légitimer n'importe quelle manière de gouverner. Cette «meilleure manière de gouverner» s'inspire tout en les mettant en pratique des valeurs des règles et des principes transcendants sur lesquelles repose tout système politique légitime, c'est-à-dire mis en place pour l'ensemble des membres de la communauté et non pas quelques uns. Ceux-ci sont la valeur liberté, la règle égalité, la vertu respect, le principe juste équilibre ainsi que les valeurs tolérance et solidarité qui en découlent. Tous, sans omission d'un seul, doivent exister quelque soit la société pour qu'elle soit en accord avec cette meilleure manière de gouverner.

42. La création d'un monde nouveau, utopie souvent dangereuse

La création d'un monde nouveau est une utopie qui a fait commettre des crimes innombrables et innommables, quand bien même les initiateurs de ces théories poursuivaient des buts humanistes. C'est la raison pour laquelle il faut être prudent dans cette entreprise en sachant bien que ce que l'on propose sur le papier sera toujours interprété dans les faits et l'action. Et c'est pourquoi il est beaucoup plus sage et productif de changer la société que de changer de société.

43. Dose d'autonomie de l'individu que peut supporter la communauté

La démocratie est le système qui donne le plus d'autonomie à l'individu. Le tout est de savoir quelle dose maximale d'autonomie peut supporter une organisation sociale comme la société pour continuer à exister et à prospérer.

44. Pas d'antinomie entre l'individualité et la solidarité

L'individualité et la solidarité ne sont pas du tout deux termes antinomiques. Au contraire, ils sont à la base de toute société équilibrée. Ainsi, un individualisme total garantit une liberté à l'individu. Celle-ci lui permet de s'épanouir le plus complètement possible et donc de désirer vouloir faire le bien, ce que tend à réaliser chaque être humain épanoui et heureux, donc à être solidaire des autres.

De la même manière, un solidarisme total permet de donner à tout être humain ce qu'il lui faut pour qu'il soit épanoui et qu'il se réalise le plus complètement possible, donc à être le plus libre possible, donc individualiste.

Cette théorie des deux extrêmes complémentaires est la condition sine qua non pour établir une société équilibrée, composée de gens épanouis et responsables, ayant le sens de la collectivité et se réalisant complètement en tant qu'individus.

Si l'individualité ne trouve pas sa complémentarité dans la solidarité, et si la solidarité ne trouve pas sa complémentarité dans l'individualité alors la société est déséquilibrée et violente, elle tend vers un système politique oligarchique voire totalitaire. Avoir constamment opposé les notions d'individualisme et de solidarisme est une grande erreur des théoriciens politiques et des philosophes. Mais, attention, l'individualisme ne crée pas la solidarité, de même que le solidarisme n'enfante pas nécessairement l'individualité. Il faut que ces deux notions trouvent leur équilibre parfait entre elles. De même, l'une ne doit pas dominer l'autre (sauf circonstances exceptionnelles et pour très peu de temps).

45. Avoir et être, dualité souvent antinomique

Avoir et être peut-être une dualité antinomique car la volonté d'avoir cache souvent la pauvreté de l'être ou l'impossibilité d'être. Mais également parce qu'une société répressive préfère nettement que ses membres possèdent plutôt qu'ils soient. En revanche, une société émancipatrice préfère des êtres qui sont plutôt que des êtres qui ont. Dans le premier cas, la paix sociale est recherchée en aliénant l'individu au matériel. Dans le deuxième cas, la paix sociale veut s'établir en le libérant de l'asservissement aux choses et lui permettre de vivre ses potentialités dans la responsabilité.

46. Opposition dangereuse de l'émancipation et du respect des règles

Opposer émancipation de l'être humain et respect des règles est un non-sens qui a causé un nombre incalculable de morts et de malheurs.

47. Etre humain, pion mais aussi sujet central

L'être humain n'est peut-être qu'un tout petit pion à l'échelle de l'univers. Mais, par définition, il ne peut être que le sujet central d'une société créée par les êtres humains pour les êtres humains. C'est en cela que l'on peut dire qu'une «loi naturelle» n'est pas forcément une loi qui s'impose à une société.

Cette réflexion pourrait paraître banale et simpliste si elle n'avait tous les prolongements que l'on imagine. Ainsi, la loi du plus fort n'est en rien une loi de la société. Ni celle qui voudrait que l'inégalité régisse les rapports sociaux au seul motif que ce serait une loi naturelle.

48. Les systèmes qui organisent la vie en société n'ont rien d'humain

Il faut bien comprendre que les systèmes qui organisent à tous les niveaux la vie en société n'ont, actuellement, rien d'humain, même s'ils sont dirigés par des êtres humains. En effet, leur logique ne repose pas sur la satisfaction des femmes et des hommes mais sur les meilleurs résultats possibles pour les organisations qu'ils font fonctionner.

On ne peut même pas affirmer que les dirigeants et les cadres su-
périeurs de ces organisations sont systématiquement les bénéficiaires de ces systèmes. Car ces systèmes ignorent de plus en plus
ce distinguo entre faibles et puissants, entre gouvernés et gouvernants. Leur seule motivation est de faire gagner la structure contre
l'être humain (considéré, in fine, comme parasite), même si, en
même temps, il permet à certains de gagner par rapport à d'autres,
d'être les bénéficiaires apparents. Mais, dès qu'un bénéficiaire pose
problème à l'organisation, le système sera sans pitié vis-à-vis de lui.
C'est pour cela que l'on peut affirmer que l'humain n'est absolument
pas le sujet central des sociétés dans lesquelles nous vivons actuellement, comme ce n'était pas le cas auparavant dans une configuration sociale différente. Et même quand une organisation prétend
agir au nom d'un «l'intérêt général», celui-ci demeure intrinsèquement lié à celle-ci et ne se décline pas en autant de femmes et
d'hommes censés être les bénéficiaires de cet intérêt général.

49. Il y a ce que l'être humain pourrait être et ce qu'il est

Il y a ce que l'être humain pourrait être et ce qu'il est. Il y a ce que
pourrait être la vie en société si l'être humain était ce qu'il pourrait
être et la société qui est – et peut-être qui doit être – parce que
l'être humain est ce qu'il est. Il y a donc deux logiques qui
s'affrontent, celle qui est de travailler à faire de l'être humain ce qu'il
pourrait être et de permettre ainsi à la société de changer et celle
qui est de faire fonctionner une société correspondant à ce qu'est
l'être humain en l'état actuel des choses.

Ces deux logiques sont, bien sûr, diamétralement opposées et
aboutissent à des sociétés complètement différentes dans leurs
philosophies et leurs organisations respectives.

Ce constat ne doit pas empêcher de présenter une vision de l'être
humain en ce qu'il pourrait être et la société que l'on pourrait bâtir à
partir de cette nouvelle réalité. En contrepartie, ce constat impose
que l'on ne soit pas dupe d'une réalité actuelle qui, par voie de conséquence, impose un certain type de société. Car, si l'être humain
est ce qu'il est, il le doit aussi à la société dans laquelle il vit et qui le
façonne en partie.

50. De l'intérêt général

Qu'est-ce que l'intérêt général? C'est une notion absolument indéfinissable, surtout lorsque l'on sait qu'il est déjà extrêmement périlleux de définir, pour chaque individu, son intérêt particulier. Dès lors, elle devient souvent le simple alibi d'un Etat ou d'un groupe qui domine la société et qui impose simplement son propre intérêt en le faisant passer pour un soi-disant intérêt général.

51. L'intérêt collectif contre l'intérêt général

Il y a toujours une convergence limitée entre deux intérêts individuels. Cependant, les points d'accord se font sur l'essentiel de la vie en commun ce qui permet de dégager un consensus sur le vivre ensemble. Pour autant, il y aura toujours tension entre les différents intérêts individuels, une tension qui doit créer une dynamique qu'il convient de canaliser afin qu'elle soit positive, à la fois, pour tous les intérêts individuels et l'intérêt collectif. Ce dernier n'est pas égal à la somme des intérêts individuels mais à la somme des points de convergence de ces intérêts individuels médiatisés par le respect des droits des minorités.

Cet intérêt collectif comme il vient d'être défini est bien plus concret et légitime que le fameux «intérêt général» qui est largement indéfinissable et qui est utilisé par les gouvernants afin de défendre un point de vue souvent partisan en lui donnant un statut hors-catégorie de manière fallacieuse.

52. Le pouvoir doit-il être exercé par un individu au-dessus des autres ou par un individu comme les autres?

Le pouvoir doit-il être exercé par un individu au-dessus des autres ou par un individu comme les autres? Faut-il quelqu'un qui ressemble à ceux qu'ils gouvernent, quelqu'un de «médiocre» ou quelqu'un de «supérieur»? Faut-il quelqu'un qui fasse des compromissions avec le bien public ou quelqu'un qui le sacralise? Faut-il un petit bras ou un incorruptible? La délégation de pouvoir du peuple se donne-t-elle à un parmi les autres ou à un en-dehors, voire au-dessus, des autres? Ces questions doivent servir à donner la réponse sur ce qu'est un bon gouvernement des humains, sur ce qu'est l'essence de cette délégation de pouvoir, sur ce que l'on doit attendre du pouvoir qui gouverne, à la fois, en théorie mais aussi en pratique.

53. L'économie au service de la société

Parfois, ce qui est économiquement souhaitable n'est pas sociale-ment et sociétalement acceptable. Quel doit être alors le choix poli-tique devant ce dilemme? Si l'on introduit l'idée que l'économie par-ticipe à la polis et non le contraire, l'économie est donc l'organisation qui consiste à gérer et à développer la richesse d'une communauté. Quelle que soit son importance, in fine, elle doit donc être au service de la communauté et non le contraire.

Pour autant, cela ne signifie pas que la réalité économique doit se plier à l'idéologie politique. Néanmoins, l'économie ne peut se pré-valoir d'une réalité conjoncturelle pour imposer des décisions poli-tiques dont les conséquences sociales et sociétales seraient inac-ceptables pour la communauté et ce même au nom d'une «meil-leure efficacité» du fonctionnement économique.

54. Prévision économique et l'humain

Ceux qui prédisent l'avenir au vu des chiffres et des statistiques oublient qu'il y a des êtres humains derrière capables du pire comme du meilleur, pouvant déjouer toutes les prévisions soi-disant scientifiques.

55. Nécessaires libertés économique et culturelle

La créativité et le dynamisme d'un pays s'apprécient dans le degré de liberté économique et culturelle dont il fait preuve.

56. Le politique est en continuelle représentation

Depuis toujours, le politique est continuellement en représentation. Mais les nouveaux moyens de communication nés aux XX° et XXI° siècles ont permis une présence de tous les instants du politique et une mise en scène d'une rare sophistication de la propagande par-tisanc. De même, les outils pour connaître les desideratas de la population ou de groupes particuliers afin de coller au plus près aux «préoccupations» de celle-ci et de ceux-ci se sont continuellement améliorés. D'où l'accentuation toujours plus grande du populisme démagogique au détriment de la responsabilité politique, vertu déjà peu pratiquée par le politique. Dès lors, une autre vertu essentielle, le courage politique, déjà bien rare, devient une sorte de curiosité exotique…

57. La fausse représentation crée une vraie réalité

La présentation des choses par la communication de l'ensemble des médiateurs – notamment par les informations délivrées par les médias – nous fait vivre dans un monde qui, souvent, n'est qu'une représentation biaisée, imparfaite, voire fausse de la réalité. Et, n'est-ce pas le paradoxe ultime, que cette fausse représentation, celle où pense vivre une majorité de gens, crée elle-même un monde bien réel. Car les actes, les comportements et les visions des gens, eux, sont bien réels et produisent des effets bien réels.

Pourtant, il existe une forte probabilité que si nous pouvions mieux appréhender la réalité, sans doute que le monde ne serait pas le même et sans doute que nous pourrions le rendre meilleur plus facilement car nous serions mieux à même de savoir où il convient d'agir pour qu'il en soit ainsi.

58. Sociétés-éponges

Les sociétés sont-elles des éponges qui peuvent absorber toutes les crises économiques et sociales? Même si cela était le cas, une éponge se gorge et ne peut pas absorber plus d'une certaine quantité de liquide. En fait, les crises aigues se sont toujours réglées soit par des guerres, soit par des révolutions qui, que l'on s'en réjouisse ou non, ont été des «essorages» salvateurs permettant à l'éponge de retrouver sa forme initiale et sa capacité d'absorption. Ce cycle est-il une fatalité? Oui, si les humains ne prennent pas la mesure des défis qu'ils doivent relever. Non, s'ils sont capables de se mobiliser afin de bâtir une société mondiale mieux équilibrée. Les mesures à prendre seront peut-être difficiles et dures. Mais ne vaut-il pas mieux prendre en main son avenir en prenant des décisions que l'on contrôle ou de s'en remettre à une crise destructrice et meurtrière chargée de «purifier» la société?

59. Ce qui caractérise les grands peuples: faire son devoir

Ce n'est pas ce que nous voulons faire, ce n'est pas ce que nous pouvons faire mais c'est ce que nous devons faire qui caractérise les grands peuples dans les moments importants de leur histoire et de l'histoire de l'Humanité. C'est dans cette perspective que l'être humain acquiert sa véritable grandeur et sa véritable noblesse.

60. Respecter les règles de l'économie

Si l'économie doit être au service de l'être humain, on ne peut cependant s'affranchir de ses règles de fonctionnement. Il ne faut pas confondre les règles du bon fonctionnement de l'économie et les opinions partisanes sur la place de l'économie dans la société et son degré d'autonomie vis-à-vis de l'Etat. C'est pour avoir tout mélangé que nous sommes dans des aberrations où les citoyens peuvent remettre en cause la base du fonctionnement de l'économie en croyant faire œuvre politique.

61. Lutte entre les ayants et les envieux

Ce qui structure la vie sociale depuis toujours n'est pas la lutte des classes mais la lutte entre ceux qui ont et ceux qui n'ont pas, que ce soit en terme de pouvoir, de richesses, etc. On ne peut comprendre certains conflits d'intérêt dans une même «classe sociale» si l'on n'inclut pas cette dimension plus large, plus pertinente et plus pérenne dans le temps. C'est un conflit entre les «ayants» souvent égoïstes et les «envieux» toujours frustrés.

62. L'envie pas la nécessité, règle du capitalisme pour perdurer

Pour le capitalisme, en tant que doctrine de recherche du profit maximum, l'utilité des produits n'a que peu d'importance par rapport à l'adaptation des produits à l'envie et, surtout, l'adaptation possible des consommateurs aux produits, qui est sa recherche. Dès lors, l'offre ne résulte pas d'une demande mais il convient d'adapter une demande à une offre.

63. Misérabilisme politique

Le misérabilisme politique consiste à épouser «l'air du temps» ou à opiner devant le sentiment dominant de l'opinion publique. Il consiste également à mener une politique au jour le jour qui rebondit d'un sujet à l'autre selon les humeurs et les préoccupations conjoncturelles des citoyens. Tout cela évite, bien entendu, de construire et de mener une politique claire et bien structurée.

64. L'abstention est un acte politique

L'abstention est un acte politique. Mais, contrairement à ce que l'on dit, celui qui ne vote pas légitime a priori le vote de ceux qui vont voter car il sait qu'en ne votant pas, il remet le pouvoir qu'il a et qu'il refuse d'exercer à celui qui vote et il le fait en toute conscience. Il ne peut donc se plaindre des décisions qui le pénalisent. Peu importe qu'il estime le système légitime ou non, sa non-participation consciente est un choix fait librement dans le cadre d'une société dans laquelle il vit. C'est donc librement qu'il se met en marge de son fonctionnement. S'il ne vote pas parce qu'il voudrait renverser le système, sa lutte est minoritaire puisque les élections ont légitimé ce dernier. S'il ne vote pas parce qu'il voudrait réformer le système, il participe à sa conservation à l'identique en ne prenant pas part au débat politique.

65. L'engagement politique est un engagement au présent

L'engagement politique est un engagement au présent. C'est ce qui lui donne son intérêt mais qui attire souvent des critiques à ceux qui le remplisse car le présent ne se change pas instantanément et les promesses faites se brisent sur la réalité de ce même présent ce qui impatiente les électeurs.

66. Le politique parle d'avenir et gère le présent

Le politique parle d'avenir et gère le présent. Un exercice souvent contradictoire mais qui permet de faire croire, notamment en périodes électorales et par ceux qui sont au pouvoir, que commencera un nouveau cycle, sorte de génération spontanée qui viendrait se greffer sur une politique présente parfois à l'opposé de la promesse de changement.

67. Vivre notre différence dans des référents unitaires

Chacun de nous ressemble à l'autre, chacun de nous est différent de l'autre. Nous sommes, de ce point de vue, des êtres hybrides faits de ressemblance de l'espèce et de différences ontologiques (et non culturelles). Mais si notre ontologie produit naturellement de la différence culturelle, de même, notre appartenance à l'espèce crée de l'unité culturelle. C'est cette unité qui doit être le ciment d'une relation humaniste entre nous afin que nous puissions vivre notre individualité dans des référents unitaires (liberté, respect, solidarité, tolérance, égalité).

68. La liberté de critiquer la liberté est-elle une liberté?

La liberté de critiquer la liberté est-elle une liberté? A première vue, cela semble une évidence. Si j'ai envie de dire que la liberté n'est pas une bonne chose, c'est ma liberté de pouvoir le dire (c'est même un droit dans de nombreux pays). Mais les choses ne sont pas aussi simples qu'elles semblent l'être en surface. Pour pouvoir dire librement que je n'aime pas la liberté, il faut que cette liberté existe. Sans elle, je n'aurais pas la possibilité de le faire. Dès lors, une première contradiction se fait jour: les ennemis de la liberté utilisent la liberté pour l'attaquer. C'est un peu comme si je donnais moi-même à quelqu'un qui veut me tuer l'arme qui lui permettra de le faire. La liberté dans ce cas permet à ses ennemis de tenter de l'éliminer. Paradoxe qui est, selon certains, contrebalancé par le fait que la liberté est plus forte que ses ennemis. Ce qui semble effectivement le cas en théorie. Mais, en pratique, la force est plus forte que la liberté. D'autant que la liberté n'est pas un état «naturel», elle ne peut exister sans être protégée. Si donc je laisse les ennemis de la liberté s'organiser contre elle – ce qui est leur droit – je leur permet de l'éliminer. La liberté s'élimine donc au nom d'elle-même ce qui n'est plus contradictoire, ni paradoxal mais incohérent. Si l'on prend le problème du point de vue de celui qui possède la liberté, nous devons déterminer si cette liberté est un octroi ou la définition même de la personne humaine. Si c'est un octroi, on peut la retirer. Si elle est constitutive de la personne humaine, alors la seule personne qui peut me priver de liberté, c'est moi. Mais je ne peux le faire que pour moi et pas vis-à-vis des autres puisque l'on comprend aisément que ma liberté s'arrête à la liberté de l'autre et au respect de sa personne, sinon ma liberté serait supérieure à celle de l'autre, ce qui est inconcevable dans un régime de liberté.

Si je peux me priver de liberté mais ne pas priver de liberté les autres, je ne peux alors réclamer la disparition de la liberté car je n'ai aucune légitimité pour parler au nom de tous les autres. Si sur cent personnes constituant une communauté, quatre-vingt-dix-neuf décident d'abolir la liberté, cela ne vaut que pour elles-mêmes mais par pour la centième qui demeure libre. Et si l'une des quatre-vingt-dix-neuf décide de rompre ce pacte, elle en a le droit au nom de sa liberté qu'elle avait eu, la liberté d'aliéner temporairement mais jamais éternellement au motif que celle-ci est constitutive d'elle-même. Dès lors, critiquer la liberté des autres ne peut être reconnu comme un droit de l'être humain libre car elle empiète sur la liberté des autres. L'autre est libre et je ne peux lui confisquer, ni même demander qu'on lui confisque cette liberté car je lui confisque alors un élément central de son être.

69. La liberté n'est pas la liberté de l'abolir

Un système libéral doit-il permettre à toute opinion ou pensée de se diffuser librement même celles qui remettent en cause sa propre existence? Doit-il, au nom de la liberté qu'il garantit, laissez se promouvoir les idées qui remettent en cause cette même liberté? Si la liberté peut être définie clairement, la réponse est non. Ainsi, si la liberté est de faire tout ce que l'on veut sans nuire à autrui, alors le fait de promouvoir son abandon nuit à autrui…

Reste à définir plus exactement ce qui ne nuit pas à autrui, donc de quelle étendue de liberté parle-t-on. Car la liberté se décline dans plusieurs directions. Disons tout de suite que nous ne parlons que du concept positif de liberté et non de la licence qui est son pendant négatif. La liberté ne saurait être accolée aux violences physiques et psychologiques dirigés sciemment envers un ou plusieurs autres (même si le concept de violence psychologique est plus difficile à déterminer).

Prenons un exemple. Est-ce que la liberté d'entreprendre de l'un peut nuire à la liberté d'entreprendre de l'autre? Non si cette liberté est effectivement effective pour tout le monde. Cependant, est-ce que la liberté d'entreprendre doit être totale. Se peut-il que quelqu'un s'approprie la production ou la commercialisation des biens indispensables pour la communauté? L'eau et l'alimentation peuvent-elles être laissées à la seule loi du marché?

Prenons un autre exemple. Est-ce que la liberté de s'enrichir peut nuire à la liberté de s'enrichir de l'autre? Non si cette liberté est effectivement effective pour tout le monde. En revanche, cette liberté pourrait empêcher la liberté de vivre décemment de l'autre. Si nous décidons que vivre décemment est une liberté (nous préférons l'expression «liberté à» que «droit à» qui est une relation juridique qui ne fait souvent que judiciariser une «liberté à» dans ce type de cas).

Car, sans vie décente, la liberté n'existe pas. Donc, si nous laissons l'un s'enrichir autant qu'il le veut, même au détriment de l'autre, cet autre ne pourra effectivement pas utiliser sa liberté. Il ne s'agit pas ici de redistribution sociale (bien qu'une des solutions pratiques de cette liberté soit celle-ci) mais seulement de constater que la liberté de s'enrichir ne peut conduire à l'accaparement de toutes les richesses qui empêcherait alors certains de pouvoir être effectivement libre puisque sans possibilité matérielle d'exercer leur liberté. Cela veut dire que tous doivent pouvoir avoir une part du gâteau à la condition, sine qua non, qu'ils exercent une activité sociale économiquement utile (utile voulant signifier qu'elle donne lieu à une utilité sociale quelle qu'elle soit). Cela ne veut pas dire que celui qui ne veut rien faire (et non pas qui ne peut rien faire) ne peut prétendre à une part du gâteau.

On le constate, la liberté n'est pas aussi simple à définir par les interactions multiples qu'elle suscite dans des domaines variés. Mais on parle alors de libertés dans des cas précis.

Reste ainsi que le principe doit toujours être le plus de liberté possible avec comme postulat que la liberté est inaliénable jusqu'au point où cette liberté interagit négativement avec une liberté de l'autre. Ainsi, pour reprendre notre exemple, il est évident que la liberté de vivre décemment ne peut empêcher la liberté de s'enrichir. Il faut un point d'équilibre. Un juste équilibre. Mais, en revanche, cela ne remet pas en cause la liberté elle-même, c'est-à-dire la valeur liberté qui est garantie à tous.

70. L'insatisfaction chronique dans les sociétés développées

Plus une société est développée économiquement et socialement, plus sa population est insatisfaite. Plus le niveau général de la population est élevé, plus le progrès social est grand sur une période, plus les revendications sont fortes. Une population qui vit dans le confort matériel est insatisfaite et développe une revendication du «toujours plus». S'en suit l'émergence de comportements antisociaux comme l'autonomie irresponsable, irrespectueuse, égoïste et égocentrique ou le manque de participation politique qui sont deux phénomènes issus de la même problématique, une concentration de l'être sur son avoir, de la personne sur ses biens au détriment du partage et de l'investissement dans la société. Cette insatisfaction chronique est un danger pour une société développée car elle sape les fondements même sur lesquels elle repose, cette nécessaire mutualisation existentielle qui permet de transcender les intérêts personnels pour que ceux-ci s'accordent sur une base commune minimum.

71. Les prédispositions biologiques morales de l'être humain

Quand on parle de prédispositions biologiques morales de l'être humain et de morale partagée par l'ensemble de la population comme l'ont découvert de nombreux chercheurs en sciences sociales et en biologie, il faut l'entendre essentiellement comme la condamnation de la violence surtout physique et dans l'appréhension de l'injustice.

Ainsi, les recherches scientifiques indiquent que nous serions en faveur de l'équité et nous n'accepterions pas de faire souffrir les autres et de les tuer. Voilà qui est assez réjouissant pour construire des sociétés plus humaines grâce à notre évolution et au progrès.

72. Contradictions partagées

Les contradictions des politiques ne sont que les contradictions de leurs électeurs avec, en plus, cette volonté, de ne pas leur déplaire pour être réélus.

73 La différence attribut de l'individu et des groupes d'individus

Il ne s'agit pas de mettre en place une uniformisation de tous les individus et de tous les peuples de la planète. D'une part parce que cette ambition serait vaine mais, en plus, elle serait néfaste. La différence est un des attributs de l'individu mais également des groupes d'individus. Cette différence, qu'elle soit ontologique ou culturelle, les individus et les peuples y tiennent. Et tout groupe tend à développer sa différence et à en faire son cadre de référence. Dès lors, l'important est de créer un universalisme basé sur des valeurs fortes et incontestables qui ne remettent pas en cause les différences essentielles mais qui empêche néanmoins toute culture individuelle et collective de légitimer la violence contre l'autre, qu'il soit à l'intérieur ou à l'extérieur du groupe et à le priver de ses droits fondamentaux comme la liberté.

De même, tout individu, en dehors de son «devoir» de solidarité avec le groupe doit pouvoir être libre de choisir le groupe dans lequel il entend exercer son devoir. Le groupe originel ne peut prétendre le priver de ce choix et de son autonomie individuelle. Cependant, l'individu qui change de groupe ne peut invoquer une quelconque autonomie complète vis-à-vis de tous les collectifs en affirmant qu'il ne doit rien à personne car il doit une solidarité – et non une allégeance – au groupe qu'il a rejoint en toute liberté. Cette fiction de l'autonomie complète ne peut en effet poser les bases véritables de sociétés libres et équilibrées, c'est-à-dire solidaires.

74. Des personnalités d'exception

Dans l'imagerie populaire, les personnalités d'exception sont celles qui pratiquent le volontarisme et prétendent «Le monde sera comme je le veux». Or, rien n'est moins juste. Si des telles personnalités sont capables d'insuffler une énergie ou une direction, elles ne peuvent changer la réalité et, parfois, le résultat de leur volontarisme, mêlé à leur hubris, est catastrophique.

Néanmoins, elles peuvent dévoiler et propulser les capacités de changement. Reste ensuite à apprécier si ce changement est positif ou s'il n'est qu'un faux-semblant ou, plus grave, une mascarade qui tournera au désastre.

Car, si nous avons l'habitude de dresser la liste des personnalités d'exception qui ont réussi afin de démontrer la véracité de cette thèse du changement positif, à côté, il y a une liste bien plus longue de personnalités d'exception qui ont échoué plus ou moins gravement. Il y a donc tout lieu d'apprécier le risque de suivre les personnalités d'exception dans leur volonté de transformation des situations et, souvent, dans leur volonté toujours vouée à l'échec de transformer la réalité.

75. Discussion du besoin de personnalités d'exception

Le besoin de personnalités d'exception à la tête des sociétés se doit d'être discuté. Car ce qu'il y a à construire est sans doute une excellence de gouvernance mais celle-ci ne requiert peut-être pas une vision autre que pratique. Le pouvoir politique doit peut-être appartenir à ceux qui savent prendre en compte tous les paramètres d'une société pour lui permettre de tirer le meilleur parti d'elle-même et non de lui insuffler des rêves de grandeur sans rapport avec la réalité de ses capacités. La France après Napoléon est une nation exsangue comme l'est l'Allemagne après Hitler, la Russie après Staline, la Chine après Mao. La grandeur voulue par De Gaulle (pas celui de la Résistance mais celui revenu au pouvoir en 1958) pour la France l'a sans doute empêché de se focaliser sur des questions bien plus importantes de son nécessaire développement.

76. Vie digne et protégée
Il ne faut pas confondre vivre et survivre. Vivre c'est avoir, au minimum, une existence digne et protégée.

77. L'humanisme, espérance et résistance à la barbarie
L'humanisme, qu'il se manifeste dans le libéralisme, le christianisme ou dans d'autres «ismes» est autant une espérance qu'une résistance à la barbarie, à la haine et à l'oppression.

78. L'humain doit utiliser sa nature
C'est la révolte contre son environnement dangereux et inhospitalier qui fait que l'être humain est devenu ce qu'il est et qu'il a pu survivre dans un milieu largement hostile. Mais il ne s'agit pas pour lui d'aller contre sa nature mais justement de l'utiliser. Il n'y a donc rien de non-naturel dans le développement de l'humain et de l'humanité issu de sa révolte.

79. maintenir le meilleur ordre possible, seule capacité d'une société?
Une société est-elle capable d'autre chose que de maintenir le meilleur ordre possible? Car il semble que dans les autres missions qu'elle s'assigne, ses résultats soient souvent décevants voire sans réels effets. Dès lors, faut-il considérer la société comme uniquement un territoire où l'on assure une sécurité et qui se développe de manière indépendante aux politiques que l'on tente de mettre en place?

80. Passage d'une société simple à une société complexe
Au fil du temps, nous sommes passés d'une société simple à une société complexe. La division du travail est inévitable dans une société complexe. Le système représentatif est un élément de la division du travail qui peut être agrémenté par des éléments de «démocratie directe».

81. L'autonomisation a crée un sentiment d'insécurité
L'autonomisation grandissante dans la société de l'individu qui doit

de plus en plus décider pour sa vie, assumer ses choix et prendre ses responsabilités a créé une sorte de sentiment d'insécurité qui est d'autant plus grand qu'il ne peut gérer cette situation.

82. Gérer les tensions entre individu et communauté

L'individu libre et la communauté solidaire sont intrinsèquement liés. Sans communauté, pas d'individu. Sans individu, pas de communauté. Entre eux, aucune opposition, mais des tensions qu'il s'agit de gérer.

83. Métissage culturel et autonomie égocentrée assistée insatisfaite irresponsable irrespectueuse

Le métissage culturel, uniformise les cultures communautaires (nationales, locales, ethniques, etc.) mais différencie les cultures individuelles. Il ya donc moins de chocs des cultures (même si, évidemment, de grandes questions culturelles continuent à diviser des mondes comme le monde d'inspiration chrétienne face au monde d'inspiration musulmane, le monde démocratique face au monde autoritaire, etc.) mais un plus grand nombre d'entrechoquements entre individus-mondes.

Si l'on assiste à une certaine uniformisation des cultures mondiales, on assiste, paradoxalement, à une différenciation individuelle. La différenciation culturelle n'est plus l'apanage de la communauté mais de l'individu. Dès lors, l'on peut mieux appréhender la montée de l'individu-centre du monde dont l'autonomie égocentrée assistée insatisfaite irresponsable irrespectueuse grandissante sans contrepartie sociale attaque les fondements du lien social.

Cependant, la différenciation culturelle de l'individu n'est pas négative en soi, bien au contraire. Car, dans son aspect positif, elle produit un individu plus libre de choisir sa vie et de construire son existence à partir de ses choix. En revanche, dans son aspect négatif, elle peut aussi amener l'individu à se (con)centrer sur lui-même tout en étant incapable d'assumer son existence et ses choix. C'est ici que l'on peut parler d'autonomie égocentrée assistée insatisfaite irresponsable irrespectueuse.

L'autonomie égocentrée est la volonté de l'individu de se détacher de la société en se différenciant des autres par la revendication de son exclusivité en tout et qui le conduit, notamment, à s'extraire le plus possible de la communauté à laquelle il appartient afin

151

d'obtenir un traitement particulier. L'autonomie assistée est de demander à la société la garantie d'un certain nombre de biens et de services au nom d'une solidarité que l'individu lui-même rejette. L'autonomie insatisfaite est le comportement de l'individu qui veut toujours plus et toujours mieux sans être capable de savoir s'il est déjà satisfait de ce qu'il a et si ce qu'il demande le satisfera ou ne sera qu'un nouveau palier d'autres demandes dans un mouvement perpétuel. L'autonomie irresponsable est le refus de l'individu d'endosser la responsabilité de ses actes tout en ne voulant pas prendre les responsabilités qui doivent nécessairement accompagner sa revendication d'autonomie et en ne voulant pas prendre en compte les conséquences que ses décisions peuvent avoir. L'autonomie irrespectueuse est la demande par l'individu d'un unidirectionnel à son unique profit tout en refusant de l'accorder aux autres, ce qui produit un double irrespect dans un comportement où l'on demande à l'autre de respecter et de subir ses agissements quels qu'ils soient comme toujours légitimes sans vouloir respecter les agissements de l'autre, leur déniant ainsi. toute légitimité.

L'autonomie égocentrée assistée insatisfaite irresponsable irrespectueuse n'est évidemment pas un individualisme au sens où l'individualiste n'a pas la volonté de se différencier dans une démarche égocentrique, il vit sa différence, et il ne demande pas un assistanat.

84 Classer les biens et les services selon leur utilité primaire

Il faut parler des biens et des services selon leur utilité primaire, ce qui amène à les ranger dans deux grandes catégories: les biens et services indispensables, d'une part et les biens et services de confort, d'autre part. Cette classification permet ainsi de faire une distinction entre ce qui doit être absolument produit, quelles activités sont indispensables à la société ainsi qu'à l'existence de ses membres et les autres biens et services qui sont du domaine du choix de vie au lieu de noyer les premiers dans des catégories les réunissant avec les seconds si bien que nous ne savons plus, in fine, quels sont ceux qui sont indispensables et ceux dont on peut se passer.

85. Inventer le futur c'est penser obsolescence

Inventer le futur, c'est non seulement penser nouveauté et innovation dans tous les domaines mais également penser abandon et obsolescence. Aucun produit, aucun service, aucun système politique ou économique, etc. ne sont éternels.

86. Vision du futur ne fait pas élection

La vision du futur ne fait pas une élection. C'est sans doute une des raisons de la pauvreté de la réflexion des politiques sur notre avenir.

87. Imaginer une société future viable pour nos descendants

L'être humain du futur mangera, boira, fera ses besoins, respirera, regardera, marchera comme nous. En revanche, son environnement sera sans doute très différent du notre. Ne fantasmons donc pas sur l'être du futur mais imaginons plutôt la société du futur pour faire en sorte qu'elle soit vivable par nos enfants, leurs enfants et ainsi de suite.

88. Pouvoir, puissance, richesse

Le pouvoir permet la puissance. La puissance permet la richesse. La richesse permet le pouvoir.

89. Interdiction sociale est souvent incapacité politique

L'interdiction sociale est souvent une incapacité politique.

90. La représentation limite le risque de l'arbitraire

Le peuple a-t-il toujours raison? Bien sûr que non! Mais si c'est le peuple qui, par le biais de ses représentants, gouverne alors j'ai moins de risque d'être confronté à l'arbitraire. Et même si le gouvernement du peuple par le peuple et pour le peuple peut être le système le plus médiocre, il me permet de pouvoir être ce que je veux en respectant les règles du jeu. Ce qui est quasiment impossible dans les autres systèmes à moins de faire partie de l'élite qui se partage le pouvoir. Bien sûr, le système représentatif est plein de défauts et d'arbitraires mais la pression sociale est celle qui est la plus supportable. De la démocratie directe à la dictature, tous les autres systèmes sont beaucoup plus arbitraires et dangereux pour ma liberté. L'ire de la populace et le fait du prince sont deux choses que je crains plus que tout pour ma liberté.

91. Pouvons-nous organiser le chaos?

Vivons-nous dans un chaos organisé ou dans une organisation chaotique? Pouvons-nous organiser un chaos ou l'organisation humaine est-elle elle-même chaotique?

92. Dépasser les aléas passagers du quotidien

Pendant les périodes de prospérité, les gens pensent qu'ils peuvent s'en sortir tous seuls et ils ont tendance à refuser toute augmentation de la solidarité sociale qui serait possible avec l'augmentation des impôts et des réglementations. Et puis, quand tout va mal, ils viennent demander des aides, une solidarité nationale accrue, des réglementations draconiennes. Il est triste de voir que les gens n'ont pas la capacité de dépasser leurs petits problèmes quotidiens du moment et réagissent toujours vis-à-vis de l'événement sans essayer de le dominer par une réflexion globale sur la vie et la société.

93. La démocratie, ce n'est pas la liberté

La démocratie, ce n'est pas la liberté. La liberté, ce n'est pas la démocratie. Mais la démocratie libérale est néanmoins le meilleur équilibre que l'on ait trouvé jusqu'à présent entre la démocratie et la liberté afin de préserver au mieux l'individualité de chacun dans une communauté.

94. L'autodestruction de la démocratie républicaine libérale est-elle inscrite dans ses gènes

La démocratie républicaine libérale est-elle un système voué à s'autodétruire avec l'élimination du lien social du fait du triomphe de la montée qui semble inexorable de l'autonomie irresponsable, irrespectueuse égoïste, égocentrique et assistée de l'individu qui se prend de plus en plus pour un roi tout puissant, voulant tout et demandant tout? Sans doute si elle n'est pas capable de faire comprendre aux citoyens que sa destruction supprimera aussi les éléments qui auront permis ce triomphe éphémère dans un tourbillon qui emportera tout. Dès lors, la démocratie républicaine libérale doit trouver les solutions à cet emballement pour elle-même mais aussi pour l'intérêt de tous ses membres.

95. Pas trop de liberté mais de la licence
Il n'y a jamais trop de liberté dans une société. Il y a la licence qui est une déviance irresponsable et irrespectueuse de la liberté et qui doit être combattue comme telle.

96. La meilleure vitesse des réformes
En matière de réformes, il y a ceux qui vont trop vite et qui détruisent tout sur leur passage et ceux qui vont trop lentement et qui ne parviennent même pas à déplacer le moindre petit grain de sable. Il faut trouver le bon tempo pour réellement changer sans faire de dégâts.

97 Il faut un double-mouvement d'unification et de différenciation
Il doit y avoir un double-mouvement. D'une part, une unification de la communauté humaine dans une universalité et, d'autre part, une différenciation croissante de l'individu dans la liberté. Nous devons ainsi tendre vers un genre humain qui partage les mêmes valeurs et vers un individu qui peut vivre pleinement son individualité dans ce cadre, dans la responsabilité et le respect de l'autre.

98. Evolution ne veut pas dire progrès
Evolution ne veut pas dire progrès. Il y a des évolutions progressives mais aussi des évolutions régressives. Dire qu'il faut accompagner l'évolution des mœurs pour être en phase avec son époque ne veut rien dire de la part d'un politique sauf qu'il signifie par là qu'il épouse celle-ci sans se poser de questions sur la légitimité de certaines évolutions et de la régression qu'elles peuvent apporter aux valeurs de base de la vie et du vivre ensemble.

99. Développer encore la démocratie et la liberté
Etre plus fort que les adversaires de la démocratie et de la liberté

qui ne cesseront jamais d'agir pour les abattre, c'est continuer à développer l'une et garantir l'autre malgré les menaces.

100. L'erreur mathématique

Gloire aux mathématiques et à la logique qui nous ont permis, grâce à l'invention de cette construction linguistique, de donner à la science un langage, un outil pour lui permettre d'élaborer un discours

Cependant, nous savons aussi que les mathématiques ne sont qu'une science formelle qui ne rend pas compte du réel. L'erreur est d'avoir appliqué ce langage au réel de manière indifférenciée et notamment à la nature humaine et aux activités des êtres humains. Du coup, en voulant mettre le monde en équation, on le simplifie et toute simplification au niveau social est porteuse d'injustice, d'absence de liberté et de dilution de responsabilité.

Un et un ne font jamais deux. Aucun objet, aucun phénomène, aucun fait, aucun être n'ont un double strictement et totalement identique. Par exemple, le matériau qu'utilise l'humain pour fabriquer un artefact ne sera jamais le même que celui utilisé pour un autre par définition. Ce qui se trouve dans l'un ne se trouve pas dans l'autre.

Un égal un dans la généralité, c'est-à-dire dans un faisceau de similitudes mais jamais dans une égalité entre deux entités.

Ainsi, on peut parler de dix personnes en additionnant dix fois dix personnes différentes mais on ne peut jamais poser l'égalité une personne égale une autre personne. Une personne plus une personne fait toujours une personne et une personne et non deux personnes identiques.

L'égalité n'existe pas dans la nature, elle n'est qu'un artifice de notre science comme le temps est un artifice de notre construction sociale. En disant cela nous ne faisons qu'une simple constatation. Qu'est-ce que celle-ci induit-elle ?

Essentiellement que l'on doit le même respect à toute personne mais un respect particulier à son individualité unique puisque la personne est particulière dans le respect de sa différence.

En tant que catégorie, groupe, genre, espèce, sorte, etc. on peut comptabiliser les êtres, les objets, les phénomènes et les faits mais uniquement conventionnellement et pour des raisons pratiques.

101. L'enfant a droit à une solidarité primaire et active

Le philosophe chinois Mencius disait que toute personne qui passerait près d'un puits où était tombé un enfant, secourrait immédiatement celui-ci. Ceci démontrait, selon lui, notre aptitude à aimer les autres. Mais à quoi servirait-il de sauver cet enfant (solidarité primaire) si, après, ce dernier devait mourir de faim car trop pauvre pour se nourrir (solidarité secondaire). Gageons que la personne en question lui donnerait à manger et, confrontée à une détresse réelle et proche, ferait en sorte que cet enfant puisse manger tous les jours à sa faim. Voilà un exemple de solidarité que personne ne peut rejeter à moins d'être absolument cynique.

Dès lors, se pose la question suivante : les enfants doivent-ils vivre dans des conditions décentes ? Je ne pense pas que quelqu'un d'intelligence normale et possédant un minimum d'honnêteté et de compassion puisse répondre par la négative. Pour que ces enfants puissent vivre dans des conditions décentes, il faut que leurs parents le puissent également (sauf à retirer les enfants pauvres de leurs parents, ce qui, pour quelqu'un d'intelligence normale et possédant un minimum d'honnêteté et de compassion n'est pas acceptable moralement). Pour que ces parents puissent vivre décemment il faut qu'ils puissent avoir un cadre de vie décent constitué, entre autres, par un revenu décent, ce qui est une sorte de tautologie. De telle sorte qu'une société humaine ne peut se désintéresser collectivement du sort de ces enfants, c'est-à-dire qu'elle doit s'assigner comme un de ses buts que ceux-ci vivent tous dans des conditions décentes. Dès lors, nous aboutissons au principe de solidarité active (faire quelque chose pour les autres) qui se différencie de la solidarité passive (ne rien faire qui puisse nuire aux autres). Cette solidarité active est une mission de toute société développée qui se refuse à vivre uniquement sur les rapports de force et la loi du plus fort.

La société est la structure qui doit organiser cette solidarité active. Soit elle gère la solidarité venant de tous ses membres et, si c'est nécessaire, fait acte de redistribution. Cette option est évidemment plus adaptée à une société simple. Soit la société se substitue, à leur demande, à ses membres en prélevant des sommes chez ceux qui sont les plus riches pour les redistribuer aux plus pauvres par le biais de l'impôt. Cette option est évidemment plus adaptée à une société complexe.

Pourtant, nous devons résoudre la question du pourquoi de cette solidarité des plus riches vers les plus pauvres. La première interrogation à laquelle nous devons répondre est : est-ce immoral de devenir riche ? Sur le fond non. Bien sûr, une deuxième interrogation se fait jour : peut-on s'enrichir n'importe comment ? Ici, la réponse est non. Cependant, si une personne respecte les lois, rien n'est immoral. Si, donc, quelqu'un à la capacité de devenir riche, au nom de quelle obligation devrait-il redistribuer plus que quelqu'un qui est moins riche ? (sont exclus ici les plus pauvres à qui va cette redistribution). Car si le plus riche doit donner plus, la raison en est souvent... qu'il gagne plus ! Or, gagner plus n'oblige pas à un effort plus grand de solidarité.

102. Donner la même chance à tout enfant qui naît

Il y a une évidence: tous les nouveaux nés n'ont pas la même chance de réussir dans la vie. L'idée n'est pas de prendre la chance de certains pour la donner aux autres mais bien d'augmenter la chance des enfants vivant dans les familles les plus démunies sans pour autant diminuer la chance des enfants vivant dans les familles les plus aisées. Si chacun à sa chance, alors, en tant qu'adultes, ils doivent s'assumer même s'ils doivent être aidés par la société en cas d'accidents de la vie. Bien sûr, cela pose la question de savoir si ce sont les familles que l'on doit aider ou les individus. Car un enfant vit dans une famille et en faisant en sorte qu'il possède une chance de réussite, on agit sur le milieu familial. Pour autant, il s'agit d'aider l'enfant et pas les parents.

103. L'intérêt de l'individu et celui de la communauté sont imbriqués

L'intérêt de l'individu ne peut être bien compris que dans l'intérêt de la communauté, que si l'intérêt de la communauté ne peut être bien compris que dans l'intérêt de l'individu. Cet axiome définit le meilleur bien vivre ensemble.

104. Le juste équilibre permet la maximisation des gains de chaque individu

Appliqué aux mesures politiques, le juste équilibre permet la maximisation des gains de chaque individu – entre le trop peu et le trop plein, ce dernier étant plutôt hypothétique – et la société dans son ensemble.

105. Vivre son individualité dans la régulation de son autonomie

Le meilleur système politique est celui qui permet à chacun de vivre son individualité par plus de liberté possible tout en régulant son autonomie par de la tolérance, de la solidarité et du respect dus à l'autre.

106. Le juste équilibre n'est jamais un point fixe

Le juste équilibre n'est jamais un point fixe qui, une fois trouvé, permettrait de s'y maintenir sans difficulté et dans l'immobilisme. Au contraire, il est constamment mouvant et en mouvement, sa recherche consistant en une perpétuelle adaptation, en particulier en politique où la réforme est l'outil de cette adaptation.

107. La norme c'est l'universalisme

Il n'y a que l'universalisme qui soit légitime pour être la norme. Ensuite, que chacun choisisse sa vie est son problème mais il ne peut l'imposer comme une norme.

108. La loi de la trique souvent préférée à celle du respect

Tant que la loi du respect n'est pas effective alors c'est la loi de la trique qui doit être la règle. Le problème, c'est que la majorité de la population est malheureusement prête à accepter la trique si elle était juste et même si elle va à l'encontre de sa liberté.
La juste trique ou la trique juste n'existe pas et l'on en revient alors à cet irrespect du système face à l'irrespect des individus entre eux...

109. Démocratie du beurre et de l'argent du beurre

Les régimes démocratiques de ce début du XXI° siècle ressemblent à une démocratie du beurre et de l'argent du beurre.

110. L'indispensable adhésion à la norme

Les lois peuvent autoriser ou interdire, elles ne changent les choses en profondeur que si les comportements suivent en dehors même et concomitamment à la nouvelle norme et non par la seule contrainte juridique. Seule une adhésion volontaire à la norme parce qu'elle est reconnue légitime pour ceux qui doivent la respecter met en place le véritable changement. Néanmoins, la contrainte juridique peut être un révélateur social qui fait évoluer les comportements.

111. Accepter la vie pour la changer
Il faut accepter la vie comme elle est pour pouvoir réformer et changer le monde comme il devrait être.

112. Les gouvernants doivent être honnêtes, respectueux et responsables
On ne demande pas à l'Etat en tant qu'outil d'être respectueux et responsable mais de fonctionner correctement. En revanche, on peut exiger de ceux qui le dirigent, le font fonctionner et le servent (l'Etat en tant qu'organisation) d'être honnêtes, responsables et respectueux afin de gouverner le plus moralement possible et de posséder une éthique. Vouloir une politique respectueuse et responsable signifie qu'il faut que ceux qui ont le pouvoir de gouverner et ont la charge de faire respecter la loi, le fassent avec respect et responsabilité et que les décisions et les mesures qu'ils prennent produisent du respect et de la responsabilité.

Prétendre que l'Etat de droit ne doit pas avoir ces finalités, c'est croire qu'organiser et contrôler la société est une tâche cynique et uniquement tournée vers l'efficacité et l'efficience quel qu'en soit le prix. C'est une vision bien pauvre de la politique où l'utilitarisme est son unique philosophie.

Car si l'utilitarisme est un moteur de l'action gouvernementale pour que celle-ci soit efficace et efficiente, il ne peut être le seul. Bien entendu, les outils comme l'Etat ou les «marchés financiers» n'ont ni respect, ni morale mais la façon dont ils sont utilisés ne peuvent se faire sans respect, sans morale et sans se référer aux valeurs qui fondent et légitiment l'action dans une société humaniste et démocratique.

Penser que les lois, par exemple, n'organisent pas ce respect et cette responsabilité, c'est croire que la sphère publique (politique) et la sphère privée (civile) sont deux mondes sans interactions. Une position évidemment intenable.

En outre, l'efficacité de l'Etat ne peut être découplée du bien être qu'il doit apporter à la population. Même dans une vision purement utilitariste, l'Etat doit faire du bien à ses administrés pour être légitime.

Enfin, demander que les gouvernants soient honnêtes, respectueux et responsables, ce n'est pas demander qu'ils soient des sortes d'incorruptibles qui dirigeraient un peuple de corruptibles. Rien n'est plus dangereux, en effet, de faire diriger la licence par la vertu sans que cette dernière, parée de sa morale, ne devienne un dictateur au nom de sa pureté et de l'impureté de ses sujets. En revanche, demander que les gouvernants ne soient pas malhonnêtes, qu'ils ne dédaignent pas les citoyens et qu'ils n'éludent pas leurs responsabilités quand ils agissent est une demande justifiée et légitime sans que ceux qui exercent le pouvoir soient des surhumains.

113. La fidélité de l'associé libre

Celui qui s'associe librement sera beaucoup plus fidèle que celui qui est obligé de faire allégeance. Le libre associé apporte sa parole et son honneur alors que l'associé de force est contraint de donner celle-ci et d'abandonner celui-là. Dès lors, le premier s'estimera lié moralement et, s'il peut se retirer librement de l'association, ne la trahira pas alors que le second, lié par la crainte et la contrainte, dès qu'il pourra trahir, du moment que son intérêt ou son envie l'y inciteront, le fera sans états d'âme.

114. Nous sommes tous des citoyens du monde

Nous sommes et avons toujours été citoyens du monde. Notre empathie et notre sociabilité naturelles, tout au long de l'Histoire nous amènent au-delà des peurs et des haines de l'autre entretenues et attisées de manière artificielle et poursuivant des buts de pouvoir et de domination, à nouer des liens communs, d'où que nous venions, où que nous soyons.

Aux ères de la mondialisation, il n'est guère étonnant que cette empathie et cette sociabilité nous permettent de nouer des liens malgré des pouvoirs et des cultures nationaux, éthiques ou religieux qui tentent sans relâche de nous séparer et de nous opposer.

Au-delà de tous les affrontements qui causent et ont causé tant de morts, de pauvreté et de désolation, nous sommes faits pour nous entendre.

115. Locke pêche par matérialisme

Un des présupposés de John Locke est d'affirmer qu'avant que nous soyons citoyens, membres d'une communauté, dès notre naissance, nous sommes déjà propriétaires, que nous possédons un droit de propriété inaliénable à la fois sur notre corps et sur ce que nous nous approprierons par notre travail, celui-ci transformant les matières premières naturels en leur donnant de la valeur.

Cette vision essentielle et évidemment largement fictive dans la réalité au moment de notre naissance, a permis de fonder le libéralisme et de donner des droits à l'individu ainsi que, grâce à la liberté politique, une autonomie face au pouvoir et de faire de tous les êtres humains des égaux.

Néanmoins, elle pêche par un excès de matérialisme. En effet, si nous nous appartenons c'est avant tout parce que nous sommes. Et c'est cette essence même, l'être étant supérieur à l'avoir, qui fait que nous sommes inaliénables.

Etre est évidemment d'un plus haut niveau que posséder, l'être est évidemment d'une nature supérieure à la propriété. Ce que nous sommes est l'essence même de notre existence et est intouchable. Personne n'est légitime à s'approprier notre essence, ce qui nous permet de revendiquer la liberté de notre individualité et le respect qui lui est dû. C'est au-delà de cette relation uniquement juridique à l'autre. Une relation qui permet évidemment d'élaborer un certain nombre de règles mais qui, comme elle, ne sont pas au fondement même de ce nous sommes, qui peuvent être discutées alors qu'il n'y a aucune discussion possible sur le fait que nous sommes et que cette condition nous rend intouchables tout en rendant injustifiable toute atteinte à notre intégrité physique ou psychologique.

116. L'hybride de demain

Le futur de la société viendra d'un mélange entre la qualité de l'individu depuis toujours, c'est-à-dire son empathie naturelle, sa capacité de collaboration, son intérêt qu'il a de se civiliser, et ce qu'il devient aujourd'hui, c'est-à-dire toujours plus préoccupé de son individualité, plus métissé culturellement, plus mondialisé médiatiquement, plus en demande d'un certain bien-être, plus à désirer se concentrer sur sa sphère personnelle. C'est cet hybride entre l'«ancien» et le «nouvel» individu qui peuplera bientôt le monde.

117. Récompenser ceux qui réussissent sans oublier les autres

La société doit être une communauté où l'on encourage les gens à entreprendre, à innover, à créer de la richesse. Dès lors, les personnes qui agissent et qui réussissent doivent avoir un retour sur investissement en gagnant de l'argent et, pour certains qui sont dans cette recherche, beaucoup d'argent.

Il faut prendre en compte cette réalité en permettant à ces gens d'avoir leur récompense, qu'elle soit la gloire, la reconnaissance, la considération, l'argent ou les quatre à la fois. Ceux qui souhaitent être rétribués par de fortes sommes d'argent – en rapport évidemment de la richesse qu'ils créent – et par l'accumulation de biens matériels, doivent pouvoir le faire en regard des réels bienfaits directs ou indirects que leur travail apporte à la collectivité.

Néanmoins, cela ne signifie pas que dans ce système économique capitaliste de libre-marché et de libre-concurrence où ce sont les plus capables qui réussissent légitimement (ce qui exclut bien évidemment tous ceux qui parasitent le système en en profitant sans rien apporter à la communauté), qu'il ne faille pas aider ceux qui sont les plus démunis ou les plus pauvres au motif qu'ils seraient, eux, les incapables.

La société a un devoir d'aider tous ses membres. Car en réunissant les gens, elle permet à ceux qui réussissent de profiter de l'organisation sociale qu'elle a mise en place et, donc, de faire de l'argent. La société n'est pas une simple agrégation d'individus sans liens mais bien un lieu de rassemblement où ses membres sont interconnectés.

D'autant que sans ces interconnexions la plupart de ceux qui réussissent ne pourraient pas le faire et ainsi gagner de l'argent.

118. Tous égaux dans nos différences

L'égalité naturelle n'existe pas, l'égalité ontologique est donnée et l'égalité sociale se mérite. En clair, dans un monde a-juste, nous sommes tous égaux dans nos différences en tant qu'êtres humains – ce qui doit être politiquement reconnu – mais notre réussite dans la société provient de notre mérite, pas d'un quelconque ordre naturel juste, ni de la qualité d'être humain.

119. Les deux énergies humaines

Pour ceux qui s'intéressent à l'Histoire, l'humanité a toujours oscillé (et/ou s'est toujours divisée en deux courants) entre la violence et son corollaire la destruction et l'amour et son corollaire la volonté de construire. On pourrait parler de deux énergies, l'une «négative», l'autre «positive». La première serait associée, au niveau de l'individu, à la révolte contre une existence difficile, où l'être humain doit lutter pour vivre, contre les éléments et la maladie ainsi que la mort. La deuxième serait associée à l'amour que l'être humain porte à la vie, à son envie de profiter de la vie.

Toute l'Histoire, au niveau social, pourrait se résumer dans la lutte de ces deux pôles, ces deux énergies. La «négative» pourrait être associée à l'idée que les êtres humains doivent s'en sortir, doivent se battre pour vivre. Elle aurait «dérapé», chez certains individus ou certains groupes d'individus dans une lutte pour le pouvoir, pour la richesse matérielle, dans la haine de l'autre qui peut avoir alors que eux, n'ont pas, dans des oppositions. La «positive» pourrait être associée aux liens que les êtres humains tissent vis-à-vis de l'autre ou ensemble, à la volonté de vivre en communauté avec des sentiments, du respect et de la tolérance.

Certains estimeront que ces deux énergies pourraient n'être qu'une autre manière, détournée, de présenter le bien et le mal ou, en tout cas, le moteur du bien et du mal. Pourtant, leur appréciation serait erronée. Car, il ne s'agit absolument pas de cela, d'autant que ces deux énergies s'opposent uniquement si on les observe de manière superficielle. Ainsi, la première, celle de la révolte peut facilement se mettre au service de la deuxième, si cette révolte pouvait identifier ce contre quoi elle se bat réellement. En effet, si on ne peut effacer les angoisses existentielles dues à notre présence irrationnelle sur terre, sur l'éventuel après, on peut, en revanche, démontrer que cette révolte signifie la volonté de vivre bien, de bien vivre (ce qui n'a rien à voir avec le mal). Cette révolte doit donc être constructive (ce qu'elle est, en réalité, dans son fondement) pour se mettre au service de la deuxième énergie, celle de l'amour. D'autant que nous savons depuis longtemps que l'ambition et l'envie de pouvoir, par exemple, ne sont que des moyens de reconnaissance sociale, donc, in fine, des moyens de se faire aimer par les autres, de tenter de contenter son envie d'amour des autres envers soi et de soi envers les autres.

C'est en réunissant ces deux énergies que l'on pourra enfin répondre aux vrais désirs des êtres humains et construire la société humaine, la vraie. Car ces deux énergies possèdent, en réalité, le même moteur, la volonté de vivre (la vie). Elles doivent donc être associées. Ainsi, l'énergie «négative» doit être rebaptisée comme énergie de l'agir en soutient de l'énergie «positive», énergie de la volonté, celle qui est à la base de la volonté de construire une société humaniste.

La conjonction des deux énergies est nécessaire pour bâtir la meilleure société possible. Car, ces deux énergies luttent en réalité pour la vie, pour construire un monde meilleur à la fois individuellement et collectivement.

120. Les mauvaises attaques contre l'individu

Une des grandes différences entre le libéralisme, le socialisme et le conservatisme, c'est la place de l'individu et de sa réalisation.

Pour les libéraux, même s'il existe une évidente dimension collective à cette réalisation, c'est l'individu qui porte en lui-même son émancipation, qui construit sa vie, qui prend son destin en main et qui est capable de saisir les opportunités par son mérite et sa responsabilité.

Pour les socialistes, mouvement né de la résistance au libéralisme, c'est au contraire dans la communauté et par la communauté que l'individu se réalisera et s'émancipera pleinement, ce qui lui impose de mettre au service de celle-ci ses capacités.

Pour les conservateurs, dont le libéralisme était une résistance, il s'agit de conserver des relations sociales où l'individu s'insère dans le collectif, non pour s'émanciper mais pour occuper une place en regard de ses capacités mais également de l'ordre social même si la possibilité de s'en extraire par la réussite est une possibilité.

On se sera pas étonné dès lors des attaques virulentes de la Gauche socialiste et de la Droite conservatrice envers l'individualisme qui serait responsable de tous les maux de notre société actuelle.

Ce qui est plus étonnant, c'est la récupération à droite des travaux des sociologues, discipline généralement à gauche et peu appréciée par les gens de droite. Mais il existe désormais une proximité idéologique entre une certaine gauche et une certaine droite (on ne parle pas des extrêmes de gauche et de droite qui ont des points de convergence depuis toujours) dont l'ennemi commun est le libéralisme permissif et son représentant diabolique, l'individu. On le constate d'ailleurs dans les discours mais également dans les passerelles qui existent chez les intellectuels de ces deux bords qui partagent nombre d'idées et ont souvent des lignes politiques parallèles.

Ces attaques contre le libéralisme et l'individu ont également en commun la mauvaise foi et confondent sciemment les principes et leurs dévoiements. On peut ainsi parler de libéralisme en parlant des thèses néolibérales éloignées du libéralisme ou on peut attaquer la liberté alors qu'il s'agit en réalité de licence.

Penser que le libéralisme et sa promotion de l'individu seraient la cause de la montée de l'autonomisation égocentrique assistée irresponsable insatisfaite irrespectueuse de l'individu moderne est une supercherie qui unit tenants du socialisme et du conservatisme. Peu leur importe que ce phénomène d'autonomisation négative se voit dans n'importe quel système politique qu'il soit ou non démocratique, l'ennemi est bien cette trop grande liberté, cette trop grande montée de l'individualité, cette capacité à être autonome pour chacun.

Ainsi, ce n'est pas parce que les sociétés ou les individus utilisent les valeurs du libéralisme en les dévoyant que ces mêmes valeurs sont mauvaises. Au contraire, d'ailleurs, si elles étaient correctement appliquées, elles produiraient tout sauf une société composée d'égocentriques, d'assistés, d'irresponsables, d'insatisfaits, d'irrespectueux. Elles permettraient cette émancipation de l'individu, grâce notamment à son statut de personne qui ne réduit en rien ses «droits naturels», qui profiterait à toute la société et en ferait une communauté équilibrée, juste et ouverte. Mais, pour les adversaires du libéralisme, tant à gauche qu'à droite, il est plus facile de prôner une société coercitive et fermée au nom d'un repli identitaire et d'un sauvetage de la société occidentale, celui-ci étant un alibi à une volonté de faire rentrer dans le rang cet individu décidément indiscipliné.

C'est une erreur car, profondément, ce n'est pas dans le phénomène d'individualisation et dans l'individualité qu'il faut chercher les maux de la société mais bien dans celui d'autonomisation. Non pas parce que cette autonomisation serait mauvaise et négative en soi mais bien parce que celle-ci a été dévoyée en devenant égoïste, égocentrique, assistée, irresponsable, insatisfaite et irrespectueuse ce qui n'est pas une conséquence ni logique, ni inéluctable. Cette déviance pose bien sûr des questions sur l'organisation de la société mais pas sur les principes eux-mêmes de la démocratie républicaine dont le but premier demeure l'émancipation de l'individu, son statut de personne dans une société ouverte dont la fonction principale est la préservation de la vie de chacun de ses membres, donc d'assurer leur sécurité.

Rendre l'individu responsable de sa vie, ce n'est pas seulement lui demander de la prendre en main pour se réaliser et la réussir, c'est aussi lui demander d'être responsable de ses actes, de tous ses actes, et de respecter l'autre donc également la communauté sans être asservi par elle mais en en étant solidaire. Ce n'est pas en renonçant aux acquis et aux avancées de la démocratie républicaine que l'on résoudra le problème ou alors de manière autoritaire et dans la régression. Souvent pris comme prophète par les tenants de la stigmatisation de la démocratie républicaine et de sa modernité, Tocqueville qui voyait bien les perversions qui pouvaient naître, non pas de la liberté libérale comme on le dit trop souvent mais de l'égalité républicaine, ne pensait pas qu'il fallait un retour en arrière mais une nouvelle avancée dans la responsabilité de l'individu, ce qui l'oblige à être garant du système qui lui apporte la possibilité de la réalisation de lui-même.

Affirmer que la démocratie est allée trop loin, c'est se tromper de combat ou alors tromper les citoyens. Responsabiliser ces mêmes citoyens dans tous les aspects de leurs existences, les amener à pratiquer le respect, vertu profondément démocratique et républicaine quand elle est symétrique et transitive, voilà le vrai défi. Tout le reste n'est que diversion ou volonté d'imposer un nouveau modèle qui ne sera ni démocratique, ni même républicain.

121. La démocratie du XXI° siècle au défi du populisme

De Platon et Aristote aux Pères fondateurs des Etats-Unis (Jefferson, Adams, Hamilton) et au théoricien de la Révolution française, l'abbé Sieyès, en passant par Bodin et Hobbes, Locke et Montesquieu, les philosophes et penseurs politiques se méfient des passions populaires. C'est la raison pour laquelle ils se méfiaient corollairement de la démocratie, l'originale dont parle l'Antiquité grecque, celle où le peuple gouverne et décide directement, celui où il légifère et exécute en même temps.

On pensait avoir trouvé la solution la plus sage avec la construction intellectuelle de la démocratie représentative, avec Sieyès, Kant et quelques autres dans une articulation où le vouloir et le pouvoir n'étaient pas interdépendants mais aussi, bien sûr, avec les débuts prometteurs de la république des Etats-Unis d'Amérique où les Pères fondateurs avaient imaginé un système où les pouvoirs se bloquaient entre eux afin d'éviter que la majorité ne devienne tyrannique afin de protéger la minorité, car la démocratie républicaine s'apprécie aussi et surtout à l'aune des droits de la minorité. Comme le résume fort bien Albert Camus, «La démocratie, ce n'est pas la loi de la majorité, mais la protection de la minorité.»

La Révolution française, dans un premier temps, avait voulu s'inscrire dans une telle démarche avant qu'elle ne dérape, en partie, par ces passions populaires dévastatrices. Car c'était sans compter sur les populistes et les démagogues qui s'adaptèrent dès le départ fort bien à ce nouveau système pour demander au peuple de les élire en leur promettant le beurre et l'argent du beurre dans des discours enflammés et agressifs, voire plus. Mais l'on croyait tout de même que le populisme disparaitrait au fur et à mesure que la démocratie s'installerait et mûrirait avec des peuples qui, petit à petit, grâce à l'éducation, à l'information et au progrès social et technique, s'approprieraient le fameux couple liberté-responsabilité afin que tout cela aboutisse à un gouvernement harmonieux et raisonnable, ce fameux juste milieu de Confucius, cette fameuse médéité d'Aristote.

On avait oublié, même si Tocqueville nous l'avait expliqué avant d'être un peu oublié puis justement redécouvert, que la démocratie est moins une question de liberté pour le peuple que d'égalité – d'égalitarisme en réalité – et que l'équilibre fondamental liberté-égalité penche le plus souvent vers une demande populaire d'égalité au détriment de la liberté, ce que nous disaient déjà Platon.

Ainsi, en ce début de XXI° siècle, la démocratie républicaine représentative se trouve toujours à la merci du populisme comme elle l'était au temps d'Athènes. Il est fort possible que le populisme et la démagogie soient éternels. Il est même, fort possible, que ce soit également mais pas seulement, une résultante de la démocratie républicaine qui permet aux passions, aux intérêts personnels et aux frustrations, légitimes ou non, de s'exprimer dans la rue et dans le bulletin de vote, de voir des aventuriers s'en emparer et nombre d'individus leur faire confiance. Cela n'empêche pas qu'il faut une lutte résolue et sans concession de la part des vrais démocrates et des vrais républicains contre ces deux tares, ces deux dangers qui ont produit et produisent tant de catastrophes au cours des siècles et particulièrement au XX° siècle même si le XXI° est malheureusement en train de suivre son prédécesseur en la matière.

122. Le dictateur et les causes de sa présence au pouvoir
Ce n'est pas le dictateur qui est le plus important et le plus préoccupant, ce sont les causes de sa présence et de son pouvoir.

123. Le plus grand danger, les peuples serviles, haineux et envieux
Ce qui fait le plus peur, ce ne sont pas Hitler, Staline, Mao et leurs semblables mais les peuples qui les applaudissaient et les vénéraient.

124. La culture, grandeur d'une communauté
Ce n'est pas la quantité des ors qui fait la grandeur d'une communauté mais la profondeur de sa culture.

125. Danger de la société de la jouissance immédiate
La société de la jouissance immédiate, la société du plaisir et du jeu, la société de la satisfaction instantanée où nous voulons tout, tout de suite sans attendre, sans patience et sans se retrousser les manches, telles sont, pour une grande part nos sociétés même si beaucoup de leurs membres ne peuvent en profiter. Ce sont ces caractéristiques qui nous ont menés et nous mèneront dans des crises profondes car elles nous font oublier qu'il faut se battre sans cesse pour être, pour avoir et pour protéger ce que nous sommes et ce que nous avons en respectant les autres mais aussi tout ce qui est utile pour notre existence.

126. Tellement de chose à apprendre et à comprendre
L'être humain est apparu ne sachant rien de son environnement sauf ce qui venait des transmissions génétiques et de sa condition antérieure et il a tout appris et a appris à transmettre son savoir. Mais il lui reste tellement de chose à apprendre et à comprendre.

127. Petits tracas quotidiens, grandes conséquences?
Combien de rages de dents et de contrariétés amoureuses sont à l'origine de guerres et de violences politiques? Ici l'Histoire rend son tablier.

128. Tout est nouveau et pourtant déjà survenu

L'Histoire est à la fois un éternel recommencement mais aussi une continuelle nouveauté. C'est une progression linéaire où tout événement est nouveau et pourtant déjà survenu. C'est pourquoi l'on peut apprendre de l'Histoire mais que l'on doit également regarder tout événement comme unique en soi pour trouver la meilleure solution tout en s'aidant de l'expérience acquise dans des situations similaires.

129. Vertu de l'exemple historique

Hegel a écrit que «L'Histoire enseigne seulement qu'elle n'apprit rien aux gens». Réalité sans doute lorsque l'on voit comment agissent nos sociétés avec leur lot de guerres et de massacres, leur lot d'erreurs maintes fois refaites. C'est d'autant plus triste que l'Histoire possède la vertu de l'exemple pour nous montrer ce qu'il ne faut pas faire, à défaut de pouvoir nous montrer ce qu'il faut faire.

130. L'historien, dindon de la farce

Au poker menteur de la vie, l'historien est souvent le dindon de la farce.

131. La théorie du complot existe et existera toujours

La théorie du complot existe et existera toujours. Elle est une réponse normale (qui ne veut pas dire bonne ou légitime, évidemment mais dans l'ordre des choses) au mensonge et à la dissimulation de certains. Mais, in fine, elle fait tout autant partie de ce mensonge et de cette dissimulation.

Nous sommes toujours tentés de trouver une «raison supérieure» aux actes et aux événements et il n'est pas faux de dire que c'est le cas dans bon nombre de ces actes et de ces événements. Néanmoins, notre volonté de toujours trouver une raison explicable nous amène à échafauder des théories les plus farfelues, voire les plus dangereuses, et à entretenir une suspicion ainsi qu'à bâtir un monde caché qui expliquerait bien des choses inexplicables.

Sans parler de ceux qui condamnent des soi-disant mensonges et dissimulations pour délivrer leurs propres mensonges et pratiquer la dissimulation en les faisant passer pour la vérité!

Et puis, à côté, il y a tous ceux qui ont intérêt à diffuser la théorie du complot à tout va. Il y a bien sûr la presse mais celle-ci est dans son rôle d'investigation – même si elle dérape parfois dans cette posture de justicière de la vérité – d'aller toujours chercher, derrière un fait, les motivations de celui-ci, motivations qui ne sont pas toujours claires et nettes. Mais il y a aussi tous ceux qui ont un intérêt individuel – comme gagner de l'argent ou cacher sa responsabilité derrière un soi-disant complot – ou collectif.

132. Le pouvoir politique ne transcende pas l'individu

La petitesse de la plupart des hommes politiques qui voudraient être des hommes d'Etat montrent qu'ils sont comme nous mais aussi que le pouvoir politique qui devrait transcender n'est pour nombre d'entre eux qu'un moyen de s'enrichir et d'obtenir des passe-droits, de pouvoir assouvir leurs colères, leurs caprices et leurs envies au détriment du pays.

133. Le sport est politique

Le sport, depuis l'Antiquité, fait partie de la politique au sens large et a toujours été instrumentalisé par le pouvoir qui voit dans la victoire de «ses» sportifs, un moyen de se renforcer.

134. La pratique sportive, reflet de la société

Il faudrait, soi-disant, interdire le dopage pour que le sport soit «propre». Mais qu'est-ce que cela peut bien signifier un sport «propre» dans une société où l'on glorifie la performance avant l'effort lui-même, où l'argent plus que l'humain est l'étalon valeur, où la réussite se prouve par le nombre de zéros de son compte en banque? Et puis, qu'est-ce qui est fondamentalement condamnable dans le dopage? Certainement pas le fait d'améliorer les performances d'un athlète. Car, dès lors, il faudrait interdire toute technique d'entraînement spécifique, tout régime alimentaire censé améliorer la performance. De même, depuis que le sport existe, l'hygiène, les médicaments, les techniques médicales, les découvertes en matière de nutrition, entre autres, ont permis d'obtenir que les êtres humains soient plus résistants à leur naissance puis plus performants dans le développement de leurs aptitudes. Dit-on que c'est du dopage?! Sans oublier que si l'on pousse les arguments des ennemis du dopage, on en arrive à prôner une sélection naturelle. En effet, combien d'entre nous pourraient vivre si nous ne nous dopions pas en prenant des médicaments qui nous maintiennent en vie? Il n'y a pas si longtemps, beaucoup de maladies chroniques tuaient des millions de gens. Grâce à des traitements quotidiens, ces personnes qui auraient été victimes de cette sélection naturelle peuvent vivre une existence longue et enrichissante. Est-ce condamnable? A part ceux qui développent des thèses extrémistes et ceux qui estiment que cela ferait faire des économies à nos systèmes de santé, peu se risquent à professer que tous les «faibles» soient laissés à leur sort.

Donc, la science moderne permet d'améliorer les performances de l'être humain. Rien à dire. Sauf lorsqu'il ne s'agit plus d'améliorer ces dites performances mais de créer un nouvel être ou de sélectionner les êtres. Là, la science se fourvoie. Mais elle l'a fait tellement de fois... Et il y a tellement de gens qui veulent en profiter...

Le seul problème du dopage est dans le risque qu'il fait courir à celui qui se dope. Si un athlète prend ce risque en toute connaissance de cause, il n'y a rien à redire à sa décision tant qu'elle ne met pas en danger la santé des autres. S'il se dope en ignorant les risques qu'il encourt, là, le dopage doit être condamné et les personnes qui ont permis ce dopage doivent être sanctionnées mais uniquement parce qu'elles ont mis en danger la santé de cet athlète sans qu'il le sache.

La lutte contre le dopage est une nouvelle hypocrisie de notre société qui incite à se doper pour être meilleur, voire «le» meilleur, mais qui adopte une morale «propre» afin de se présenter sous les traits d'une justicière et le défenseur d'un humanisme dont elle aurait bien du mal à définir les contours et le contenu... Attaquons-nous aux manipulations biologiques qui menacent l'espèce humaine avant de nous indigner devant le dopage. Et, pour supprimer le dopage, supprimons la compétition sportive où seul le vainqueur, seul «superathlète» est valorisé comme un héros des temps modernes...

135. De l'utilité de l'innovation

L'innovation est le maître mot tant en matière politique, économique, sociale et sociétale. Ainsi que dans certains de nos comportements individuels, dans notre relation à l'autre. Vaste programme. Mais l'innovation pour l'innovation ne sert à rien. C'est sans doute très beau, très gratifiant parfois mais cela demeure dans le domaine de l'art qui n'est pas notre propos. Si l'on construit une nouvelle machine, c'est parce qu'elle sera utile. S'il s'agit simplement de démontrer que c'est possible et que ça marche, cela n'est plus que de l'art. Et même si l'art est nécessaire à l'être humain (indispensable même dans son épanouissement et dans son quotidien), il n'est pas «utile». Politiquement parlant, nous devons mettre en place des innovations «utiles» et laisser aux artistes les autres.

136. Réinventer sans cesse l'espérance

Somme-nous dans un monde en sursis? Tout ne peut-il aller que de pis en pis jusqu'à l'implosion finale? Oui, les défis que l'humanité doit relever sont formidables. Mais l'humanité a déjà eu de tels défis devant elle. Et elle a réussi à les relever lorsqu'elle a cru en l'être humain et qu'elle a abandonné ses élans destructeurs.

La vie est un défi permanent que l'humanité doit constamment relever. Penser le contraire, voilà le commencement de la fin. De même, l'être humain est parvenu à se sortir d'une condition où il était à la merci de la nature. Ses possibilités sont donc immenses. Et, aujourd'hui, où il domine une partie de la nature, il faut parier sur son intelligence pour faire en sorte qu'il prenne en compte son présent et son futur.

Il faut mettre en place la «pensée positive», celle qui construit et essaie de donner les clés pour bâtir l'avenir.

137. La recherche du bien, recherche naturelle de l'être humain

La recherche du bien est une recherche naturelle chez l'être humain. Une des preuves les plus éclatantes est la place faite à tous les penseurs, philosophes et moralistes dans toutes les civilisations et toutes les religions qui prônent le respect de la vie et l'amour. Que ce soit Confucius en Chine, Bouddha en Inde, Jésus en Occident.

138. L'aide est pis-aller

La meilleure société est celle où l'on n'a plus besoin d'aider personne.

139. Le travail, centre de la relation entre l'individu et les structures organisées

Dans une société libre, ce n'est pas l'Etat qui est au centre mais l'individu. Et la relation principale entre l'individu et les structures organisées de la société, dont l'entreprise, est le travail – c'est-à-dire une activité, rémunérée ou non, de l'être humain dont la dépense d'énergie a comme but de réaliser une tâche ainsi que la création et/ou la transformation d'une matière immatérielle ou matérielle qui permet d'assurer l'existence et l'exercice d'un certain nombre d'activités de ce même être humain. Seul le travail est créateur de richesses, c'est-à-dire d'objets matériels ou immatériels dont l'utilité leur donne une valeur d'échange.

140. Le prix de la vie humaine, de zéro à inestimable

Admettons que la vie génère et comporte violence et accident. Vivre en commun multiplie mécaniquement ces risques de «collision» au sens large du terme entre les être humains. De ce point de vue, il y a obligatoirement «un déchet» mais cela ne règle pas pour autant le prix de la vie humaine sur le fond. Celle-ci demeure inestimable pour celui qui la possède. Mais dans la pratique elle ne vaut pas grand-chose et souvent rien, tout dépend où on est né et où on vit. De plus, même si des études ont quantifié le coût de la perte d'une vie humaine pour la société, soi-disant pour tout ce qu'elle a fait pour l'individu qui meurt «avant terme», c'est-à-dire qui n'a pas pu exploiter toutes ses potentialités (on n'a pas encore calculé le coût de celui qui n'a pas voulu exploiter celles-ci...), les indemnités suite à une catastrophe quelconque viennent dédommager ceux qui vivent et non ceux qui sont morts, par définition. Pire, lorsque quelqu'un a tué, celui-ci est jugé par la société avant tout pour sa transgression de la norme et non la valeur de la vie qu'il a supprimé. Ceci apparaît clairement dans le barème des peines en rapport à l'acte commis. Ainsi, il vaut mieux tuer quelqu'un en prenant le volant de son automobile complètement ivre et en sachant que l'on ne sera pas capable de conduire que de tuer un cambrioleur agressif.

141. Le principe d'audibilité en communication politique

Le principe d'audibilité prend la communication comme un combat où tout est permis afin d'imposer son message (c'est-à-dire son «produit»). Sur ce principe, on bâtit et on définit un plan de communication où l'on incorpore toutes les règles que l'on désire (notamment éthiques et morales). Cependant, si l'on estime qu'imposer «sa» vérité (et non «la» vérité) nécessite la peine d'employer tous les moyens, même des pratiques, comme le mensonge volontaire, que l'on condamne habituellement, c'est dans ce plan que l'on devra inclure ou non ces pratiques.

Car le principe d'audibilité, qui est de rendre son message audible à la cible à laquelle il est destiné doit, dans la théorie, être adapté à cette cible et donc à la façon dont celle-ci accueille favorablement un message.

142. Théorème de l'insatisfaction: plus on a et plus on voudrait avoir

Plus une société est développée économiquement et socialement, plus sa population est insatisfaite. Plus le niveau général de la population est élevé, plus le progrès social est grand sur une période, plus les revendications sont fortes. Une population qui vit dans le confort matériel est insatisfaite et développe une revendication du «toujours plus». S'en suit l'émergence de comportements antisociaux comme l'autonomisation débridée de l'individu et le manque de participation politique qui sont deux phénomènes issus de la même problématique, une concentration de l'être sur son avoir, de la personne sur ses biens au détriment du partage et de l'investissement dans la société. Cette insatisfaction chronique est un danger pour une société développée car elle sape les fondements même sur laquelle elle repose, cette nécessaire mutualisation existentielle qui permet de transcender les intérêts personnels pour que ceux-ci s'accordent sur une base commune minimum.

143. Avoir le pouvoir et pas l'autre

Avoir le pouvoir ou la puissance, c'est aussi empêcher l'autre de l'avoir.

144. Les hommes politiques et les chefs d'entreprise sont des gens attirés par le pouvoir

Les hommes politiques et les chefs d'entreprise sont des gens attirés par le pouvoir. Sans jugement de valeur, les hommes politiques sont plus attirés par la gloire (mais certains veulent aussi l'argent et deviennent corrompus) et les chefs d'entreprise sont plus attirés par l'argent (mais certains veulent aussi la gloire et mettent souvent en péril leur entreprise). Cette distinction permet de comprendre comment il peut y avoir un hiatus, voire un abîme, tout au moins une incompréhension très grande entre des hommes politiques plus préoccupés de bâtir une image et des chefs d'entreprise qui ont les yeux sur leur bilan. De même, la vision globale appartient plus aux politiques mais le concret est plutôt du côté des chefs d'entreprise. Voilà pourquoi, aussi, les hommes politiques ont une grande méconnaissance des personnes qui entreprennent d'où des politiques peu lisibles par les chefs d'entreprise.

145. C'est à la dictature de prouver qu'elle ferait mieux que la démocratie, pas l'inverse

La question n'est pas de savoir si la démocratie fait mieux qu'un régime autoritaire ou qu'une dictature mais si un régime autoritaire ou une dictature ferait mieux que la démocratie représentative. Or, l'Histoire nous apprend que tel n'est pas le cas. Le système représentatif démocratique, aussi imparfait et inefficace soit-il, ne l'est pas moins qu'un régime aux libertés limitées ou sans liberté. Du coup, le fait qu'il apporte de la liberté est bien un avantage, un «plus», qui n'a pas d'équivalent dans les régimes liberticides.

146. La justice des hommes défend avant tout la règle pas le juste, le bon ou le bien

La loi a pour objet d'organiser la vie en société afin de mettre en place un ordre social qui permet aux membres d'une société de vivre en toute sécurité, de tisser des liens entre eux et de pouvoir entreprendre des activités. Il ne s'agit donc pas de mettre en place un ordre moral, ni même de défendre des valeurs mais d'offrir un espace sécurisé au regard des buts poursuivis par la société.

C'est pour cela qu'une décision de justice est rendue avant tout pour assurer cet ordre qui organise la société et non pour rendre une décision juste au regard de la morale. C'est pour cela que la justice peut fixer des peines et des réparations parfois dérisoires par rapport à un préjudice moral ou affectif subi mais qui ne met pas en cause l'ordre sur lequel repose l'organisation de la société. Ce hiatus entre cette défense de l'ordre sociétal et la vision morale de la justice qu'a la très grande majorité de la population, provoque souvent de l'incompréhension, voire de la révolte, dans cette même population.

La justice des hommes défend avant tout la règle pas le juste, le bon et le bien.

147. L'individualité fonde la liberté

C'est notre différence qui est à la base de notre liberté. Ce n'est pas le fait que je me possède mais le fait que je suis qui fonde ma liberté. Le fait que je suis unique, original et différent. Je ne me possède pas comme le disent certains libéraux mais je suis, notion encore plus forte que de me posséder. Etant ce que je suis, étant le seul à être ce que je suis, cette essence fonde ma liberté comme elle fonde la liberté des autres. Etant ce que je suis, personne n'est légitime de s'accaparer ce que je suis comme je ne puis m'accaparer ce qu'est l'autre. Cette interdiction de l'accaparement de l'autre fonde le respect essentiel que l'on me doit et que je dois à l'autre. C'est ce respect qui fonde les relations dans la communauté dans laquelle je suis par essence en tant qu'animal social et dans laquelle l'autre est également.

148. Ce sont les cultures qui divisent superficiellement l'espèce humaine

La question n'est pas une question de race ou de nationalité mais une question de culture qui divise superficiellement le monde et l'espèce humaine. C'est bien le choc des cultures qui divisent au lieu de réunir. Les cultures opposent au lieu d'unir. Il faut trouver des ponts entre les cultures pour que celles-ci ne soient destructrices mais qu'elles construisent un monde d'amitié dans la diversité. Un challenge ardu mais qui doit être constamment mené dans un dialogue et un rapprochement, dans la recherche de similitudes et dans la reconnaissance de la différence et la négation de l'opposition.

149. Equilibre entre contenter les besoins et promouvoir les capacités

Pour que le monde tourne dans une atmosphère d'équilibre, il faut trouver ce fameux équilibre entre «à chacun selon ses besoins» ct «à chacun selon ses capacités» car si nous ne rétribuons pas chacun selon ses capacités nous ne pourrons pas mobiliser les capacités des gens au service du bien commun. Mais si nous ne redistribuons pas à ceux qui sont dans le besoin, nous ne remplissons pas notre devoir de solidarité et nous n'agissons pas de manière équilibrée alors que nous avons permis à ceux qui ont des capacités de les mettre à leur service.

150. Idéologie travestit le réel
L'idéologie est un travestissement du réel.

151. Ordre et désordre doivent se confronter dans une dynamique progressiste
Ordre et désordre doivent accoucher d'une dynamique progressiste.
Ordre et sécurité mais sclérose.
Désordre et liberté innovante mais chaos.
Seul l'ordre dans le désordre, le désordre dans l'ordre permettent une innovation progressiste responsable, une liberté dans la sécurité.
Une bonne politique gère le chaos et dynamite la sclérose. Une bonne politique encourage la prise de risque mais lutte contre le risque subi.
La liberté ne peut amener que le «désordre» puisque chacun est différent donc les libertés doivent nécessairement s'entrechoquer. Ce qui empêche le chaos qui devrait en résulter c'est la responsabilité qui doit assurer la sécurité en canalisant le désordre naît de la liberté.

152. Vivre libre s'appuie nécessairement sur des valeurs
Si vivre libre ne s'appuie pas sur des valeurs alors ce n'est qu'une façon de nier la réalité de la vie et le fait que nous vivions dans une communauté humaine. La liberté ne peut qu'être humaniste, vivre libre ne peut se faire que de manière humaniste sinon ce n'est que de la licence ou ce n'est qu'une manière de faire valoir uniquement ses propres intérêts sans respecter ceux des autres.

153. Métissage culturel entre uniformisation et différenciation
Le métissage culturel, uniformise les cultures communautaires (na-

tionales, locales, ethniques, etc.) mais différencie les cultures individuelles. Il ya donc moins de chocs des cultures mais plus
d'entrechoquements entre individus-mondes.

154. Des ingrédients de l'irresponsabilité

La revendication à l'autonomie doublée d'une plainte d'être aban-
donnés par la société accompagnée d'une victimologie exacerbée
devant tout ce qui nous arrive de négatif s'appelle l'irresponsabilité.

155. L'impératif dialogue entre les mondes différents

Le choc de deux mondes individuels ou collectifs est un choc où
chacun essaye de garder son espace vital, son unicité, son caractère unique et d'imposer ce qu'il est à l'autre, de jouer en sa faveur
d'un rapport de force. D'où des tensions entre les mondes, entre les
personnalités, entre les cultures. Cela vient de notre différence ontologique, qui n'est pas réductible à une confusion avec l'autre. Dès
lors nous devons trouver des terrains d'entente, communiquer sans
cesse, lancer des passerelles entre les mondes différents par la
tolérance et la connaissance de l'autre qui amène à son respect.
Les deux mondes qui se côtoient quand ils se rencontrent doivent
se respecter mutuellement. Ce n'est que dans ce respect que l'on
peut bâtir du positif et un avenir positif. Nous devons toujours rechercher le consensus dans une situation évolutive qui n'est jamais
donnée. Le dialogue dynamique et renouvelé sans cesse entre les
mondes est la seule façon non seulement de les faire coexister pacifiquement mais de le faire collaborer ensemble.

156. Notre différence impose la prise en compte de l'autre

C'est notre différence qui nous impose le respect, la tolérance et la
solidarité avec l'autre.

157. La différence principale est celle des individus entre eux

La différence ne doit pas se situer au niveau national ou communautaire mais au niveau individuel. En reconnaissant la personne
comme base de toute communauté grâce à sa différence irréductible et à ses droits inaliénables, on crée une société d'être libres,

responsables et respectueux qui sont, en outre, culturellement métissé et médiatiquement mondialisé.

158. Approfondissement de la démocratie va de pair avec celle du respect

L'approfondissement démocratique ne peut être un bien que s'il y a un approfondissement concomitant du respect, car la liberté ne peut fonctionner correctement sans le respect de la liberté de l'autre.

159. Dominations douce et forte complémentaires

La puissance permet la domination «forte» (hard power) ou «douce» (soft power) grâce à l'utilisation de l'appareil militaire (avec l'appareil économique) ou de l'appareil culturel (avec l'appareil économique). Mais ces deux dominations sont complémentaires pour un pays qui souhaite être une grande puissance, c'est-à-dire d'être économiquement fort qui en est une condition sine qua non. Elles ne s'excluent jamais l'une de l'autre, elles travaillent ensemble.

160. Violence, phénomène économique et social

La violence est aussi un phénomène économique et social.

161. Fracture entre gouvernants et réalité

Dans nos sociétés de plus en plus complexes, ce n'est pas la fracture entre les gouvernés et les gouvernants qui augmente. Celle-ci a toujours été profonde. Mais ce qui augmente dangereusement c'est la fracture entre les gouvernants et la réalité ce qui détruit leur appréhension du réel et donc leur capacité à agir sur celui-ci donc leur capacité à agir politiquement.

162. L'évaluation d'une politique concerne tout son processus

L'évaluation d'une politique n'est pas possible uniquement à l'aune de ses résultats mais doit englober aussi toute l'action faite pour essayer d'obtenir des résultats. Toute politique comporte un risque non maîtrisable. Dès lors, son évaluation ne peut uniquement se fonder sur ses résultats mais doit prendre en compte la volonté affichée et l'impossibilité d'obtenir certains résultats en dehors de l'immobilisme de ceux qui la mettent en œuvre.

163. L'idéologie n'est pas l'idéal
L'idéologie ce n'est pas l'idéal. L'idéologie est un système fermé, l'idéal est une utopie qui guide l'action.

164. Amalgames malhonnêtes
L'amalgame entre le multiculturalisme et le communautarisme d'un côté et entre le libéralisme et le néocolonialisme de l'autre sont deux supercheries malhonnêtes venues, pour la première, de la droite et, pour la deuxième, de la gauche de l'échiquier politique.

165. Efficacité de la prévention
La prévention est beaucoup plus efficace et beaucoup plus économique que l'interdiction, la répression, la punition et la réparation.

166. Eviter de tomber dans la «société de l'interdiction»
Dans le gouvernement des humains, il est plus facile d'interdire les causes que d'agir sur les raisons d'un certain nombre de comportements et ainsi d'espérer pouvoir changer la vie. Mais si une société s'affirme démocratique et s'assigne donc comme mission de conquérir de nouvelles libertés, si elle veut fonder une communauté d'êtres humains réellement libres, responsables et respectueux des autres, elle doit abolir la plupart des interdictions qui ont été édictées et qui continuent de l'être.
Faisons tout de suite un sort aux mauvaises interprétations. D'abord, nous parlons des démocraties républicaines étant bien entendu que les régimes autoritaires et dictatoriaux sont par essence liberticides et adeptes de l'interdiction. Ensuite, il ne s'agit évidemment pas de faire l'apologie d'une société du laisser faire n'importe quoi, de la licence et de la permissivité, où les puissants domineraient les faibles, où les riches dicteraient leur loi aux pauvres, où les privilégiés accentueraient leur domination, où les criminels dicteraient leur loi aux honnêtes gens, où l'irresponsabilité ouvrirait la porte à l'irrespect de la vie. Si tel était le propos, il n'aurait rien d'intéressant et de novateur. Pire, il nous renverrait à

des années lumières d'une société harmonieuse qui doit être le but à atteindre. En revanche, il s'agit de faire un sort à un penchant de nos gouvernants qui, incapables de gérer l'harmonie, missionnent le politique, le policier et le juge afin de réprimer de plus en plus en s'érigeant en gardiens des dogmes de la vérité, du bien et du mal au nom d'un intérêt général qu'ils prétendent défendre et qu'ils mettent en avant, celui-ci étant une coquille vide d'autant qu'il est déjà assez difficile de savoir pour chacun de nous quel est son intérêt particulier. Lentement, la démocratie, après avoir développée certaines libertés et ne pas avoir légiférer dans certains domaines en laissant les individus libres de leurs choix, évolue vers une société d'irresponsables auxquels la loi dictera les comportements jusque dans quasiment tous les actes de leurs vies quotidiennes, de savoir combien de matières grasses à mettre sur nos aliments jusqu'à quels livres politiquement correct nous pouvons lire et ce, en affirmant que c'est pour notre bien.

S'il convient d'abolir de nombreuses interdictions c'est parce que celles-ci ont été édictées afin, soi-disant, de résoudre des problèmes de société, du cancer du poumon (tabac) au racisme (appel à la haine). Or, nous ne pourrons jamais réellement résoudre ces problèmes par des interdictions. La seule voie, dans ce domaine, passe par des actions «positives», c'est-à-dire agir directement sur les causes en les attaquant de front et non de réagir sur les effets en prohibant des comportements qui ne peuvent que se multiplier tant que les causes ne sont pas résolues. Cela est d'autant plus urgent que l'évolution naturelle des gouvernants d'une démocratie républicaine complexe face à un certain nombre de défis les amènent à une fermeture de ces sociétés pour se protéger de tout et n'importe quoi, vivant dans ce domaine plus dans la fantasmagorie et l'exclusion que dans une attitude responsable et d'ouverture à ses membres en détresse. Car le but est bien d'offrir le plus de liberté à un individu responsable et non pas de continuer à édicter une réglementation à rallonge qui n'est qu'une illusion de sécurité, pire, une toile d'araignée dans laquelle ce même individu se retrouve de plus en plus impuissant et muselé et où l'on noie définitivement – du moins l'espère-t-on chez les politiques – un problème de société qui, évidemment, n'est nullement supprimé.

Bien sûr la tâche est ardue mais elle conditionne l'avenir démocratique de nos sociétés libres. Uns société ouverte dont le but est de s'occuper de ses membres est bien plus difficile à construire et à gérer qu'une société fermée où, au nom du collectif, on édicte des listes à rallonge d'interdictions avant, in fine, de passer à des listes, beaucoup plus courtes, de libertés. Et dans ces listes de plus en plus interminables se trouvent de plus en plus d'interdictions de «facilité» de celles que le politique prend pour se débarrasser d'un problème qu'il ne peut régler.

Pourquoi édicte-t-on autant d'interdictions de facilité? La raison en est simple voire simpliste: les interdictions sont nettement plus faciles à mettre en place que des solutions conviviales et fondatrices d'une société du respect et de l'échange. Exemple, il est nettement plus facile d'interdire la consommation de drogue (ou de tabac et d'alcool) et de punir les toxicomanes que de s'attaquer aux causes réelles de la présence de la drogue dans nos sociétés et aux problèmes sociétaux qui amènent certains à succomber à son attrait. Rendre légale la consommation de drogue ne poserait aucun problème si, entre temps, on avait fait disparaître par une politique appropriée les causes de la consommation de 99% des drogués. Cependant, dans un cynisme extrême, les sociétés et leurs dirigeants ont estimé qu'il était plus facile de réprimer le trafic de drogue et sa consommation, étant encore capables de maîtriser le coût social de la drogue dans des limites supportables. Et si demain ce coût devenait insupportable, nos sociétés auraient vite fait de réagir avec de nouvelles mesures dont le but serait à coup sûr de réprimer avec une sévérité accrue au lieu de s'attaquer aux raisons de la présence de la drogue. L'exemple de la drogue est très révélateur de la «société d'interdiction» qui se met en place. Prendre de la drogue et devenir toxicomane est, le plus souvent, un acte de désespoir, une envie de se détruire suite à un certain nombre de problèmes personnels et d'inadaptation à la vie sociale, voire un appel au secours. La drogue est donc un refuge vis-à-vis d'une société qui n'est pas capable d'offrir ce qu'elle affiche sur tous les murs des cités, le fameux «bonheur» avec la richesse, la gloire et la célébrité.

Ce qu'il faut, c'est opposer à une société de l'interdiction, une société de la responsabilisation, une société du respect.

167. Trois sortes d'interdiction

Il existe trois sortes d'interdictions. On rencontre d'abord celles qui permettent de protéger la liberté et l'intégrité des individus. Nous dirons qu'il s'agit d'interdictions qui établissent la vie en société permettant de protéger les plus faibles, de donner une certaine stabilité aux rapports entre les individus formant cette communauté. Ce sont les «interdictions vitales» qui font partie des règles de la vie en société. Elles sont protectrices et nécessaires à toute vie communautaire. On rencontre ensuite celles qui permettent à une pensée dominante (du plus grand nombre ou des plus riches ou des plus forts) d'imposer sa façon de voir par la loi et par la contrainte. Ces «interdictions répressives» n'ont aucun autre but que d'imposer un ordre au profit de certains sans réelle justification de leur bien fondé pour la communauté tout entière. Il y a enfin les «interdictions de facilité».

Au cours des siècles, tout le travail de certains a été de justifier l'existence de la deuxième catégorie d'interdictions au motif qu'elles seraient de la première catégorie. Une falsification dont le but ultime réside dans la viabilité d'un système en lui donnant une légitimité «naturelle» qu'il ne possède pas en réalité et, en outre, de lui permettre de se développer. Alors, si l'on désire conquérir de nouvelles libertés, si l'on souhaite fonder une société d'hommes et de femmes responsables et respectueux des autres, il faut abolir la plupart des interdictions répressives édictées et inverser le processus qui aboutit à continuer à en édicter de nouvelles continuellement.

Une des supercheries de nos sociétés démocratiques est de faire croire à ses membres qu'elles sont des sociétés de liberté. Rien n'est plus faux car si elles ne sont pas des sociétés sans libertés, elles sont avant tout des sociétés de l'interdiction. Et les interdictions qui se sont multipliées au fil du temps sont le plus souvent liberticides, des deuxième et troisième catégories.

Théoriquement, un des rôles de l'Etat moderne consiste à amender la société afin de permettre à tous ceux qui en sont exclus d'y (re)trouver une place. Un rôle qui, pour être rempli correctement, nécessiterait de très importantes mesures particulièrement lourdes et onéreuses. Seulement, voilà, l'Etat ne désire pas remplir ce rôle qui ferait apparaître toutes ses carences ainsi que son incapacité structurelle et idéologique à résoudre ce genre de problèmes. La solution de facilité vis-à-vis de ces problèmes est alors d'édicter des interdictions.

Il convient ainsi d'analyser quelles sont les interdictions souhaitables, quelles sont celles qui ne le sont pas, de poser le principe de la liberté avec l'exception, l'interdiction. L'interdiction est la réponse simpliste à tous les problèmes qui se posent à la société. Interdire et son corollaire, punir (car il n'y a pas d'interdiction valable dans les sociétés liberticides sans punition), sont les deux armes des régimes faibles, non pas en force mais en profondeur, celles qui ont le lien social le moins solide.

168. Interdire ce n'est pas gouverner

«Nul n'est censé ignorer la loi» dit notre système juridique. Mais nul n'est censé ignorer ce qui lui est interdit, pas ce qui lui est autorisé. C'est donc de toutes les interdictions (ou obligations) que l'individu doit se tenir au courant. D'ailleurs, lorsque la société par le biais de l'administration publique se bat contre quelqu'un elle omet souvent de lui rappeler quels sont ses droits mais parle uniquement des interdictions auxquelles il est assujetti et auxquelles il doit le respect ou celles qu'il a enfreint (sans l'informer sur ses droits pour se défendre…). Par l'interdiction, l'Etat cache ses déficiences fondamentales. Car, en interdisant, il fait tout sauf gouverner et gérer qui sont ses missions principales. Mais l'Etat n'a aucun intérêt à montrer ces déficiences car éclaterait alors le plus grand scandale: l'Etat ne cherche pas en premier lieu à trouver des solutions aux problèmes, il cherche avant tout à nier les problèmes en interdisant (et éventuellement à trouver ensuite des solutions).

Il est aussi aberrant d'interdire tout et n'importe quoi que d'édicter de nombreuses règles pour autoriser. Par définition, la liberté dans une société démocratique ne s'autorise pas. Une loi pour autoriser est une aberration, aberration qui est le corollaire d'une société d'interdiction. Si l'on y prend garde, si l'on ne change pas de direction, nous nous acheminons vers une société de l'interdiction qui tentera de se protéger de plus en plus en niant les problèmes, en les excluant de façon totalement superficielle en édictant une somme considérable d'interdictions. La plupart des organisations sociales ont préféré interdire plutôt que comprendre.

169. Dettes aux générations futures, un débat biaisé

Partout on explique aux citoyens que leur responsabilité envers les générations futures doit être au centre de leurs décisions. On leur affirme qu'ils ne doivent pas laisser à leurs enfants des dettes qui mettront en péril leur avenir radieux. Beau thème consensuel d'un monde harmonieux s'il en ait mais particulièrement hypocrite et totalement irresponsable! Si l'on suit cette logique jusqu'au bout, cela veut dire que nous ne devons jamais agir puisque chacune de nos actions a des conséquences pour le futur, conséquences parfois «négatives» (souvent cette caractéristique étant indécelable au moment de la prise de décision) mais néanmoins incontournables si nous devons construire le présent et le futur. Par exemple, l'idée que nous ne devons pas laisser de déficits des finances publiques voudraient dire qu'il ne faut jamais dépenser en s'endettant dans l'espoir de récolter des fruits meilleurs, alors que l'humanité agit ainsi depuis la nuit des temps parce qu'il s'agit de la seule façon d'améliorer notre existence mais aussi, tout simplement, de la garantir. Car la prise de risque est inhérente à notre présence sur terre. Sans risques, pas de progrès et pas d'amélioration de nos existences. Le risque est à la fois individuel et collectif. Quotidiennement, chacun de nous prend des risques et toute communauté en fait de même. Des risques immédiats mais aussi des risques pour le futur.

Ce thème a une origine, «l'éthique de responsabilité» de Hans Jonas, un philosophe américain d'origine allemande qui était hanté par la responsabilité de nos actions sur le futur et qui préconisait une attitude pessimiste face à l'avenir. Cette éthique de responsabilité ressemble fort à de l'irresponsabilité et le principe de précaution qui en est issu à la peur d'agir. Croire en une évolution naturelle du monde qui serait harmonieuse revient à déifier la nature alors que nous nous battons depuis l'apparition de l'humain pour qu'elle ne nous élimine pas...

Vouloir éviter tout risque et tout héritage négatif pour les générations futures est une douce utopie et une négation de la vie. D'autant qu'il nous est le plus souvent impossible de mesurer nos actions sur le futur. Parfois, ce que nous pensons être des actes qui auront des conséquences négatives, en ont des positives et inversement. De même, la science se trompe et ses hypothèses se trouvent contredites par d'autres. Ce que nous ne devions pas faire la veille, devient ce que nous devons faire le lendemain... Les êtres humains ne sont pas Dieu et ils ne maîtrisent pas la vie. Empêcher la prise de risque ne nous aurait jamais fait sortir de la préhistoire et d'une vie végétative où notre seule préoccupation serait la survie... Dès lors, nos enfants devront «payer» pour les bêtises que nous pourrions commettre et... c'est normal! Oui, c'est normal au sens de normalité – et non dans ce drôle de sens où la normalité signifierait le bien – parce que nous prenons des décisions pour assurer notre vie et celle de nos enfants et que nous pouvons nous tromper. Et que nos parents ont fait de même et que nous payons pour eux qui ont payé pour les décisions de nos grands-parents et ainsi de suite jusqu'aux premiers êtres humains.

Si nous ne faisions rien, alors tout s'écroulerait et le futur de nos enfants serait encore plus en danger. Où serait l'irresponsabilité? Dans l'agir ou dans le non-agir? Ce serait tellement plus facile de ne jamais prendre de décisions, de n'être responsable de rien et de laisser la vie agir à notre place et de dire à nos enfants: «vous voyez, nous n'avons pris aucune décision, nous vous laissons le monde comme nous l'avons trouvé et, surtout, ne touchez à rien». Il y a fort à parier que quelques générations plus tard l'humanité n'existerait plus. On objectera que l'on a qu'à prendre des décisions dont nous sommes absolument sûrs qu'elles seront positives. Le seul problème c'est que nous ne pouvons jamais le savoir sauf pour une infime minorité ce qui revient à peu près à ne rien faire... et à notre disparition programmée. Sans oublier les milliards de gens qui ne mangent pas à leur faim et meurent jeunes de maladies dues à la pauvreté. Allons donc leur expliquer que la vie n'est pas un risque et qu'il vaut mieux ne rien faire en attendant la mort...

La responsabilité et le respect des autres sont deux des principales valeurs que nous devons appliquer quotidiennement. Mais la responsabilité, ce n'est pas le pessimisme attentiste et le respect ce n'est pas la peur d'agir. C'est tout le contraire.

170. Nos dettes et les générations futures

Ceux qui parlent des dettes comme un fardeau pour les générations à venir ont une étrange conception de la politique et de la vie en société comme si ce que nous construisons aujourd'hui ne servira pas à ceux qui vivront demain. La malhonnêteté chez certains va même jusqu'à prétendre que les enfants qui naissent aujourd'hui ne bénéficieront jamais de la protection sociale qu'ils devront payer... Comme si la sécurité sociale n'était pas partie prenante dès la naissance, c'est-à-dire que le nouveau-né est soigné par un système de santé payé alors par ses parents... Comme si des parents en bonne santé et bénéficiant d'une protection sociale n'avait aucune importance sur la croissance de cet enfant. Et on pourrait continuer ainsi longtemps.

171. «Eux» et «Nous»

«Eux», ce sont les responsables de ce qui va mal. Et «Nous» sommes les victimes de ce qui va mal. Le manichéisme est bien établi. L'irresponsabilité aussi. Car il n'y a pas «Eux» et «Nous», il y a seulement des hommes et des femmes, dans tous les pays du monde démocratique, qui ont décidé de donner leurs pouvoirs à leurs représentants afin d'agir en leurs noms. Cela s'appelle la démocratie représentative ou, pour certains penseurs comme Sieyès, le système représentatif.

Ce n'est pas seulement une bataille de mots pour le plaisir de disserter. Si nous sommes dans un système représentatif, celui qui semble le mieux adapté à une société complexe où la division du travail et le partage des tâches sont une nécessité (non, nous ne pouvons pas être, à la fois, boulanger, boucher, épicier, agriculteur et chef de l'Etat!), nous ne sommes pourtant pas les victimes irresponsables des agissements de nos gouvernants comme nous voulons le faire croire quand tout va mal. Ni les victimes innocentes de méchants boursicoteurs ou de va-t-en-guerres dangereux. Car «Nous» avons du pouvoir mais nous ne voulons pas l'exercer. Et, au fil du temps, nous avons réclamé une plus grande émancipation vis-à-vis de la société (cela s'appelle l'autonomisation de l'individu) qui nous permet de nous créer une sorte de sphère indépendante et totalement égocentrique mais aussi une citoyenneté à mi-temps où nous ne nous occupons de ce que nous voulons et, non pas, de ce que nous devons. Car, contrôler nos gouvernants est le devoir des gouvernés. Il ne s'agit pas de leur donner un mandat impératif (où un gouvernant-mandataire ne peut prendre que des mesures précises que ses gouvernés-mandants lui ont donné) qui ne peut évidemment pas fonctionner dans un monde complexe où nous ne savons jamais de quoi est fait le lendemain et qui paralyserait le fonctionnement politique et de l'Etat mais de trois choses essentielles dans un système représentatif: nous tenir au courant, savoir pour qui on vote et contrôler le fonctionnement de nos élus.

Nous tenir au courant, c'est pouvoir s'informer librement et complètement. L'information libre (presse, audiovisuel, livres, débats, discussions, etc.) est la base grâce à laquelle le citoyen responsable sait pour qui il vote. Si nous ne savons pas ce qui se passe autour de nous, quels sont les problèmes, quelles peuvent être les solutions, alors nous ne sommes pas capables de savoir ce que nous voulons. Dès lors, nous voterons pour des gens qui ne défendrons pas nos points de vue mais qui nous proposerons les leurs auxquels nous ne pourrons qu'adhérer, même si c'est a minima, tout en ne sachant pas s'ils sont ou non bons pour nous.

Savoir pour qui on vote, ce n'est pas croire en telle ou telle personnalité politique. La croyance n'est pas, en matière politique, un fonctionnement rationnel. Bien sûr, nous n'éliminerons jamais ce facteur croyance mais il doit être supplanté par une analyse des capacités et des promesses faites par ceux qui nous demandent de les élire. Si ce travail était fait sérieusement, cela éliminerait beaucoup de démagogues et obligerait les politiques à un travail beaucoup plus sérieux et responsable. Cela nous permettrait aussi d'imposer un certain nombre de nos points de vue.

Mais, une fois que nous avons voté, notre «travail» de citoyen n'est pas fini comme le croient la plupart d'entre nous qui se muent alors en pauvres victimes irresponsables qui pestent devant des politiques qui ne prennent pas les bonnes mesures et qui permettent aux escrocs et aux criminels de pulluler autour de nous. Non, notre contrôle de citoyen libre et responsable commence pour éviter les dérives des promesses non tenues, de la corruption et du mauvais gouvernement. Nous pouvons intervenir en dénonçant les dysfonctionnements, les changements de cap, les erreurs, en proposant des solutions en étant, en fait, une vraie «opinion publique», c'est-à-dire responsable et capable d'une réflexion, imposant à nos élus de bien gouverner dans un bon gouvernement et dans la voie pour laquelle nous les avons installés au pouvoir. Et c'est tout à fait réalisable. Par exemple, en investissant le secteur associatif en créant des structures d'analyses, de contrôles et de propositions. Alors nous remplirons ce devoir de contrôle sans lequel le système représentatif ne devient qu'un système plébiscitaire où une caste politique se présente devant nous toutes les x années pour se partager des emplois comme n'importe quel demandeur d'emploi devant un patron mais un patron qui, ici, renoncerait ensuite à contrôler le travail de son employé en lui laissant faire ce qu'il veut…

Bien entendu, il est beaucoup plus confortable d'être une victime innocente qui ferme ses yeux, met du coton dans ses oreilles et se bouche le nez tout en ouvrant la bouche pour pleurer et se lamenter

sur son sort de cocue politique, sacrifiée sur l'autel des intérêts ma-
léfiques des «Eux», les méchants. Mais si nous avons un tant soit
peu d'amour propre, prenons-nous en d'abord à «Nous» avant
d'attaquer les «Eux» et travaillons à n'être pas de simples citoyens
mais des citoyens libres et responsables. Deux adjectifs qui font
toute la différence...

172. Augmenter la chance des enfants défavorisés

Il y a une évidence: tous les nouveaux nés n'ont pas la même
chance de réussir dans la vie. L'idée n'est pas de prendre la chance
de certains pour la donner aux autres mais bien d'augmenter la
chance des enfants vivant dans les familles les plus démunies sans
pour autant diminuer la chance des enfants vivant dans des familles
plus aisées. Si chacun a sa chance alors, en tant qu'adultes, ils devront s'assumer même si la société les aidera en cas d'accidents de
la vie.

173. Imposer des limites à la pauvreté pas à la richesse

La priorité n'est pas d'imposer des limites à la richesse mais à la
pauvreté. Peu importe le richissime si personne n'est «pauvris-
sime». C'est la pauvreté absolue qui doit être bannie de la terre.

174. Vivre avec les autres mais pas forcément parmi les autres

Nous devons vivre avec les autres mais rien ne nous oblige à vivre
parmi les autres. Ceci signifie en termes politiques que, évidemment, nous faisons partie d'une communauté dont nous devons
respecter les règles du vivre ensemble et donc les lois. En revanche, rien ne nous oblige à vivre parmi les autres, c'est-à-dire à
partager plus que ce que requiert notre devoir de citoyen, de
membre de cette communauté à laquelle nous appartenons. Cela
ne touche pas notre liberté ontologique mais uniquement la façon
dont nous devons l'utiliser puisque nous vivons avec les autres
c'est-à-dire dans une relation d'égalité qui n'est pas néanmoins
celle d'une logique communautariste, large ou réduite. Nous
sommes dans une logique de partage uniquement d'un certain
nombre de destinées présentes et futures.

175. Histoire: utilité pas stigmatisation

Le rôle de l'Histoire n'est pas de stigmatiser le présent par la mémoire mais de faire en sorte que le passé soit utile à la compréhension du présent et serve de leçon pour nos comportements présents et futurs.

L'Histoire ne doit pas ainsi servir à régler des comptes qui n'existent plus comme de stigmatiser un peuple à cause du comportement et des actes de ses aïeuls mais de tirer les leçons de ces actes et des faits en général.

La mémoire est faite pour interdire le retour de l'ignominie et de l'ignominieux, pas pour entretenir les haines et les ressentiments ainsi que les demandes de réparation aussi impossibles que ridicules et surtout indécentes.

176. Démagogie et populisme générés par la démocratie

La démocratie génère à périodes répétées des mouvements populistes et démagogiques plus ou moins structurés qui sont souvent la manifestation d'une incapacité de nombre de citoyens de vivre dans une société de liberté et de responsabilité.

177. La supercherie du bonheur, le «souverain bien»

Nous allons parler ici du bonheur – appelé «souverain bien» par Aristote et centre de toute discussion philosophique pour certains –, car il propose une vision globale de la vie en société.

Qu'est-ce que veut l'être humain? L'idée que le bonheur est la pierre angulaire de tout désir humain vient d'une constatation a priori simple des premiers philosophes. Ainsi si l'on demande à l'être humain ce qu'il veut, il répondra naturellement, «Mon bonheur et celui des gens que j'aime». Personne ne déclarera «Je cherche le malheur», c'est-à-dire le contraire de ce que je considère être ce que je désire. Cependant, cette constatation doit être immédiatement tempérée par une autre. En effet, si l'on demande à l'être humain si ce qu'il espère obtenir sur terre est un état parfait de plénitude (en lui expliquant ce que signifie philosophiquement parlant le bonheur), il répondra par la négative en indiquant qu'il cherche simplement le mieux qu'il peut obtenir de cette vie. De ce fait, il indique, non pas qu'il ne voudrait pas du bonheur si celui-ci existait, mais qu'il ne croit pas qu'il soit atteignable tel qu'il est défini par la philosophie et qu'il connaît plus ou moins les réalités de la vie. L'être humain adopte ici une vision raisonnable de la vie. Néanmoins, il estime également – largement conditionné par les idéologies dominantes – que le mieux peut être toujours amélioré qualitativement et quantitativement. D'où la résurgence de l'idée de bonheur et, surtout, de son appropriation au niveau politique, niveau qui nous intéresse dans notre démonstration. Car, quel autre concept a-t-il plus de chance d'être mis en avant pour obtenir le droit de la part des êtres humains de les gouverner et leur obéissance?

L'être humain depuis qu'il existe cherche la meilleure vie possible. Et si le paradis sur terre existait, gageons qu'il souhaiterait bien y habiter. De ce point de vue, l'idée de bonheur et sa recherche n'est pas une supercherie. Que les communautés, depuis que les humains se sont organisés entre eux, soient dans une quête du bonheur est également compréhensible même si elle est inatteignable. Il y a donc une certaine compréhension lorsque l'on constate que l'être humain, individuellement, et surtout, la communauté, collectivement, ont fait de cette quête leur principal objectif.

Dès lors, on l'a bien compris, la supercherie dangereuse c'est lorsque le politique propose cette quête du bonheur comme unique objectif à la communauté tout en sachant que, non seulement celui-ci est inatteignable mais que celle-là provoque des tensions, des crises et des affrontements sans fin du fait même des caractéristiques du bonheur et que l'espèce humaine pourrait avoir des quêtes plus sensées, réalisables et aux résultats plus probants.

Précisions que ce terme de bonheur sera utilisé pour désigner toutes les notions voisines qui se réfèrent à la recherche et à la possibilité de trouver un accomplissement total et sans faille, dans un état de plénitude continuel et sans être touché par aucun événement contraire ou négatif qui remette en cause cet état, notions que nous proposent les sociétés, ainsi que leurs idéologues, comme buts à atteindre.

Attention, il ne faut pas confondre le bonheur, état d'une durée infinie et des instants de joie que certains ont tendance à qualifier d'instants de bonheur qui, eux, existent bien et peuvent être de durées différentes, courtes ou longues. Car, par définition, le bonheur ne peut pas être une séquence temporelle définie.

Et, avant d'aller plus loin dans la démonstration, j'affirme même que si le bonheur pouvait exister, il serait plus dangereux qu'autre chose comme ciment social. En effet, il s'agit d'une notion fondamentalement égoïste qui ne fait qu'opposer les êtres humains entre eux, la recherche du bonheur se faisant contre celle de l'autre et ce bonheur se bâtissant inexorablement sur le malheur d'un autre. Une société où la possibilité d'acquérir le bonheur existerait réellement, serait infiniment violente. Il suffit de voir la violence développée par celles qui proposent de l'acquérir pour s'en convaincre...

Le bonheur, explicitement ou non, est au cœur de toutes les idéologies politiques anciennes et modernes, de tous les programmes des partis politiques, de toutes les professions de foi de ceux qui veulent gouverner aux destinées soit de quelques hommes et femmes, soit de toute l'Humanité.

La notion de bonheur a été introduite dans nos systèmes de références pratiquement au même moment où naissait la philosophie dans les cités grecques. Et celui qui en a été le plus grand propagandiste fut Aristote. Dès lors, le bonheur s'est instauré comme une sorte de valeur étalon pour juger de notre état individuel.

Puis, le XVIII° siècle a ajouté deux éléments déterminants au bonheur en le faisant passer d'un caractère strictement individuel à un caractère collectif et en lui donnant un aspect essentiellement (mais pas uniquement) matériel. La Révolution française accentuera ce passage de l'individuel au collectif.

Ainsi, les textes fondateurs de deux des principaux systèmes politiques existants en ce XXI° siècle font expressément références au bonheur. C'est d'abord le cas de la déclaration des droits de l'homme et du citoyen du 26 août 1789, en France, toujours en vigueur dans la Constitution de la V° République, qui parle du «bonheur de tous» (La Constitution de 1793 allait plus loin puisque son préambule contenait l'affirmation suivante: «(...) Afin que le peuple ait toujours devant les yeux les bases de sa liberté et de son bonheur...» et, surtout, son article premier était libellé comme suit: «Le but de la société est le bonheur commun»). De même, la déclaration d'indépendance des Etats-Unis d'Amérique affirme très clairement que, parmi «les droits inaliénables» de l'homme, se trouve «la recherche du bonheur».

Même si le bonheur a investit le champ politique stricto sensu, il reste néanmoins et avant tout un état individuel, notamment pour l'ensemble des idéologies modernes dominantes (issues massivement des révolutions américaines et françaises ainsi que des théories des philosophes qui ont été leurs inspirateurs). Ce que ces régimes politiques affirment pouvoir offrir sont les conditions à son accomplissement. Mais cela revient au même. Offrir les conditions d'accomplissement du bonheur, c'est reconnaître que le bonheur existe, c'est proposer le bonheur comme but à atteindre.

Cette recherche du bonheur tente ainsi de gommer la réalité de la vie terrestre. Ce qui empêche toute société qui en a fait son but, d'offrir le mieux possible à chacun de ses membres. Car, pour parvenir à cette offre, nous devons d'abord nous comporter en être lucides. Que nous ne vivions uniquement cette vie ou que celle-ci soit un passage, un épisode – voire plusieurs –, un purgatoire ou une punition, nous devons la regarder en face, avec tous ses bienfaits, mais également tous ses maux et ses malheurs.

Dès lors, cette recherche d'un graal qui n'existe pas, ne nous permet pas de vivre le mieux possible. Car nous courons vers un but qui n'existe pas, nous nous épuisons à vouloir acquérir une chimère! Les êtres humains sont devenus des insatisfaits chroniques, il nous manque toujours un quelque chose, que l'on soit le plus pauvre ou le plus riche du monde, que l'on soit le plus insouciant ou le plus préoccupé, que l'on soit en bonne ou mauvaise santé. Ce quelque chose que la vie sur terre, considérée comme une recherche du bonheur, ne peut nous apporter.

De quoi peut être fait le bonheur? D'un contentement de tous les instants, d'un état de joie émanant de la réalisation complète et totale de tous ses désirs et de toutes ses envies, que l'on a tout ce que peut nous apporter la vie terrestre et même plus. Cela suppose la préexistence des valeurs comme la liberté, la paix, le respect, l'égalité, la justice, ainsi que d'états comme la jouissance matérielle, le contentement affectif et amoureux. (Pour le dictionnaire usuel, le bonheur est «un état de complète satisfaction, de plénitude»)

Pourtant, cet essai de définition est encore réducteur. Car, comme le précise Kant, «Le concept du bonheur est un concept si indéterminé, que, malgré le désir qu'à tout homme d'arriver à être heureux, personne ne peut jamais dire en termes précis et cohérents ce que véritablement il désire et il veut. La raison en est que tous les éléments qui font partie du concept du bonheur sont dans leur ensemble empiriques, c'est-à-dire qu'ils doivent être empruntés à l'expérience; et que cependant pour l'idée du bonheur un tout absolu, un maximum de bien-être dans mon état présent et dans toute ma condition future, est nécessaire. Or, il est impossible qu'un être fini, si perspicace et en même temps si puissant qu'on le suppose, se fasse un concept déterminé de ce qu'il veut ici véritablement. (...) Il n'y a donc pas à cet égard d'impératif qui puisse commander au sens strict du mot, de faire ce qui rend heureux, parce que le bonheur est un idéal, non de la raison, mais de l'imagination, fondé uniquement sur des principes empiriques, dont on attendrait vainement qu'ils puissent déterminer une action par laquelle serait atteinte la totalité d'une série de conséquences en réalité infinie...»

On peut ajouter à cette définition, que le bonheur est également et surtout une notion qui s'impose à l'homme et à la femme, non pas naturellement, mais par la norme, par l'éducation. Car, que nous recherchions instinctivement le bien être, ne suffit pas à donner au bonheur cet aspect normatif. Il faut donc que la pression sociale impose l'idée de bonheur et l'impose comme la quête principale de notre existence.

La notion de bonheur est, donc, à la fois suggérée à l'individu par la société, mais fonctionne également comme une autosuggestion de l'individu, lorsque celui-ci doit déterminer sa place dans cette même société, qui lui fait miroiter l'existence de ce bonheur et sa possible recherche.

Reste que, si l'on ne peut définir le bonheur, s'il est impossible de préciser ses contours, alors, promettre son établissement ou faire croire qu'il peut exister n'est qu'une manière de détourner les populations des vraies objectifs à atteindre, cette réalisation de soi pour chacun de nous et celles de ceux que l'on aime.

Faire rechercher ce qui ne peut exister (d'ailleurs, la plupart même des défenseurs du bonheur soutiennent, in fine, qu'il s'agit plus d'un idéal que d'un but réel) revient à détourner les gens de ce qu'ils peuvent atteindre. La recherche du bonheur est donc la pierre angulaire d'un système d'aliénation.

Le bonheur fonctionne dès lors comme une arme sociale. Il doit être un état qui permet à une société de se préserver en tant qu'organisation normative et répressive (d'où son aspect de régulation sociale et politique). Kant dans les «Fondements de la métaphysique des mœurs» ne dit rien d'autre lorsqu'il écrit que «Assurer son bonheur est un devoir (au moins indirect) car, le fait de ne pas être content de son état (...) pourrait devenir aisément une grande tentation d'enfreindre ses devoirs.» Et dans son ouvrage «De l'utilitarisme» John Stuart Mill de préciser, «C'est un fait que le bonheur de chacun est un bien pour chacun, et que le bonheur général est un bien pour tous». Quant à Albert Camus, il estime que «Le bien public est fait du bonheur de chacun».

Un bonheur qui, comme le fait justement remarquer Oliveira Salazar, dans ses «Principes d'action», peut alors légitimer toutes les oppressions des pouvoirs en place: «On a déjà vu des Etats, des régimes, sacrifier totalement l'homme, qui représente sur la terre la seule parcelle d'infini, à l'objectif inaccessible d'un 'bonheur national'». Le XX° siècle a été particulièrement éprouvé dans ce domaine...

Alors, sans doute, il faut toujours garder à l'esprit la profession de foi lyrique de Johann Fichte dans «De la revendication de la liberté de penser»: «Déclarez la guerre la plus implacable à ce premier préjugé d'où dérivent tous nos maux, à ce fléau qui cause toute notre misère, à cette maxime enfin que la destination du prince est de veiller à notre bonheur. Poursuivez-la, à travers tout le système de notre savoir, dans tous les recoins où elle se cache, jusqu'à ce qu'elle ait disparu de la terre et qu'elle soit retournée dans l'enfer où elle est sortie. Nous ne savons pas ce qui peut assurer notre bonheur: si le prince le sait, et s'il est là pour nous y conduire, nous devons suivre notre guide les yeux fermés. Aussi fait-il de nous ce qu'il veut, et, quand nous l'interrogeons, il nous donne sur sa parole que ce qu'il fait est nécessaire à notre bonheur. Il passe une corde au cou de l'humanité et s'écrie: 'Allons, tais-toi, tout cela est pour ton bien'.»

De même, on peut se poser la question de savoir pourquoi la société matérialiste moderne représente-t-elle la quintessence de la société du bonheur? Tout simplement parce que l'unique voie pour atteindre ce pseudo-bonheur passe par la propriété et avant tout par la propriété (ce qui ne veut pas dire, dans l'absolu, que la propriété aboutit systématiquement à cette configuration). En effet, le bonheur matérialiste demeure pratiquement la seule justification de nos sociétés modernes et de leurs idéologies du bonheur. Posséder est un acte essentiellement individualiste, surtout égocentrique, voire égoïste, ce qu'est le bonheur. Or, plus on possède, dans une société matérialiste, plus on est soi-disant proche du bonheur. D'autant que, pour tout ce qui n'est pas matérialiste, nos sociétés sont incapables d'apporter le bonheur (ou sont étrangères aux moments de joie que nous ressentons et que nous appelons improprement moments de bonheur).

A noter que l'idée de bonheur s'est propagée d'autant plus facilement que le progrès technique et scientifique couplé avec une expansion économique ont pu faire croire que l'humanité pouvait s'affranchir de tout, même de la mort.

De même, ferait-on la guerre pour la recherche du bonheur? Oui, si l'établissement de son bonheur dépend de l'anéantissement du bonheur de l'autre, une des causes majeures des guerres tout au long de l'histoire de l'humanité. Le bonheur des uns s'acquièrent souvent sur la destruction du bonheur des autres (ici, on ne parle pas d'un bonheur effectif, qui n'existe pas, mais de la notion de ce bonheur).

Postface

Questions dérangeantes

Par quel hasard extraordinaire ou quel plan, la démocratie fait élire les meilleurs? Comment les médiocres peuvent-ils élire les meilleurs? Plus généralement, comment les médiocres peuvent-ils reconnaître les meilleurs?

Une «proto-question» pourrait être: Pourquoi se pose-t-on des questions? La réponse pourrait être, parce que on se pose des questions est une évidence. Est-il nécessaire d'y répondre? Voilà une question plus compliquée où la culture chinoise a répondu par la négative et la culture occidentale par un oui.

Comment un peuple peut-il être le produit de son histoire qu'il ne connaît pas? Comment ce peuple peut-il être façonné par un passé dont il ne connaît souvent presque rien et que ce qu'il en connaît n'est qu'images d'Epinal? Comment, par exemple, les peuples occidentaux ont-ils été façonnés par la découverte de l'heure et l'invention de l'horloge? Aujourd'hui, l'architecture de notre vie sociale en dépend mais qui le sait?

A partir de quel moment et de quel droit l'Etat (ou la collectivité) peut protéger l'individu contre lui-même, lui dénier son libre arbitre et sa liberté?

L'être humain a-t-il le devoir d'assister ses semblables?

Devant la complexité de l'organisation de la vie en société au niveau national et mondial, faut-il une politique du laisser faire ou une politique planifiée? Faut-il s'en remettre à une «main invisible» ou demander la main des pouvoirs publics? Faut-il donner l'initiative à la société civile ou à l'appareil étatique? Faut-il faire un mix des deux approches dans un pragmatisme constamment renouvelé?

Ces questions supposent déjà un consensus au sein des populations concernées. Faut-il alors une démocratie ou une dictature? Faut-il une démocratie représentative ou directe?

Si l'on choisit une souveraineté populaire avec la médiation de la représentativité, comment faire pour que les demandes souvent antinomiques, contradictoires et paradoxales du peuple ainsi que l'incapacité des représentants à des remises en question puissent se rencontrer pour construire un consensus?

Comment, dans une société de «communication», où l'importance des choses est, le plus souvent, déterminée par leur impact médiatique, faire en sorte que la hiérarchie des faits et des questions se fassent dans une rationalité et dans une efficacité au détriment du spectaculaire et de l'anecdotique? Comment concilier croissance économique, progrès social, protection environnementale, redistribution sociale nationale et internationale, sécurité et liberté, commerce mondial et protection?

Est-il possible d'organiser la société ou est-ce un leurre? Est-il possible d'organiser le monde? Est-il possible de faire comprendre à l'être humain que le progrès n'est peut-être pas un élément toujours positif et, qu'en tout cas, il n'est pas toujours quantifiable sur une échelle d'accumulation de biens (mais sur une qualité de vie indépendante de cette accumulation) alors que la grande majorité de la population mondiale n'a rien et que ceux qui n'arrivent pas à joindre les deux bouts sont encore nombreux dans les pays les plus développés?

Est-il possible, dans les démocraties représentatives, de mener des politiques à long terme, seules capables de préparer l'avenir le plus efficacement possible, alors que le temps électoral et médiatique ne peut que concevoir des politiques à court, voire à très court terme? Est-il possible de réactiver la décision politique dans un environnement global où le politique a donné son pouvoir à l'économique et que celui-ci, désormais, contrôle sa propre sphère d'intervention mais aussi celui du politique dans une large mesure ainsi que celui du social et du culturel?

La recherche d'une société plus équitable, plus solidaire n'est-elle qu'une chimère qui ne peut que se développer dans un pays ou une région du monde que lorsque l'on se trouve dans une période de croissance économique et de domination économique vis-à-vis des autres pays ou des autres régions du monde?

Si l'on n'a pas assez pour tout le monde, qui doit en pâtir? Si l'on a assez pour tout le monde, est-il possible de faire une redistribution effective? Si les pauvres d'ailleurs font notre richesse, devons-nous nous appauvrir pour qu'ils s'enrichissent? S'il n'y en a pas pour tout le monde, peut-on éviter une guerre?

La démocratie et l'efficacité politique sont-elles conciliables? La démocratie et l'efficacité économique sont-elles conciliables? Toute dictature ne servant qu'à protéger des clans ou des parties de la population, n'est-elle pas inconciliable avec l'efficacité économique et politique?

Une société a-t-elle besoin de règles morales ou seulement d'un système «amoral» qui produit des règles permettant uniquement de vivre ensemble et de faire fonctionner la machinerie économique et économique sans aucune référence à la morale?

Tout demeurant imparfait, est-il souhaitable d'organiser ce tout ou ses parties? Ou est-il possible que «l'auto-organisation» de la société humaine, cette sorte d'organisation «naturelle» soit la meilleure organisation possible? Pourtant, dans certains domaines, notamment l'environnement, il semble que sans organisation étudiée et planifiée, notre monde présent et à venir court à sa perte, comment l'en empêcher si rien n'est réellement organisable?

Trouver des réponses à toutes ces questions permettrait-il de construire un monde meilleur? Ou devons-nous nous en remettre à une sorte de «sagesse» supra-humaine, une «meta main invisible»?...

Annexe

Amouropolis
Quintessence civilisatrice

Avertissement: J'ai décidé de publier en annexe de Métapolis, ce texte sur Amouropolis. Il s'agit d'extraits d'une recherche et d'une thèse sur ce que pourrait être la meilleure société possible, une société de l'Amour, c'est-à-dire basée sur la valeur Amour.

Il s'agit bien évidemment, en l'état d'une utopie mais ce que j'appellerais une utopie réalisable c'est-à-dire qui pourrait devenir réelle au cas où les êtres humains travailleraient véritablement à la mettre en place. Mais il y a du travail à faire.

Ce n'est pas le cas aujourd'hui et ce ne sera peut-être jamais le cas. Cependant ce texte éclaire certaines idées et affirmations faites dans Métapolis (certaines venant directement de ce texte et que j'ai insérées dans celui de Métapolis). C'est la raison pour laquelle je le propose aux lecteurs.

Je leur livre donc pour qu'il soit un élément de leur réflexion critique. Attention toutefois à ne pas faire de contresens. Si des contradictions existent entre Métapolis et Amouropolis, c'est normal parce qu'elles ne sont pas des sociétés de même type, de mêmes caractéristiques. Métapolis est applicable immédiatement et a été conçue pour cet objectif. Ce n'est absolument pas le cas pour Amouropolis qui est une réflexion sur ce que devrait être la meilleure société possible que les hommes pourraient bâtir si les conditions étaient réunies pour.

Introduction

La Nuit aux ailes noires
Déposa un œuf né du vent
Dans le sein du sombre et profond Erèbe.
Et tandis que passaient les saisons,
Vint celui que tout attendait,
L'Amour aux ailes d'or étincelantes.
(Aristophane)

Chantre parmi d'autres de la hip-génération de la fin des années soixante, Timothy Leary prétendait que «dix hommes qui s'y donneraient à fond pourraient changer cette planète en un an». Sans doute que, depuis l'aube de l'humanité, l'on n'en a pas trouvé dix réellement motivés... Plus sérieusement et, surtout, plus déconcertant, est de trouver des milliards de femmes et d'hommes qui ne se révoltent pas de leur existence, dans des sociétés où ils comptent pour si peu, et qui demeurent sans réaction à subir une condition au minimum difficile et des injustices. Nombre d'observateurs ont été interpellés par le mystère de cette réelle apathie du genre humain. Pour caractériser ce comportement, l'écrivain américain Henry Miller évoquait un état second, une absence de lucidité, en prétendant que «Si nous étions tout à fait éveillés, nous serions immédiatement frappés par les horreurs qui nous entourent... nous lâcherions nos outils, nous quitterions nos emplois, nous refuserions de payer nos impôts, d'obéir aux lois, de remplir nos engagements, etc. Est-ce qu'un homme et une femme, vraiment éveillés, pourraient faire les folies que l'on attend d'eux chaque jour et à chaque instant».

De même, une fascination incrédule mortifia, dans les rues du Paris de la fin du XIX° siècle, l'esprit provincial d'un jeune promeneur âgé seulement d'un peu plus de vingt ans. Jean Jaurès n'était pas encore cet homme politique socialiste. Mais on comprend le sens de son engagement à venir en lisant ses impressions d'alors : «Je fus saisi, un soir d'hiver, dans la ville immense, d'une sorte d'épouvante sociale. Il me semblait que les milliers et milliers d'hommes qui passaient sans se connaître, foule innombrable de fantômes solitaires, étaient déliés de tous liens. Et je me demandais avec une sorte de terreur impersonnelle comment tous ces êtres acceptaient l'inégale répartition des biens et des maux, et comment l'énorme structure sociale ne tombait pas en dissolution. Je ne leur voyais pas de chaînes aux mains et aux pieds, et je disais: 'Par quel prodige ces milliers d'individus souffrants et dépouillés subissent-ils tout ce qui est?'... La chaîne était au cœur, la pensée était liée, la vie avait empreint ses formes dans les esprits, l'habitude les avait fixées. Le système social avait façonné des hommes, il était en eux, il était en quelque façon devenu leur substance même, ils ne se révoltaient pas contre la réalité parce qu'ils se confondaient avec elle. Cet homme qui passait en grelottant aurait jugé sans doute moins insensé et moins difficile de prendre dans ses deux mains toutes les pierres du grand Paris pour se construire une maison, que de confondre le système social, énorme, accablant et protecteur, où il avait, en quelque coin, son gîte d'habitude et de misère.»

Considérant cette apathie humaine, cette résignation apparente, les questions qui se posent au début ici sont simples. Peut-on changer positivement le cours de la vie des êtres humains ou ces sociétés dans lesquelles nous vivons ne sont-elles pas la réalité indépassable de nos existences? Peut-on bâtir une nouvelle communauté qui soit enfin réellement dédiée aux femmes et aux hommes qui peuplent cette planète? Peut-on imaginer de nouveaux rapports sociaux entre les êtres humains? Y a-t-il même un intérêt à cela? Peut-être qu'il n'existera jamais les volontés nécessaires pour bâtir une vraie société humaniste. Peut-être que l'on ne réunira jamais ces dix femmes et hommes dont l'Humanité aurait tant besoin. En revanche, il existe une solution alternative au cas où les êtres hu-

mains le souhaitent. Et ce «au cas où» est, bien entendu, fondamental. C'est le but de cet écrit de la présenter et de l'expliquer.

Celui-ci souhaite définir le cadre ainsi que les éléments fondateurs
et constitutifs, de la seule société capable de créer la meilleure
harmonie entre les êtres humains sur Terre. Cette société, on peut
la baptiser la «meilleure société possible». Un concept à l'opposé
de celui d'une «société parfaite». Cette dernière, qui a fait noircir
des centaines de milliers de page n'est qu'un leurre. Elle n'existe
pas et ne pourra jamais exister. Seule une «meilleure société possible» est réalisable. Et celle-ci est et ne peut être que la Société de
l'Amour, Amouropolis.

Grâce à une société de l'Amour, le monde pourrait changer, réellement. Il pourrait devenir, pour la première fois de son histoire, respectueux de l'être humain, entendu d'abord comme concept em-
blématique, mais également de tous les êtres humains, indistincte-
ment, ce qui implique que tous les êtres humains seraient alors respectueux les uns des autres. Cette société de l'Amour ne requiert
que de la bonne volonté. Elle n'a aucunement besoin, pour exister,
d'hommes et de femmes d'exception, qu'ils soient ou qu'ils doivent
devenir des surhommes (même au sens nietzschéen) ou des lea-
ders. Mais elle a besoin d'êtres humains égaux dans leur existence
sociale – chacun ayant, bien entendu, sa différence, sa personnalité
unique, son inégalité individuelle, son unicité –, qui souhaitent vivre
ensemble, qui désirent vivre dignes et libres en partageant les richesses, toutes les richesses, spirituelles et matérielles que nous
offre cette existence terrestre, dans le respect de l'autre ainsi que
dans l'amour de la vie.

Pourquoi Amouropolis, pourquoi une société de l'Amour? Parce que
l'Amour, évidemment, est le lien, la valeur la plus importante, celle
qui fonde toutes les autres et les explique du même coup, mais également le moteur du comportement humain. L'amour – qui est la
recherche évidente de toute personne – est à la base de tous nos
actes, est la motivation première de ceux-ci, même si l'absence
effective d'amour dans nos sociétés et souvent sa négation même
par les pouvoirs en place, puissent aboutir à ce que cette demande
non-satisfaite d'amour se transforme en agressivité. Cette recherche individuelle va de pair avec la recherche collective d'une
société respectueuse de l'humain. L'une ne va pas sans l'autre. Car

la recherche individuelle de l'amour ne peut s'épanouir que dans le cadre d'une société respectueuse de l'être humain. Donc, l'amour individuel ne peut se réaliser pleinement que dans le cadre d'une société qui reconnaît à l'amour sa vraie place, la première.

Quelle signification, quel intérêt aurait la vie sur terre sans présence de l'Amour? Aucune. C'est donc, tout naturellement que l'Amour est la valeur suprême. Une valeur qui est la seule à pouvoir revendiquer légitimement d'être la «quintessence civilisatrice», celle qui changera réellement en profondeur la vie sur terre. D'où le titre de cette réflexion, «Amouropolis, la quintessence civilisatrice». Car, jusqu'à présent, l'Amour a toujours était rejeté à la périphérie de nos sociétés. Cette valeur universelle est l'Amour avec un grand A et non de l'amour. Il ne s'agit pas d'échafauder une distinction superficielle, fallacieuse et dérisoire, en affublant un même terme d'une majuscule ou d'une minuscule. Amour n'est pas amour, voilà tout. L'explication s'en trouve tout au long de ce petit traité.

Cette approche peut sembler quelque peu utopique. Même si c'était le cas, il ne faut jamais oublier que l'utopie possède une fonction sociale primordiale, celle de donner, à la fois, un idéal mais également un modèle à suivre et à atteindre à tous les êtres humains. Par utopie, il faut entendre, ici, la construction imaginaire d'une société idéale. Lorsqu'il y a absence d'utopies, il y a souvent absence d'espoir dans l'avenir mais également dans le présent. Bien sûr, il n'est pas question de faire ici l'éloge ultime de l'utopie. D'une part, parce qu'il s'agit de donner les éléments afin de bâtir une société réelle, pouvant réellement fonctionner. D'autre part, parce que les utopies n'ont pas toujours été, loin de là, à l'origine d'avancées humaines et de la mise en place d'idées humanistes. On a beaucoup tué et opprimé au nom d'utopies, il ne faut pas l'oublier. On a également beaucoup écrit d'âneries, voire, plus grave, de propos de haine et d'exclusion, de propos de domination et de violence. Reste que l'utilisation de celles-ci par des êtres humains n'aboutit pas à ce qu'elles soient, a priori, mauvaises. Une société sans utopies «positives» n'est pas une société qui recherche l'épanouissement de la collectivité et de chaque individu qui la compose, qui, a fortiori, recherche l'Amour. Bien évidemment, tout le travail des êtres humains consiste à tenter de se rapprocher de l'utopie qu'ils poursuivent et, pourquoi pas, un jour à la réaliser. Tout cela est le contraire du renoncement, mais aussi du simple rêve d'un monde meilleur, de ce rêve stérile qui ne serait relayé par aucune action concrète, aucun engagement de vie.

La dualité espoir (rêve) - action, à l'origine de toute volonté humaine de changer notre environnement, est une nécessité, un impératif. D'autant que, sans elle, aucune civilisation ne pourra réellement avancer vers le respect, la tolérance et la solidarité envers et entre ses membres. La «disparition» ou, plus certainement, l'effacement des utopies ont toujours abouti, aux époques où elles eurent lieu, à l'élaboration d'un monde dans lequel l'unique recherche de sens des femmes et des hommes qui y vivent, consiste en une accumulation effrénée de biens matériels et/ou de pouvoir. Cette accumulation toujours plus importante caractérise des sociétés dont les références au divin mais, aussi et surtout, à l'être humain, en tant que sujet essentiel et central, d'où tout émane et vers qui tout tend, disparaissent de plus en plus. Dès lors, nous avançons vers des sociétés «des-humanistes», même si, paradoxe d'apparence, elles prétendent le contraire en se positionnant comme des sociétés du bonheur humain (mais, nous le verrons, le bonheur est une notion fort éloignée de l'humanisme).

Amouropolis recèle aussi, comme les autres sociétés, sa part d'utopie en elle. Cependant, cette société de la quintessence civilisatrice est, non seulement souhaitable «humanistement» parlant, mais possible, il ne s'agit pas d'un but inaccessible et inatteignable, encore moins d'une chimère pour doux rêveur. D'autant qu'il ne s'agit pas de bâtir une société parfaite sans lien avec le réel mais, justement, d'édifier la «meilleure société possible», c'est-à-dire d'établir une théorie qui prend en compte les réalités de la vie sur terre et qui ne prétend pas que les êtres humains sont parfaits ou doivent le devenir pour vivre dans cette société. De ce point de vue, il ne s'agit pas d'une utopie.

Nous devons asseoir nos sociétés sur de nouvelles valeurs, en s'appuyant sur une valeur suprême, l'Amour. Ces valeurs sont celles qui doivent présider, pour l'éternité, aux rapports entre les individus d'une même planète, si ceux-ci sont désireux de bâtir, ensemble, une société harmonieuse, s'ils veulent mettre en route, entreprendre, puis achever Amouropolis. Cette thèse découle avant tout d'un constat sur la possibilité, pour les êtres humains, grâce à leurs capacités, de pouvoir bâtir la «meilleure société possible» dont tout concoure à démontrer que celle-ci ne pourra que posséder les caractéristiques et la physionomie décrites dans cet ouvrage. Cette conviction se nourrit auprès d'une réalité que l'on peut qualifier d'incontournable dans le sens où elle existe et existera toujours, quoique les femmes et les hommes feront. Dès lors, il n'est guère besoin d'être ou non un adepte ou un défenseur d'Amouropolis pour affirmer qu'elle est la «meilleure société possible» et la présenter comme telle.

La constatation que la «meilleure société possible» ne peut être qu'Amouropolis, une société de l'Amour découle ainsi d'un cheminement intellectuel, d'une étude historique, d'un constat sociopolitique et d'une vision rationnelle au sens où elle est issue de tout un processus d'analyse des faits et de la réalité pour bâtir la meilleure organisation sociale possible, celle où les êtres humains trouveront le meilleur de ce qu'ils peuvent obtenir en commun, ce qui implique que ce soit le meilleur qu'ils puissent obtenir individuellement. Attention, cependant, le meilleur ne veut pas dire le «plus» comme les sociétés reposant uniquement ou essentiellement sur des valeurs matérialistes le prétendent.

Amouropolis n'est pas née, non plus, sur un désert de la pensée. Elle s'est nourrit des travaux de nombreux écrivains, philosophes, théologiens, sociologues et autres spécialistes. De Platon à Jankélévitch, de Saint-Augustin à Teilhard de Chardin, en passant par Aristote, Ovide, de Clairveaux, Malebranche, Descartes, Schelling, Comte, Kierkegaard, Tolstoï, Weill, de Rougemont et bien d'autres, ceux-ci ont parlé, avec talent, de l'amour, des amours, moins souvent, cependant, de l'Amour au sens où il est présenté ici. De même, d'importants travaux ont été menés sur l'amour sexuel, sur les relations entre celui-ci et les structures de la société, par exemple Wilhelm Reich avec sa révolution sexuelle mais aussi Charles Fourier avec ses écrits sur l'amour et sa société libérée sexuellement. Ce sont, bien sûr, des apports importants (même si ces deux auteurs ont produit également quelques divagations qui ont permis à certains de détruire et de ridiculiser l'ensemble de leurs œuvres) mais qui ne recouvrent pas le champ d'action d'Amouropolis dans toute son étendue. Néanmoins, ils apportent, dans le domaine de l'amour physique, du sexe, des réflexions dont l'importance n'est pas à démontrer. Il convient de ne pas oublier, non plus, la contribution, tant idéologique que dans sa pratique, du mouvement hippy qui a imprégné la fin des années soixante et le début des années soixante-dix du XX° siècle, mouvement qui mettait au centre de son organisation l'amour en réaction à une vision matérialiste des sociétés d'alors (une de ses maximes étant «Ce n'est pas la couleur de ta peau, mais celle de ton cœur qui est importante!»). Evidemment, tout n'a pas été positif dans ce mouvement, très tôt récupéré et dont l'idéologie a mené certains vers quelques rivages ô combien condamnables. Mais, comme l'écrivait l'historien Arnold Toynbee à propos des hippies, «Leur maître-mot, c'est l'amour». De ce point de vue, ils ont été, comme d'autres communautés en d'autres temps, des précurseurs d'Amouropolis. Et, même s'ils sont demeurés marginalisés et si leurs échecs ont été nombreux, ils ont démontré que l'on pouvait prétendre mettre l'amour au centre des rapports entre les personnes et l'Amour comme étalon de la vie en communauté.

Enfin, il y a bien sûr Jésus et le Christianisme qui se définit comme une religion de l'Amour. Il ne s'agira pas ici de faire une étude exhaustive de la religion chrétienne. Il faudrait des milliers de pages et ce n'est pas le sujet de cet ouvrage. De l'existence des premières communautés dans les premiers siècles de notre ère – qui demeurèrent assez fidèles aux paroles de Jésus – jusqu'à la première évangélisation armée menée par Charlemagne ou l'Inquisition et les multiples compromissions des églises officielles, le message d'Amour qui était sensé être véhiculé par le Christianisme a subi de nombreuses altérations, en se perdant même, parfois, dans les poubelles de l'Histoire. Nous reviendrons dans le corps de cet ouvrage sur cette importante question des similitudes et des différences entre Amouropolis et la religion d'Amour, d'autant que le Christianisme s'est répandu dans le monde entier, imprégnant – malheureusement souvent en surface – celui-ci des idées de respect, de tolérance et de solidarité. Tout juste, une précision: il y a des différences au-delà de similitudes évidentes mais, surtout, une différence de degré en ce qui concerne le message de Jésus (et non le christianisme, différenciation importante), celui-ci ayant placé la barre très haut, dans une perspective qui est bien plus ambitieuse qu'Amouropolis dont la finalité n'est pas une sorte de perfection mais, encore une fois, la «meilleure société possible». De même, le «christianisme officiel» s'est souvent perdu dans les méandres du pouvoir et dans une idéologie répressive qui n'a plus rien à voir avec le message dont il se disait dépositaire.

Si de très nombreuses pages ont été noircies sur l'amour, il n'existe pas ou peu de transposition des idées philosophiques débattues et présentées au plan politique, au niveau d'une société de l'Amour. Voilà donc où l'on pourrait trouver une des originalités de cet ouvrage. Car celui-ci n'a pas pour but d'entrer dans les méandres de la psychologie individuelle (ni de son avatar la psychanalyse), ni même dans les discussions philosophiques stricto sensu des rapports à autrui, de l'altérité, des relations entre deux individus (même s'il en sera question) ou métaphysiques et religieuses. Il se situe à un autre étage, celui de la globalité, celui des mécanismes permettant de faire fonctionner la vie en société, celui de la science politique et de la philosophie politique, au sens de l'organisation de la cité. Il ne s'agit donc pas, non plus, d'entrer dans les détails de la relation altruiste, de la reconnaissance et du respect de l'autre comme morale individuelle (aussi importantes que ces questions soient et qu'elles aient un rapport évident avec Amouropolis). Non, il s'agit uniquement de démontrer que la «meilleure société possible» ne peut être fondée que sur un tissu relationnel issu de cette relation altruiste, de la reconnaissance et du respect de l'autre mais comme comportement social, comme fondement social.

Dernière précision. Les conditions n'ont jamais été réunies jusqu'à présent pour qu'Amouropolis voie le jour. Malgré tout, il ne faut pas sous-estimer, a contrario, la capacité de compréhension des femmes et des hommes qui devront se rendre compte, un jour ou l'autre, que l'Amour est le lien social incontournable s'ils désirent vivre libres, en paix, solidairement et dans la tolérance. Devant la misère, la violence et l'inégalité sociale qui sont le lot commun de l'Humanité, combien sont-ils à espérer que l'on n'attendra pas indéfiniment pour se mettre au travail et aller dans le sens de l'Amour? De ce point de vue, les êtres humains ont leur destin entre leurs mains.

Préambule

Notre plus grand bien est sans doute notre propre vision, individuelle, romantique de l'amour. Elle permet, à chacun de nous, de nous transcender, de vivre des moments d'une intensité incomparable et d'atteindre des rivages extraordinaires. Cette vision est la résultante et la base, à la fois, de l'Amour qui vit en chacun de nous. Car l'Amour est présent dans chaque être humain, car nous sommes Amour. Dès lors, non seulement l'Amour peut être la règle fondamentale qui régit les rapports entre les hommes et les femmes (si ceux-ci le décident en toute liberté), mais l'Amour est la valeur de base, le socle sur lequel la seule et unique société la «plus équilibrée possible», la «plus harmonieuse possible» et la «plus sereine possible» peut se bâtir, c'est-à-dire la «meilleure société possible». Le jour où les hommes et les femmes de cette planète décideront d'établir cette meilleure des sociétés possibles, ils ne pourront que se baser sur l'Amour. En résultera, alors, tout naturellement, une construction et une structuration de cette société qui existera pour l'être humain, par l'être humain. L'Amour est une valeur tellement forte, que sa reconnaissance comme la «valeur fondamentale» entraîne, immédiatement, une nouvelle organisation de la vie en société. Car, la volonté de porter l'Amour comme principe fondateur de la nouvelle société, se fait avant tout dans les esprits et les mentalités. C'est là que se gagnera le combat pour la vie – donc le combat pour l'Amour.

Par son essence même, l'Amour impose l'humain – la personne humaine – comme vecteur de toute chose et bénéficiaire de toute chose. L'homme et la femme trouvent donc véritablement leurs places et leur épanouissement dans une société qui se base sur l'Amour.

A la question maintes fois posée, «Est-il raisonnable d'aimer?», il convient de répondre sans hésitation par l'affirmative. Car, ce qui est bon pour soi est raisonnable, ce qui est bon pour la communauté est raisonnable. Et l'amour est bon, à la fois, pour soi et pour la communauté. Le déraisonnable est de ne pas faire la place qu'il faut à l'Amour car, alors, on sait que l'on va multiplier les violences, les inégalités et les misères.

Le but de cet ouvrage n'est pas de prouver que nous sommes Amour ou que l'amour est le plus beau sentiment humain. Cette démonstration serait futile et inutile tellement ces évidences s'imposent et se sont imposées à tous ceux qui ont disserté sur le sujet. Même si un certain nombre de rappels nécessaires seront faits, le but de cet ouvrage est de démontrer que l'Amour est le meilleur ciment social qui puisse exister et que sa mise en œuvre comme le lien social par excellence aboutit à la création de la «meilleure société possible», Amouropolis.

Valeur fondamentale et lien social, l'Amour

Quelle est la valeur qui va le mieux défendre le principe de vie, ainsi que le bien (la préservation de la vie), par rapport au mal (l'atteinte à la vie), dès lors qu'il y a vie en communauté (c'est-à-dire, dès que deux personnes vivent ensemble). Il n'y en a qu'une, c'est l'Amour. De plus, l'Amour apporte la base à tous les autres éléments constitutifs de la meilleure société possible. C'est donc bien la valeur fondamentale à double titre. Et comme le dit si justement Vladimir Jankélévitch, «L'amour n'a pas de valeur, il est la valeur même». Notons que dans une vision religieuse, l'Amour est le principe originel dans le sens où Dieu est Amour et qu'il nous donne l'amour. Ici, nous ne parlons que d'organiser la vie en société et nous analysons, dans une vision matérialiste, la mise en place de la «meilleure société possible».

L'Amour est le fondement

Depuis toujours se développent des théories selon lesquelles il n'existe aucune valeur fondamentale assez puissante pour être capable de soutenir l'activité des sociétés humaines. Ceux qui les professent confondent déterminisme et référent ou ingrédient essentiel (de la même manière, on ne peut faire une vraie sauce tomate sans tomates...). Loin d'être un déterminisme, l'Amour agit plus comme référent pour guider l'action des hommes et des femmes (par l'amour), pour mettre en place et pérenniser l'existence de la meilleure société possible, Amouropolis, la société de l'Amour (société qu'ils auront librement décidé de mettre en place). Oui, si l'on veut bâtir cette meilleure société possible, il existe bien un fondement aux valeurs, un principe fondateur de la morale qui la soutient, et il s'agit, sans nul doute, de l'Amour. Oui, l'Amour est bien la première recherche de l'homme et de la femme, même si ceux-ci choisissent d'autres voies pour obtenir la reconnaissance de leurs existences. Ce n'est pas parce que les hommes ou les femmes se détournent (ou sont détournés) de l'Amour que celui-ci n'est pas le fondement de la seule société harmonieuse possible.

La morale, le bien et le mal existent puisque le principe de vie est le référent naturel. Que l'homme et la femme respectent ou non ce principe ne change rien au fait qu'il soit le référent originel et naturel. Sur quoi repose, dès lors, la meilleure société possible? Sur quatre piliers (ou quatre niveaux) qui sont :
- Le principe originel : la vie (être), premier niveau ou pilier de base;
- Le bien : la préservation et la protection de la vie, deuxième niveau;
- Le sujet central : l'être humain (ou l'humain); troisième niveau;
- La valeur fondamentale (ou encore le lien) : l'Amour et sa base, l'amour, quatrième niveau.

C'est de cette valeur fondamentale, qui fonde la morale de la meilleure société possible, de ce quatrième niveau (en ce qu'il découle directement et naturellement des trois autres niveaux précédents) dont nous allons maintenant parler. Notons, qu'à l'inverse de ce que peuvent affirmer certains auteurs, l'Amour n'est pas moins fort que la mort. Il n'est pas non plus, plus fort. Amour et mort ne se mesurent pas, ils n'entrent pas en concurrence. L'Amour est l'ingrédient essentiel de la vie (la valeur fondamentale). Mais, c'est cette dernière qui se confronte à la mort – en tout cas, les vies constituant la vie – et non l'Amour. D'ailleurs, ce n'est pas la mort qui limite l'Amour, mais bien parce que l'on meurt que l'Amour est la seule valeur fondamentale d'organisation de la meilleure société possible. Ainsi, l'Amour n'est pas une chimère. Au contraire, il s'accommode de la finitude de l'homme et de la femme sur terre.

Amour, état naturel de l'être humain

Aimons-nous naturellement? Oui. De nombreux travaux, tant dans le domaine de la biologie que dans celui du psychisme démontrent l'existence de l'amour en chacun de nous. L'Amour est donc naturel, c'est-à-dire qu'il existe en chacun de nous et ne demande qu'à s'exprimer. Cette constatation s'appuie, entre autres, sur l'haptonomie, qui est la science de l'affectivité. Celle-ci a prouvé que le fœtus, dans le ventre de sa mère, est déjà un être aimant voulant être aimé. «Ce que j'ai découvert avec l'haptonomie, déclare le docteur Catherine Dolto-Tolitch, c'est que le désir de communication et le besoin de confirmation affective était là bien avant la naissance!»

Le naturel de l'Amour est également confirmée par la biologie, comme l'explique le professeur Jean-Didier Vincent: «Il existe un 'besoin en autre', comme il existe un besoin en eau ou en protéines, besoin qu'exprime le désir amoureux. (...) Entre le ciel et la terre, entre les instances sublimes et la congestion des muqueuses, l'homme n'a pas le choix. Il aime de tout son être: cerveau, hormones et clair de lune compris. Le propre de l'amour est de faire cohabiter, sous les couleurs les plus violentes, les 'élans de l'âme et les émois de la chair'. On feindra parfois d'ignorer ou les uns ou les autres: dualisme confortable mais ô combien réducteur. L'état amoureux n'est qu'une forme particulière de l'état central fluctuant. Il exprime la présence de l'autre dans l'espace extracorporel, cet autre auquel nous relie le langage».

De même, l'approche et la vision de Sigmund Freud de l'amour – quoique quelque peu différentes de celles d'Amouropolis – sont proches de cette conception naturelle et globalisante: «Le noyau de ce que nous appelons amour est formé naturellement par ce qui est communément connu comme amour et qui est chanté par les poètes, c'est-à-dire l'amour sexuel, dont le terme est constitué par l'union sexuelle. Mais nous n'en séparons pas toutes les autres variétés d'amour, telles que l'amour de soi-même, l'amour qu'on éprouve pour les parents et les enfants, l'amitié, l'amour des hommes en général, pas plus que nous n'en séparons l'attachement à des objets concrets et à des idées abstraites (...), à savoir que toutes ces variétés d'amour sont autant d'expressions d'un seul et même ensemble de tendances, lesquelles, dans certains cas, invitent à l'union sexuelle, tandis que, dans d'autres, elles détournent de ce but (...) nous pensons qu'en assignant au mot amour une telle multiplicité de significations le langage a opéré une synthèse parfaitement justifiée, et que nous ne saurions mieux faire que de mettre cette synthèse à la base de nos considérations».

Si nous recherchons l'amour, si nous voulons être amour, c'est que l'amour est en chacun de nous. Ici, biologie, psychologie et philosophie se rencontrent. Une vision qui, au niveau philosophique, est reprise, en particulier, par Teilhard de Chardin. Mais, si l'amour est naturel, s'il se trouve dans chaque être humain au moment de sa naissance, il est également malmené dès cet instant. D'où l'évidente nécessité d'accueillir tout enfant dans le meilleur environnement affectif possible. C'est de cet accueil que dépend, en grande partie, la capacité de bâtir la société de l'Amour et, surtout, de la pérenniser. Ainsi, si l'être humain est respecté dès sa naissance, il respectera l'autre naturellement.

Amour, le lien

L'être humain doit nécessairement nouer un lien avec autrui pour vivre en société. Et ce lien doit avant tout lui permettre de vivre dans cette société pour s'y épanouir. Pour cela, il doit vivre en sécurité et donc permettre à autrui de vivre également en sécurité. Celle-ci ne découle pas de rapports de force ou de domination (on voit où ces conceptions de la sécurité ont mené les êtres humains à travers l'Histoire!) mais bien de l'établissement d'une relation basée sur le respect, la tolérance et la solidarité, écartant toute idée d'agressivité et de violence.

Le lien est la notion la plus fondamentale de toute organisation en société. C'est souvent parce que les individus qui composent une société ne comprennent pas ou n'appréhendent pas ce lien ou, plus encore, parce que la société nie ou minore sa nécessité qu'il n'existe pas de respect, de tolérance et de solidarité mais que se développent plutôt l'agressivité et l'affirmation de droits et de devoirs. Fondamentalement, une société qui tend vers l'équilibre ou qui se fixe comme but cet équilibre doit se fonder sur un lien fort, accepté et légitimé par la totalité de ses membres. Sans la reconnaissance d'un lien, la société demeure déstructurée. Et ce lien ne peut être que l'Amour.

L'Amour, le lien social par excellence

Le lien institué par l'Amour entre tous les êtres humains est le plus humain mais aussi le plus légitime des liens qui peuvent unir à l'intérieur d'une société. Le plus humain car l'être humain recherche naturellement et avant tout l'amour. Le plus légitime parce qu'il consacre l'être humain en tant qu'individu autonome respecté et toléré (dans le sens de tolérance) et parce que ce lien n'est en rien contraignant et, il est non seulement, révocable, mais un lien sans attache autre que le respect de l'autre. D'autant que l'amour est gratuit. Aucune loi, aucun règlement ne sanctionnent celui qui ne veut pas aimer. Aimer est donc un acte éminemment gratuit de ce fait.

Le lien d'Amour s'articule autour du triptyque symétrique et transitif respect, tolérance et solidarité (sans respect pas de tolérance, sans tolérance pas de respect, sans respect pas de solidarité, sans solidarité pas de respect, sans tolérance pas de solidarité, sans solidarité pas de tolérance). Mais l'Amour ne se réduit pas à l'équation Amour = respect + tolérance + solidarité. Il est quelque chose de plus que nous portons en nous dès notre naissance. Un quelque chose qui nous pousse à nous unir avec autrui (dans une relation amoureuse diverse, de l'amour maternel à l'amour entre deux partenaires sexuels, dans une relation amicale, dans une relation fraternelle au sens large, etc.) pour construire et nous construire, pour être. Mais, à l'inverse, pour que l'Amour soit la base de la meilleure société possible il doit se faire dans le respect et la reconnaissance de l'autre ainsi que dans la solidarité entre les êtres humains.

La question du lien est nettement plus primordiale que celle des droits et des devoirs. Ainsi, on peut affirmer qu'il n'existe pas de droits et de devoirs dans l'absolu mais un lien basé sur le respect, la tolérance et la solidarité. C'est sur celui-ci que repose Amouropolis. Car, si le respect, la tolérance et la solidarité sont appliqués, dès lors, il n'y a pas besoin de définir des droits et des devoirs, puisque l'individu n'a pas besoin de faire valoir ses droits et imposer des devoirs dans une société basée sur l'absence de conflits d'intérêt qui engendreraient violences et agressivité (et nécessiteraient la fixation de règles strictes codifiées avec un système répressif pour les faire respecter).

Bien entendu, cela ne veut pas dire qu'il ne peut exister aucun conflit dans Amouropolis (d'autant que celle-ci prétend être édifiée sur la réalité de la vie). Mais ceux-ci trouvent leur solution dans le respect, la tolérance et la solidarité et non dans le droit et le devoir et encore moins dans la violence et la répression. D'autant que le débat sur les droits et les devoirs reste tout théorique. En effet, quels droits sont véritablement exercés par les hommes et les femmes? Et l'on ne parle pas, bien sûr, de ceux et celles qui ne peuvent même pas prétendre à leur exercice vu leur condition. En réalité, ce débat permet d'occulter celui qui est autrement plus fondamental, celui sur le lien, sur le mode de relation entre les individus qui fonde toutes les potentialités que l'individu peut exprimer envers l'autre (puisqu'il définit le cadre réel de la relation avec autrui). Si le lien est tolérance, respect et solidarité, la société qui s'articule autour de lui ne ressemble pas du tout à celle qui institue un lien basé sur des rapports hiérarchiques, dominés par la violence et l'égoïsme.

La présentation de l'individu affublé de droits et de devoirs fait de lui un être autonome qui n'aurait, vis-à-vis d'autrui, qu'à demander son dû (droits) tout en rendant compte de ses actions (devoirs) dans une dimension quasiment uniquement juridique. Or, l'individu vivant dans une société est certes garanti de sa liberté mais n'est pas autonome (il le devient s'il quitte la société pour vivre en totale autarcie, ce qui demeure toujours une possibilité qu'il peut revendiquer). Et signifier cette évidence n'est pas revenir à une conception holistique de l'individu d'avant la révolution française, partie indissoluble d'un tout, issue de la société féodale et d'une cosmogonie dominée par l'idéologie de l'église, mais tend seulement à démontrer qu'une société est avant tout déterminée par son lien. De ce point de vue, la meilleure société possible ne peut être définie que par son lien et non par les droits et devoirs de l'individu.

Et puis, qu'est-ce qu'une société où le lien entre ses membres est remplacé par des droits et des devoirs? Une société où domine, le plus souvent, la contrainte et non l'acte positif. Et là où domine la contrainte, se développe des moyens d'y échapper ou de la contourner. Surtout lorsque cette contrainte va à l'encontre de l'intérêt de l'être humain (ce qui n'est pas le cas dans la société de l'Amour). La contrainte appelle donc l'irrespect de la norme et donc appelle l'appareil répressif. Le lien basé sur l'intérêt de l'être humain résout la confrontation et dissout de ce fait l'appareil répressif. Et ce lien est évidemment l'Amour, comme nous l'avons vu.

L'erreur issue de la philosophie des Lumières

Les philosophes du XVIII° siècle, ceux des Lumières, ont cherché le lien social dans un contrat établissant pour l'individu des droits et des devoirs. Ils ont voulu établir une sécurité pour les citoyens vis-à-vis de leur Etat tout en leur donnant un maximum de liberté. Mais, ce faisant, ils ont complètement nié le lien fondamental qui unit les êtres humains, le lien d'Amour. Un lien qui, bien entendu, n'était pas du tout reconnu avant leur époque, ni après par les sociétés en place. Cependant, en créant l'individu libre et responsable qui signe un contrat, ils faisaient de lui un handicapé car privé de la dimension de l'Amour.

Amour et amour

De quel amour parle-t-on? Ici nous abordons l'amour principalement dans sa dimension sociale, de l'amour en tant que relation collective, en tant que lien sociétal. Mais, bien évidemment, cet amour, pour exister ou se manifester, a besoin de l'existence de l'amour en tant que relation individuelle, en tant que capacité d'un individu d'en aimer un autre, en tant que relation et lien entre deux individus, en tant que capacité d'aimer tout court.

Amour n'est pas amour

Il y a l'amour au sens restrictif et l'Amour au sens large. Il est donc un contresens à éviter absolument, si l'on veut comprendre exactement ce que recouvre la notion d'Amour: il ne faut pas confondre Amour et amour, qui ont deux définitions différentes. Cependant, il ne faut pas, non plus, en conclure, hâtivement, à une mise en équation, selon laquelle Amour et amour n'auraient rien à voir entre eux, n'auraient pas de racines communes ou ne poursuivraient pas certains buts identiques. La propension et la capacité d'amour de l'homme et de la femme sont les bases de l'Amour. Car, si l'homme et la femme n'étaient pas capables d'aimer (de préserver l'autre comme eux-mêmes, de le respecter et d'en être solidaire), alors, l'existence même d'une société de l'Amour n'aurait aucun sens. La somme des amours de tous les hommes et les femmes est l'énergie nécessaire ainsi que la base essentielle d'Amouropolis.

Sans amour pas d'Amour, cela est une évidence. Cependant, Amouropolis n'existe pas automatiquement parce que l'amour est en chacun de nous. Cela voudrait dire que toutes les sociétés humaines ont toujours été et sont des sociétés de l'Amour, puisque l'amour est la composante principale de l'être humain, considéré dans sa dimension psychique et métaphysique. Or, il n'en est rien.

223

La simple observation nous permet même d'affirmer le contraire... L'amour est, en effet, inutilisé, sinon mal utilisé ou, tout au moins, sa propension et sa capacité. Pire, l'amour est détourné de ses buts, enfermé dans un carcan, supplanté par la notion de bonheur. A l'homme-amoureux, on substitue l'homme-heureux qui recherche un bonheur largement indéfini et essentiellement matériel. Or, la personne humaine recherche le bonheur parce qu'il ne trouve pas l'amour. Voilà une nuance des plus importantes. Voilà la réalité. Pour simplifier, on pourrait dire, en exagérant un peu, que le bonheur est un substitut à l'amour dans le sens où notre frustration d'amour issue à la fois de la société et de nos propres rapports avec les autres, dans notre propre microsphère, se transforme en volonté d'acquérir le bonheur. Même si le bonheur n'est pas illégitime, il trouve sa source et son accomplissement grâce à l'Amour.

Aimer, posséder cette capacité, permet d'aimer la vie, d'aimer l'autre, d'aller à sa rencontre en tant qu'être humain, mais aussi, et tout aussi fondamentalement, de s'aimer soi-même. Car, se respecter induit, logiquement, à respecter l'autre, donc à lui manifester de l'amour ainsi qu'à respecter la vie. D'autant que l'amour (le vrai) n'est pas renoncement de soi-même, mais une symbiose entre soi et l'être aimé. Il s'agit donc d'un partage, car tout ce que l'on fait pour l'autre, on le fait aussi pour soi et tout ce que l'on fait pour soi, on le fait aussi pour l'autre, dans cette relation amoureuse (et tout ce que nous faisons à deux dans cette relation, nous le faisons également pour un tiers). Il ne peut y avoir de distinction superficielle entre l'amour de soi pour soi et l'amour que l'on donne à l'autre, entre Eros et Agapè.

L'amour est un état d'esprit, une recherche mais également un outil pour bâtir l'Amouropolis. Dès lors, l'Amour est la valeur universelle alors que l'amour est sa morale individuelle, en chacun de nous, qui nous permettra de construire cette société de l'Amour. L'amour est également le critère qui permet d'évaluer toutes nos actions, puisque tout ce qui procède de l'amour respecte l'autre et la vie (et puisque nous vivons, la protection de la vie humaine est donc une préoccupation naturelle et instinctive, comme nous l'avons vu plus haut).

De quel (A)mour parle-t-on ici?

- Ni Platon, ni Stendhal

L'Amour d'Amouropolis n'est pas limité à la définition donnée par Platon (et reprise par Aristote et l'ensemble de la philosophie grecque) qui serait un moyen, à travers l'autre, à travers la beauté de l'autre, de s'élever vers un amour divin, une beauté céleste. L'Amour n'est pas, non plus, synonyme de la cristallisation de Stendhal où l'être aimé est le moyen pour l'être aimant de se réaliser. En effet, ces amours ne sont que des moyens pour satisfaire celui qui aime, sans aucune réciprocité. Ces deux notions ne mettent en avant que le profit retiré par l'être aimant mais sans forcément qu'il soit symétrique pour l'être aimé.

Par ailleurs, la définition de l'Amour d'Amouropolis regroupe un certain nombre de termes différents utilisés par les Grecs mais qui sont devenus, dans la civilisation occidentale, un seul et même terme. Ainsi, Amour est à la fois philia – philia physikè (familiale), philia xénikè (envers l'autre), philia héraïtiké (amitié), philia erotikè (amoureuse) –, eunoïa (dévouement), agapè (affection désintéressée), storgè (tendresse), pothos (amour de désir), charis (amour de reconnaissance et de complaisance), mania (passion), philotès (synonyme de philia) et harmonia, aphros (amour physique). Cette simplification n'est pas, comme certains l'estiment, une suite de contresens mais, au contraire, une tentative, qui va dans le bon sens, de définir l'amour sur des bases larges, ce qu'il doit être et non morcelé comme, malgré ce terme générique, on veut nous le faire croire.

- Amour et religion

L'Amour est un principe quasi-universel pour toutes les religions du monde. Car, l'être humain sent bien que la seule vraie valeur immuable, capable de rapprocher les êtres humains est l'Amour. Dès lors, un monde parfait, qu'il soit terrestre ou non, ne se conçoit que dans une harmonie où l'Amour occupe la place centrale. Mais, cette exigence d'Amour est souvent d'un autre degré que celle d'Amouropolis, d'autant que celle-ci ne cherche pas à établir ce monde parfait que beaucoup de religions nous promettent ici ou dans un ailleurs infini et éternel.

- Une exigence moins forte que l'Amour de Jésus

L'Amour d'Amouropolis n'est pas identique à l'Amour développé par le message de Jésus. Primo parce que ce dernier demande que nous élevions notre âme plus qu'il ne faut pour bâtir une société de l'Amour. Secundo, parce qu'il n'y voyait pas une utilité sociale (c'est-à-dire la fonction de changer les structures de la société, même si son message comporte une composante politique essentielle qui aboutit en fait à ce changement) mais un don de soi. Par utilité sociale, il faut comprendre l'élément central pour bâtir une société, élément qui peut être dissocié de tout sentiment réel envers l'autre en tant que tel (en tant que reconnaissance de l'autre dans sa composante affective) car répondant à l'intérêt de l'individu de se conformer à une valeur, à un lien qui lui permet d'obtenir le plus possible dans son existence terrestre, tout en offrant à l'autre les mêmes avantages. En revanche, l'Amour de Jésus est celui qui est profondément ancré dans chacun de nous mais qui, paradoxalement, n'est pas nécessaire à l'édification d'Amouropolis même s'il est la base sur lequel s'appuie la démonstration qu'elle est la meilleure société possible!

Jésus disait ainsi: «Aimez-vous les uns les autres, comme je vous ai aimés». Il disait aussi, «Tu aimeras le seigneur ton Dieu, de tout ton cœur, de toute ton âme, et de toute ta pensée. C'est le premier et le plus grand commandement. Et voici le second, qui lui est semblable: Tu aimeras ton prochain comme toi-même.» Mais, grande différence, dans Amouropolis, je ne suis pas obligé d'aimer l'autre d'amour cependant, par cette propension que j'ai d'aimer, je suis capable, en revanche, de respecter, de tolérer et d'être solidaire de l'autre. Cela ne m'empêche pas de l'aimer (et ce serait d'ailleurs le stade le plus élevé de cette société) mais cela n'est pas obligatoire. En cela, cet Amour se dissocie de l'Amour prôné par Jésus qui doit être, en plus, un véritable amour pour tous et non un moyen d'établir les meilleurs rapports sociaux dans une société. Donc, si l'amour que nous portons en nous est la base essentielle qui nous permet de respecter, de tolérer et d'être solidaire de l'autre, cet amour ne doit pas obligatoirement être effectif nominativement sur tous les individus de la planète pour bâtir Amouropolis. Mais, bien évidemment, sa présence concrète rend encore plus forte cette société. Rappelons-le encore une fois, nous parlons de la meilleure société possible et non d'une société divine ou d'une société terrestre chimérique qui nous éloigneraient de notre propos qui est de proposer une organisation sociale la meilleure possible et donc concrètement applicable. Il ne s'agit donc pas de la société qui serait issue des préceptes de Jésus qui demandent une conscience morale et une force que certains considèrent comme surhumaine, en tout cas, comme proche de la perfection.

L'Amour de Jésus impose véritablement d'aimer l'autre, celui d'Amouropolis impose «seulement» de le respecter, de le tolérer et d'en être solidaire. Bien entendu, cela se rapproche de l'amour mais n'en est pas moins différent dans le degré de son rapport avec l'autre. En résumé, si l'Amour d'Amouropolis ressemble beaucoup à celui que Jésus présente dans son message, il n'est pas identique car il ne suppose pas que l'affectif entre forcément en ligne de compte dans la vision de l'autre (le respect, la tolérance et la solidarité suffisent dans une société de l'Amour même s'ils sont révélés et pratiqués par cet affectif). L'Amour du message de Jésus est beaucoup plus profond dans le sens où il concerne également chaque être humain et pas seulement une collectivité (mais ce qui n'empêche nullement sa dimension politique).

- La Société de l'Amour n'est pas un christianisme laïcisé
Si je me réfère à la définition de l'amour donnée par Sören Kierkegaard, je dois avouer que ma conception de l'amour et celle qu'il en donne n'est pas fondamentalement différente. Comme l'explique Françoise Heinrich, selon Kierkegaard, «(...) L'amour chrétien, qui n'exclut personne, est la seule solution au problème toujours crucial de l'égalité entre tous les hommes. Lui seul est une réalité qui prend vie chaque jour, au-dessus des inégalités terrestres auxquelles chacun participe de par sa naissance, sa situation, sa culture, etc. et qu'il est utopique de vouloir faire disparaître un jour totalement». Dès lors, Amouropolis pourrait être perçue comme un christianisme sans religion et sans église.

Cependant, les différences existent et sont importantes. Ainsi, l'Amour d'Amouropolis n'est pas cet amour définit par les églises ou par des penseurs chrétiens – que je dissocie partiellement ou totalement de celui de Jésus. Pour reprendre l'exemple de Kierkegaard, son amour est, en fait, le devoir que nous avons envers Dieu lorsque nous sommes élus par celui-ci pour le recevoir et le porter en nous (cet amour donné par Dieu et descendu en nous par décision céleste). Une notion qui, en l'espèce, fait ressortir le caractère éminemment misanthrope des réflexions chrétiennes du philosophe danois, puisque ce n'est pas l'homme, autrui, le prochain qu'il faut aimer et qui est le destinataire de l'amour mais celui-ci n'est que le véhicule de l'amour de Dieu, le moyen d'atteindre Dieu. Une idée qui avait déjà été développée, notamment par Guillaume de Saint-Thierry: «L'amour de soi et du prochain n'est rien d'autre que l'amour de Dieu...»

Bien évidemment, l'idée d'amour a été développée par la pensée chrétienne dès l'origine, dès les épîtres des apôtres, à la suite du message de Jésus. L'auteur de l'épître de Jean n'écrivait-il pas, «Bien-aimés, aimons nous les uns les autres; car l'amour est de Dieu, et quiconque aime est né de Dieu et connaît Dieu. Celui qui n'aime pas n'a pas connu Dieu, car Dieu est amour». Saint-Augustin disait également: «Qui aime, aime l'amour. Or aimer l'amour forme un cercle si parfait qu'il n'y a pas de limite à l'amour». Dans «De la nature et de la dignité des hommes», Guillaume de Saint-Thierry affirmait que, «L'art des arts est l'art d'aimer». Et Saint-François d'Assise pouvait constater amèrement que, «L'amour n'est pas aimé».

En fait, la Société de l'Amour possède une vision plus cohérente, plus aboutie sur l'organisation de la société que celle des théories des penseurs chrétiens. Ceux-ci ont d'abord privilégié la relation avec Dieu, ce qui semble normal et une évidence qui aboutit à une exigence plus forte comme nous l'avons vu pour le message de Jésus. Mais, à l'inverse de ce dernier, beaucoup de théologiens chrétiens ont tenté de gommer tout l'aspect politique de son message, notamment parce que les églises chrétiennes sont devenues, petit à petit, alliées avec le pouvoir dominant avant de devenir la force principale puis des associées aux Etats. Dès lors, l'établissement d'une nouvelle société sur la terre est devenu accessoire par rapport à une soumission à une condition terrestre, voulue selon ces églises par Dieu et ce, à l'opposé de tout le discours de Jésus qui prônait l'établissement de nouvelles règles (même si, évidemment, le principal demeurait également, pour lui, notre relation à Dieu).

C'est pourquoi, au-delà des similitudes avec la pensée chrétienne, Amouropolis poursuit un autre but. Elle veut que les êtres humains puissent vivre dans la meilleure société possible sur cette Terre. C'est à la fois bien plus et extrêmement moins que ce que propose la vision chrétienne de la vie. Amouropolis doit être ainsi le lieu de toutes les croyances sans distinction. Cette société se borne à fixer un cadre dans lequel la femme et l'homme se déterminent par rapport à leurs croyances, même si cette société peut avoir des idées communes avec d'autres constructions philosophico-politiques.

Néanmoins, il serait malhonnête d'affirmer que rien ne relie Amouropolis à une certaine conception de la société développée par des courants chrétiens, souvent marginaux (notamment de la théorie du Corps mystique). Nous avons vu ce que l'Amour d'Amouropolis ne correspondait pas dans son essence et dans ses buts à l'Amour chrétien, ce dernier ayant une force supérieure dont n'a pas besoin une société de l'Amour pour exister (puisque nous avons même vu que seule la pratique de l'amour était nécessaire et non pas l'existence d'un vrai amour, d'un véritable sentiment). Mais, de tout temps, des chrétiens ont voulu que l'Amour soit mis en avant, non seulement dans la religion mais comme mode de rapports entre les hommes. Ils souhaitaient et souhaitent que le message d'amour de Jésus devienne effectif (et rejoigne en cela, dans une force plus grande, dans un degré supérieur les visées d'Amouropolis, d'autant que leur amour, à l'inverse de celui d'un Saint Augustin ou d'un Kierkegaard est tourné vers les hommes et les femmes pour atteindre Dieu). Ainsi, en fut-il de Louis-Joseph Lebret qui écrivait dans «Dimensions de la charité»: «La révolution est nécessaire, la plus grande révolution que le monde ait connue, la révolution universelle par l'amour». Ici, d'ailleurs, se situe la tentative de sortir de ce carcan que certains ont imposé à la pensée de Jésus en instituant la primauté du spirituel, permettant sinon de gommer, du moins d'amoindrir la force de son message. Dès lors, Lebret écrit dans son Guide du Militant: «L'une des raisons de la carence des chrétiens fut leur doctrine, objectivement inattaquable, de la primauté du spirituel. La primauté du spirituel n'enlève rien à la primauté du politique sur l'économique, sur le juridique et sur le social. Qui laisse la politique aux indignes est responsable des lois indignes, des structures oppressives, des déchéances prolétariennes. Informée elle-même par le spirituel, la politique doit animer à son tour mais qui la purifiera et la spiritualisera si les défenseurs de l'esprit s'en désintéressent et ne sont pas de taille à les conduire?»

Tolstoï, dans les dernières années de sa vie consacrées uniquement à développer et diffuser le message du christianisme, écrivait:

«L'importance du christianisme, c'est qu'il montre la possibilité et le bonheur d'accomplir la loi d'amour». Et, dans une lettre adressée au jeune Romain Rolland, il affirmait: «La vie n'est pas soutenue par la destruction, mais par la réciprocité qui produit le progrès de l'humanité. Toute l'histoire n'est autre chose que la conception de plus en plus claire et l'application de cet unique principe de la solidarité de tous les êtres. Le raisonnement se trouve corroboré par l'expérience de l'histoire et par l'expérience personnelle. Mais outre le raisonnement l'homme trouve la preuve la plus convaincante de la vérité de ce raisonnement dans son sentiment intime. Le plus grand bonheur que l'homme connaisse, l'état le plus libre, le plus heureux, est celui de l'abnégation et de l'amour. La raison découvre à l'homme la seule voie du bonheur possible et le sentiment l'y pousse.»

Enfin, même si Saint Paul était un partisan de l'ordre établi, n'avait-il pas écrit: «Car une seule formule contient toute la Loi en sa plénitude: 'Tu aimeras ton prochain comme toi-même'.» Reste que c'est une erreur d'avoir laissé, depuis quelques décennies; le débat sur l'Amour (et sur l'amour) entre les mains des théologiens et autres penseurs et philosophes croyants (et, plus particulièrement, chrétiens) ainsi qu'entre celles des psys en tout genre. Non pas que leurs écrits, leurs thèses, leurs discours, leurs remarques, leurs analyses n'aient aucun intérêt ou soient faux, ni qu'ils n'aient pas fait avancer le débat. Mais, en leur abandonnant ce champ de réflexion, l'Amour a quitté le domaine de la politique où on doit absolument le replacer aujourd'hui pour bâtir la meilleure société possible.

L'Amour d'Amouropolis est un partage et un respect qui devient une nécessité sociale lorsque l'on veut bâtir la meilleure société possible et qui est ce que recherche tout être humain dans sa vie et, donc, dans ses rapports sociaux, de sociabilité. Dès lors, indépendamment de toute croyance et toute idéologie, l'Amour d'Amouropolis se définit comme le lien.

L'amour est-il une notion nouvelle ou une composante de l'être humain?

Certains font remonter la «naissance» de l'amour entre le XI° et le XIII° siècle avec les textes des troubadours Occitans du Languedoc, expliquant que notre vision de l'amour est très récente. Ce faisant, ils oublient, non seulement, Ovide, Platon, Socrate, Empédocle et bien d'autres, par exemple, et de multiples références à l'amour mais, surtout, le message d'Amour, sans équivoque, de Jésus et réduisent de ce fait l'amour à une seule vision, certes importante, mais qui concerne uniquement les sentiments et l'affectif entre un homme et une femme (même si certains estiment que le troubadour n'a fait que reprendre les thèmes développés par les cathares, la dame glorifiée par celui-ci n'étant alors que la vérité inaccessible sur cette Terre vénérée par ceux-ci).

Si l'amour avait du être inventé ou naître réellement, pourquoi l'on considère aujourd'hui, avec l'ensemble des anthropologues et archéologues, que, dès les premiers humains, l'amour maternel et filial existait (cet amour le plus pur, car le plus naturel)? De même, pourquoi le principe universel de toutes les religions est l'amour compris comme respect, tolérance, reconnaissance de l'autre (même si c'est moins vrai pour le bouddhisme et ses dérivés)? Cela indique que, très certainement, l'être humain sent que la seule vraie valeur est l'Amour.

Amour, tendresse, charité et autres concepts

La tendresse est un des moyens sociaux (même si elle est également un moyen amoureux, au sens d'un couple) permettant de communiquer l'Amour nécessaire à l'édification d'Amouropolis. Elle n'est pas, comme certains peuvent le prétendre, le lien social, elle est un des outils de ce lien social, un des médiateurs de ce lien. Sans entrer dans les détails, il importe peu que l'Amour d'Amouropolis soit qualifié par tel ou tel terme, tant que la définition de celui-ci correspond à ce qu'il doit être. Ainsi, certaines définitions de la tendresse se rapprochent de la définition de l'Amour dans sa dimension de respect et en tant que lien social. Quant à moi, je préfère l'utilisation du terme Amour car il n'est point besoin de chercher des mots périphériques, tels que tendresse ou charité, afin de signifier ce que doit recouvrir les rapports entre les êtres humains vivant en société.

L'amour, bien et mal à la fois?

Un peu de sémantique est absolument nécessaire. Il faut, en effet, procéder à une mise au point essentielle en ce qui concerne le concept d'amour et son sens. Dans un premier temps, il convient d'affirmer qu'une valeur ne peut-être, à la fois, positive et négative, elle est. En conséquence, pour signifier son contraire, d'autres concepts, d'autres mots doivent être utilisés. Ecrire cela, semble être d'une extrême banalité. Pourtant, voilà une précaution dont beaucoup de gens ne s'embarrassent guère, en particulier certains philosophes et penseurs, ce qui est plus dommageable encore. Ainsi, lorsque l'on parle d'amour, on est immédiatement confronté à ce fameux soi-disant «double sens», dû, en grande partie, à une confusion entretenue sciemment par de nombreux auteurs. Et, plus embêtant, cette confusion a été largement reprise dans le langage courant et donc dans la signification qu'on lui donne dans la vie de tous les jours (grande source, évidemment, de définition des concepts pour la majorité des gens et, par là-même, grande source de confusion dont les conséquences ne sont pas toujours anodines).

Que l'on comprenne bien, l'amour est à la fois dirigé – à valeur et intensité égale – vers soi pour les autres et vers les autres pour soi. C'est un acte éminemment de partage (un acte positif en tant que tel qui est la base de l'Amour). Mais il est faux de prétendre que cet amour est le «bon» amour, l'amour «positif», qui serait opposé à un «mauvais» amour, cet amour «négatif», cet amour «égoïste», voire cet amour «passionnel», comme on se complaît trop souvent à l'affirmer. Car, comme pour toutes les valeurs, le contraire de l'amour n'est pas l'amour.

Quelle facilité intellectuelle étrange – à moins qu'elle ne soit une pièce maîtresse de certaines idéologies ou constructions philosophiques – que de désigner par un même terme une valeur et son contraire ou ses perversions, entendues ici comme l'altération ou la corruption de cette valeur! Dès lors, l'amour, au lieu d'être uniquement cet acte éminemment constructif, peut également être présenté comme un acte totalement destructeur. Mais l'amour n'est pas son contraire, ne peut pas être son contraire (comme le contraire de la liberté n'est pas la liberté mais la licence et le contraire de la tolérance n'est pas la tolérance mais le fanatisme), c'est une hérésie de le prétendre et cela répand la confusion. Une confusion qui n'est pas aussi innocente qu'on veuille le prétendre, et sur laquelle les intégrismes religieux et moraux ne se sont pas privés de jouer, pour diaboliser, en particulier, la sexualité. En définitive, l'amour n'est ni positif, ni négatif, il est. Et tout ce qui n'est pas amour mais son contraire, peut être catalogué par des termes comme haine, envie, sadisme, égoïsme, etc., mais certainement pas sous le vocable amour.

Eros et Agapè

De même, beaucoup de gens ont tendance à opposer artificiellement Eros (amour-plaisir et intéressé) et Agapè (amour altruiste). Voilà un contresens à la base même de l'incompréhension de la notion d'Amour. Au lieu de s'opposer, Eros et Agapè sont éminemment complémentaires. Sans Eros, pas d'Agapè et sans Agapè, pas d'Eros. Ils sont les deux facettes irréductibles de l'amour. Sans eux deux, ensemble et découlant l'un de l'autre, l'amour n'existe pas, l'Amour, non plus. Car, si nous devons rendre hommage aux différents auteurs – en particulier les théologiens chrétiens – qui ont démontré que l'amour n'était pas seulement Eros, il faut, immédiatement, insister sur l'extrême artifice de deux amours se contredisant, voire se repoussant et pouvant, malgré tout cohabiter, de temps en temps.

De même, Platon – même s'il parlait d'Eros – fut un des premiers à montrer que l'amour chez l'homme n'était pas un sentiment uniquement charnel mais une volonté d'atteindre le plus haut degré d'humanité. Idée que reprendra, à sa suite, Aristote (qui utilisait le mot philia) en parlant d'un désir «divin» et, bien entendu, qui sera prêché par Jésus tout au long de son enseignement (même s'il est difficile d'analyser quelle distinction il fait entre Eros et Agapè, ce dernier terme ayant été récupéré par le christianisme primitif).

De son côté, Malebranche parlera, quelques siècles plus tard, d'amour de «complaisance» – celui qui est uniquement tourné vers soi-même – et d'amour de «bienveillance» – celui qui est tourné vers l'autre et qui permet d'atteindre la béatitude. Une distinction reprise, à peu de choses près, par Descartes, avec son amour «de bienveillance», qui «Incite à vouloir du bien à ce qu'on aime» et son amour «de concupiscence», qui «Fait désirer la chose que l'on aime», uniquement tourné vers sa propre satisfaction. Ces avancées, pour intéressantes et primordiales qu'elles furent, parce qu'elles reconnaissaient les dimensions spirituelle et de partage de l'amour, ont, parfois, institué un dualisme dans celui-ci alors que, rappelons-le, ces dimensions ne s'opposent absolument pas à sa dimension charnelle, au contraire. L'amour pour l'autre et l'amour pour soi ne sont qu'une même et seule chose, formant le «vrai» amour, aboutissant à la constitution de la valeur suprême, l'Amour.

Dire que l'amour peut être soit égoïste, soit altruiste est, donc, sans sens véritable. L'amour est une relation qui concerne autant celui qui initie celle-ci que celui qui la reçoit. C'est le même acte que l'on ne peut dissocier superficiellement en Eros et Agapè, sous peine de créer un artifice intellectuel pour servir une quelconque démonstration idéologique.

L'amour n'est pas un don

En outre, certains, prétendent que l'amour serait un don que l'on fait à l'autre. Or, cette affirmation n'est, ce que l'on pourrait appeler, qu'une autre fausse piste. L'être humain, en effet, ne possède rien (il ne fait que s'approprier). D'autant que, en outre, philosophiquement parlant, nous ne nous possédons pas nous-mêmes, nous sommes. Ceci n'inclut aucunement que nous soyons irresponsables ou régentés par d'autres que nous-mêmes, mais simplement que nous ne pouvons pas donner quelque chose qui est l'essence même de notre être. En revanche, nous pouvons être, ce qui se révèle, d'ailleurs, nettement plus un acte de partage. Donc, par voie de conséquence, l'amour est la relation naturelle que nous instituons avec l'autre. Nous ne donnons pas de l'amour, nous sommes Amour.

Dans ce cadre, on peut parler d'effet mécanique. L'amour est un signe qui en appelle un autre, réciproque. Cependant, cette réciprocité n'a rien d'obligatoire, ni même d'automatique, ni encore de déclenchement du premier signe. Etant un signe, l'amour n'exige pas de réciprocité mais, seulement, la demande, l'appelle de ses vœux. Néanmoins, même si cette demande n'est pas satisfaite l'amour doit exister au risque de n'être plus de l'amour s'il se retire lorsqu'il n'y a pas réciprocité ou lorsque que celle-ci cesse d'exister. En ce sens, l'amour est éminemment gratuit. C'est d'ailleurs ce qui fait sa force et qui fait qu'une société dominée par l'amour, où l'amour serait le lien, la valeur suprême, serait une société sans conflit (sans conflit majeur) et sans agressivité.

Amour et infini

L'amour, sentiment infini, survit-il à la mort? La dissertation initiée par Jankélévitch (qui, par ailleurs, dit des choses très intéressantes sur l'amour comme fondement, «La vocation morale de l'homme, c'est d'aimer, et de vivre pour les autres») sur cet amour infini (éternel) qu'un être fini (mortel) doit donner, oublie cet aspect fondamental rappelé par la biologie et la psychologie: notre essence est d'aimer (nous sommes Amour dit la philosophie). De ce point de vue, il n'existe pas de fini et d'infini, mais un être dont la constitution même est Amour, parce qu'il ne peut en être autrement.

Dès lors, dans nos relations sociales, mais également amoureuses, dans l'absolu, nous aimons, ni trop peu, ni trop. Car, rappelons-le, encore et encore, aimer c'est également respecter l'autre. Or, on ne respecte pas quelqu'un qu'on étouffe de ses propres sentiments. En revanche, aimer est un état d'esprit qui se régule par lui-même. Reste à savoir si notre éducation et le monde dans lequel nous vivons, nous permettent réellement d'aimer. Mais cela n'enlève rien aux caractéristiques de l'amour tel qu'il doit être, c'est-à-dire, tel qu'il est, caché et étouffé sous des strates.

Amour, valeur fondatrice

L'Amour est la seule et unique valeur fondatrice de sociétés harmonieuses, humaines et solidaires. Affirmer est la base d'une explication et la phase ultime d'une démonstration. Immédiatement, une première question se pose: pourquoi l'Amour aurait-il ce privilège? Depuis des millénaires, les hommes et les femmes cherchent à établir des sociétés parfaites ou à trouver le moyen de tendre vers cette perfection dans l'organisation de leur vie en société, à trouver des valeurs objectives. A cet effet, des théories et des utopies ont fleuri de partout, chacune étant «la» réponse. Encore aujourd'hui, des penseurs, des philosophes, des théoriciens noircissent des pages et des pages sur ces questions fondamentales, car régissant notre vie sur terre. De même, l'amour n'est pas une notion absente de ces traités.

Que le lecteur se rassure, il ne trouvera pas, ici, de réponse dogmatique sur la société parfaite. Amouropolis n'est d'ailleurs pas une société parfaite, tout simplement parce qu'il ne peut pas en exister et qu'il n'en existera jamais. Tous ceux qui prétendent le contraire sont des charlatans de la pensée humaine ou, au mieux, des doux rêveurs qui demeurent prisonniers de leurs propres fantasmes. Cela ne serait pas très grave, s'ils n'étaient également dangereux en prêchant pour des sociétés qui ne sont que des leurres et tentent, alors, de faire croire à l'avènement du paradis sur terre ou, pire, pour des sociétés qui ne deviendront que des organisations totalitaires et violentes, contraires à l'humanisme le plus basique et au principe originel, le principe de vie.

Attention, je ne prétends pas qu'Amouropolis soit facilement réalisable et qu'elle ne comporte pas une part d'utopie. Cependant, j'affirme, également, que l'existence de cette société est du domaine du possible et qu'une fois établie, elle sera alors la meilleure société possible, ce qui n'est pas du tout la même chose que prétendre à l'établissement d'une société parfaite. Je pense que le lecteur fera aisément la différence entre ces deux concepts. Reste qu'il me faut tout de même expliquer en quoi d'autres valeurs importantes (ou signifiées comme telles) ne peuvent pas être fondatrices de la meilleure société possible.

Toutes les valeurs importantes se basent sur l'Amour

Des concepts aussi importants que le respect, la tolérance, la liberté, la justice, la paix, la prospérité, l'égalité, l'individualisme, la solidarité, l'ascétisme, la fraternité, etc. pourraient également prétendre à être qualifiées de valeurs fondatrices. Cependant, aucune d'entre elles ne peut rivaliser avec l'Amour dans sa capacité à construire un monde harmonieux et le plus équilibré possible (je ne dis pas «un monde équilibré»). Aucune ne possède toutes les caractéristiques de l'Amour dont celles de permettre à l'individu de jouir le plus complètement possible de ses capacités d'homme libre tout en garantissant à la société un maximum de solidarité dans le cadre d'une cohésion sociale la plus achevée.

Car ces valeurs prennent toute leur signification grâce à l'Amour qui est présent dans leur but, leur direction, leur contenu. La liberté, l'égalité, la justice, etc. contiennent toutes cette notion d'Amour grâce à laquelle elles représentent autant d'idéaux à atteindre (ce qui n'est pas antinomique avec leur inaccessibilité comme nous l'avons vu). Ainsi, par exemple de la liberté. C'est bien parce qu'elle s'appuie sur l'Amour qu'elle est cette force si puissante, cette valeur primordiale accolée à l'Amour, qui permet d'être le plus libre possible tout en respectant le plus possible les autres, que la vraie liberté est celle qui libère sans asservir l'autre car sinon elle s'appelle tyrannie de l'un vis-à-vis de l'autre. La liberté est une valeur de convivialité parce qu'elle émane de l'Amour. De même, la vraie liberté ne peut exister sans Amour. Sans ce partage, signifié par le triptyque respect, tolérance et solidarité, pas de liberté profondément ancrée dans la société. C'est pourquoi cette dernière peut s'inscrire dans le cadre d'un système de valeurs respectueux de l'homme et de la femme. Seule Amouropolis est capable d'être le meilleur cadre possible.

En outre, un monde de paix ne peut être effectif que dans le cadre d'un monde dominé par l'Amour. L'Amour apporte la paix, apporte la dignité pour tous les hommes et les femmes de la Terre. Quant à la justice (la notion, pas l'appareil judiciaire), le juste en tant que but à atteindre émane tout naturellement de l'Amour.

Dans Amouropolis, le bien est la préservation de la vie. Se greffe alors sur ce bien, un système de valeurs qui n'existe cependant pas comme un ensemble de règles autonomes qui régiraient la société mais se présentant comme la résultante du fondement moral de ces sociétés. On peut affirmer que ce système de valeurs découle directement de la valeur fondamentale, l'Amour, et du bien, la préservation de la vie. L'Amour est capable de signifier le bien car il est, en quelque sorte, une valeur instinctive, parce que nous sommes amenés naturellement à aimer l'autre. Mais, le bien est surtout et avant tout la résultante de ce qui est le plus précieux et le plus propre à l'homme, c'est-à-dire la vie. Et qu'est-ce qui protège mieux la vie, sinon l'Amour qui est, avant tout, une valeur de respect de l'autre. De ce point de vue irréfutable, le bien découle donc de l'Amour, principe fondateur de la meilleure société possible, principe découlant lui-même du principe originel, le principe de vie, mais aussi du bien. Le bien appelle l'Amour et l'Amour appelle le bien, de même que la vie appelle l'Amour et l'Amour appelle la vie.

Le principal enseignement à tirer de cette analyse, c'est qu'Amouropolis, par définition, est une société qui permet aux valeurs conviviales de s'exprimer pleinement et totalement, puisque l'Amour est entièrement tourné et dévoué à la vie, à sa préservation et à son développement.

Les autres valeurs : des actes d'Amour

Quand je respecte la liberté de l'autre, le droit d'autrui de disposer de sa vie, je fais un acte d'Amour, comme lorsque je suis solidaire de lui, que je partage avec lui. C'est d'autant un acte d'Amour, qu'il est symétrique ainsi que réflexif et transitif. Car, lorsque je respecte la liberté d'autrui, c'est parce que je veux que celui-ci respecte ma liberté et qu'il la respecte effectivement. Je t'aime parce que je veux que tu m'aimes et que tu m'aimes réellement (car, toi aussi, tu veux que je t'aime).

Dire que le respect de la liberté d'autrui est un acte d'Amour n'est pas une simple redéfinition de concepts afin que ceux-ci aient une cohérence avec la théorie exposée ici. Au contraire, cela permet à ces concepts de retrouver leurs sens premiers. Car l'Amour est respect et reconnaissance. Aimer l'autre c'est également et peut-être avant tout le respecter et le reconnaître. Donc, c'est aussi me respecter et me reconnaître moi-même. Donc c'est aussi demander à cet autre d'avoir le même comportement vis-à-vis de moi (et vis-à-vis de lui-même) c'est-à-dire de me respecter et de me reconnaître (et de se respecter et de se reconnaître).

L'Amour, c'est avant tout cette propension que nous avons d'aller vers l'autre, de lui donner de l'affection et d'en attendre. Car, toute la clé de la meilleure société possible, c'est la reconnaissance dans toute l'acceptation du terme de l'altérité, de l'existence de l'autre qui fonde également notre propre identité, cette affirmation étant vérifiable également symétriquement.

Amour, pouvoir, subversion et système politique

Amour et pouvoir

L'Amour a toujours été, sans exception, subversif pour les pouvoirs en place qui ont systématiquement tenté de le canaliser, de le marginaliser, souvent de le diaboliser. Car l'Amour est fondamentalement libre par rapport à ces pouvoirs, il est la liberté elle-même vis-à-vis de toute structure coercitive. De même, il possède la capacité d'émanciper l'homme et la femme de toute forme d'autorité illégitime, essentiellement basée sur l'institutionnalisation du rapport de force, ce qui est totalement inacceptable pour des autorités répressives, par définition et par essence. Anti-pouvoir par excellence, l'Amour ne peut donc être l'élément central d'une théorie du pouvoir. Amouropolis, dans sa phase ultime est donc une société sans pouvoir ou une société où le pouvoir appartient réellement, à part égale, à tous les membres de cette société. En ce sens, elle possède, dans son organisation, des analogies avec les sociétés libertaires.

Alors que dans n'importe quelle société, l'individu et le collectif s'opposent, en tant que chacun d'entre eux poursuit des buts propres qui ne sont pas forcément identiques et qui peuvent même être opposés, dans Amouropolis cette opposition est dépassée par l'essence même du ciment de cette société, par l'essence même de l'Amour. Ici, pas de conflits d'intérêt puisque, à la base, les intérêts sont identiques. Et ils sont identiques, non pas parce qu'ils sont décrétés comme tels comme dans une société totalitaire mais parce qu'ils correspondent à la réalité de la vie et parce qu'ils sont librement affirmés comme tels par toutes les femmes et tous les hommes.

Amour et système politique

La problématique de base de l'organisation de nos sociétés n'est pas la nature de leurs systèmes politiques mais sur quelles valeurs ceux-ci reposent. Tant qu'ils ne se baseront pas principalement sur l'Amour, ils généreront des tensions. Au bout du compte, peu importe le système politique, si celui-ci ne se base pas sur la valeur fondamentale et les valeurs qui en découlent. Car, quoiqu'il arrive, il amènera la société qu'il est sensé organiser dans une impasse. Ce n'est pas un système ou un régime politique qui fonde en lui-même ses propres valeurs, mais ce sont les valeurs sur lesquels il se fonde qui le caractérise et lui donne sa qualité. La démocratie, par exemple, peut se décliner en plusieurs modèles, selon les valeurs sur laquelle elle s'appuie. Prenons un exemple caractéristique. Ainsi, sans que cela ne remette en cause son appellation, les Grecs anciens étaient fondés à parler de démocratie à Athènes, alors même que seuls les «hommes libres» avaient droit au titre de citoyen, avaient le droit de voter et de participer à la vie publique de la cité. Car, qu'est-ce que sont aujourd'hui nos démocraties, par rapport à ce modèle antique, que nous avons tendance à considérer comme antidémocratique, alors que nos régimes interdisent aux «étrangers» ne possédant pas la nationalité du sol, mais vivant depuis longtemps dans une autre nation que la leur, parfois depuis leur plus jeune âge, de voter et de participer à la vie publique de cette nation? Sans oublier tous les exclus qui, de fait, ne possèdent pas de droits politiques autrement qu'en théorie. Une société, donc, ne se définit pas par son régime et ses institutions mais par les valeurs dont elle fait son socle, sa morale, ses buts. Dès lors, seules les valeurs d'une société la caractérisent réellement. Pour reprendre notre exemple, qu'importe, dès lors, qu'un régime se définisse comme démocratique, si ses valeurs sont antidémocratiques. Ce n'est pas dans le formalisme, ni dans l'apparence qu'un régime acquiert sa substance.

Le politique doit investir la sphère de l'Amour

Le politique doit absolument investir la sphère de l'Amour et participer au débat qui, nous l'avons vu plus haut, est essentiellement dominé par les théologiens, les philosophes et les «psys». Et les seuls qui aient tenté une synthèse dans ce domaine jusqu'à présent demeurent quelques penseurs et hommes politiques chrétiens. L'Amour doit, en effet, absolument intégrer le domaine du politique (où donc, paradoxalement, seul un message chrétien a tenté de le faire entrer) afin d'être la base d'une meilleure société, la meilleure société possible. Il faut que le politique, aujourd'hui, s'approprie enfin l'Amour. Lorsque j'affirme ainsi que l'Amour doit faire partie prenante du champ politique, ce n'est pas de la relation entre deux individus que je parle (même si, au sens littéral, elle fait partie de ce champ) mais des valeurs véhiculées par l'Amour, c'est-à-dire le respect, la tolérance et la solidarité.

L'Amour, une subversion pour l'organisation sociale traditionnelle et répressive

Pourquoi (dans le sens de preuve) l'Amour permet à l'être humain de s'accomplir bien mieux que le bonheur? On le voit dans l'organisation sociale où tous les gens qui parlent de meilleure organisation sociale ont tous peur de l'Amour parce qu'il détruit l'organisation basée sur le bonheur, sur le fait d'accumuler des biens, de cette compensation lorsque l'on n'a pas l'Amour. Quand les gens possèdent ce dernier, ils n'ont pas forcément envie de travailler de la même façon, ils n'ont pas forcément envie de produire ou d'avoir une productivité importante, ils n'ont pas forcément envie de se mettre des journées entières dans des salles de recherche, etc. justement parce qu'ils ont trouvé ce qui leur manque, c'est-à-dire l'amour. Ce qui ne veut pas dire que lorsque l'on sera dans Amouropolis les gens ne travailleront plus mais ils travailleront différemment, sans doute mieux, sans doute peut-être moins mais que, en tout cas, la société du bonheur produit justement ce travail de dépit, cette accumulation de dépit (provenant d'une frustration)

Une constatation (non dénuée de préjugés sur la naissance «sociale» de l'amour) de cette «subversion» de l'amour a été faite par Jean Poirier dans «La machine à civiliser» (in Histoire des mœurs): «C'est en ce qui concerne l'amour, beaucoup plus que la sexualité, que l'histoire des mœurs a été bouleversée. En effet, c'est seulement après la révolution industrielle que l'amour, présent dans les mythes, la littérature et l'art, a été reconnu socialement et formalisé juridiquement. Aucune société traditionnelle n'admet la validité du sentiment amoureux à propos de la formation du mariage. C'est que l'amour est un sentiment essentiellement dangereux pour l'ordre social: imprévisible, changeant, capable de toutes les violences, au sein d'une société équilibrée qui trouve sa régulation dans l'affirmation des disciplines collectives; dans ce contexte, l'amour ne peut que perturber les règles du jeu; c'est la raison pour laquelle on peut dire qu'il n'a aucune existence juridique : les unions matrimoniales s'organisent en dehors de lui; le mariage est calculé et décidé par les chefs de famille et les futurs époux ne sont pas appelés à donner leur opinion. Celle-ci a d'abord été consentie au futur mari, mais la jeune fille, pendant longtemps, n'a rien eu à dire. Le consentement du titulaire de la puissance juridique était seul requis. Une première évolution a été marquée par l'exigence du consentement de ceux qui ont commencé à être enfin considérés comme les principaux intéressés : les futurs conjoints. Les législations ont ensuite pris en compte les enfants dits naturels et les concubins, en leur reconnaissant certains droits familiaux et successoraux. Ces transformations, d'ores et déjà acquises en Occident, sont à l'œuvre partout, encore que de fortes résistances persistent dans les cultures traditionnelles des pays de l'Islam, de l'Inde et de la Chine. Mais tels sont bien les axes de la dynamique. Bien entendu, ceux-ci se sont accompagnés, là aussi, d'effets pervers: fragilisation du couple, diminution des taux de nuptialité et emballement des taux de divorces, autocentration de l'individu sur soi aux dépens du groupe familial...»

L'Amour peut gouverner les êtres humains

Quand on affirme que le monde ne peut être gouverné par l'Amour, n'oublie-t-on pas un peu vite que ce dernier est déjà, si ce n'est gouverné ou dominé, en tout cas largement influencé par l'affectif. Il suffit donc, simplement, de ne garder que les aspects positifs de cet affectif pour qu'ils définissent les règles de vie en société.

L'Amour ne crée pas un dysfonctionnement social

Certains prétendent que l'Amour, au lieu d'apaiser une société, ne crée qu'un dysfonctionnement social – notamment dans sa dimension sexuelle – et qu'il produit du chaos. Ainsi, toute civilisation digne de ce nom a été capable de refouler l'Amour (et le sexe).

Quoi de plus grotesque que cette affirmation. L'Amour crée certainement un dysfonctionnement mais de sociétés déséquilibrées qui ont décidé de ne pas faire place à l'humain, qui ont décidé de l'asservir à des buts qu'il ne peut comprendre ou peu. Dès lors, lorsque celui-ci réussit à échapper à la norme sociale aliénante par l'Amour (ou l'amour, ou le sexe), il devient dangereux pour la société et pour cette norme. Mais, au lieu de créer un vaste lupanar, comme le pensent les fantasmes des étriqués, l'Amour permet de donner un sens à l'existence que nos sociétés sont incapables de donner.

La quintessence civilisatrice

Amour embrasse le tout amour; Amour est la valeur ultime et première, la seule qui peut être la quintessence civilisatrice. Ce concept est primordial pour la thèse défendue ici. Il mérite quelques explications. Dans l'Histoire, et notamment dans celle qui nous est contemporaine, les pays et les continents ont vécu des crises et des bouleversements que certains ont qualifiés de révolutions. Tout le XIX° siècle et le XX°, après les premières révolutions, celles qui ont eu lieu aux Etats-Unis puis en France (en comptant, peut-être également celle d'Angleterre au XVII° siècle), en ont été jalonnés aboutissant à la mise en place de régimes politiques différents, souvent dans leur forme essentiellement, et à de nouvelles nations. Or, en fait, jusqu'à présent, tous ces événements n'ont été que des révoltes conjoncturelles ou, au mieux, des révolutions inachevées. Aucune d'elles n'a réellement changer le monde en profondeur, c'est-à-dire en initiant de nouveaux rapports entre les membres d'une communauté D'ailleurs, pour certains, ces soi-disant révolutions ne sont que des crises plus ou moins cycliques, dont la caractéristique première est leur violence. Cela n'a, bien sûr, rien à voir avec le mécanisme qui aboutira à l'établissement de la meilleure société possible. Celui-ci, par essence, ne peut être qu'un changement radical puisqu'il changera une bonne fois pour toutes la manière de concevoir la vie sur terre et les rapports entre les êtres humains. Dès lors, dans son acceptation d'achèvement d'un but pour-suivi par l'Humanité, dans ce qu'il est possible de construire de mieux sur cette terre, il s'agit bien d'une quintessence civilisatrice.

Seul l'Amour est l'ingrédient indispensable de cette quintessence civilisatrice. Car l'Amour est le début et la fin, l'alpha et l'oméga, la base et le but, la genèse et l'aboutissement. Evidemment, cette quintessence civilisatrice ne peut être que pacifique et respectueuse des êtres humains et donc se différencie fondamentalement de tous les événements violents que l'on a qualifiés de révolution.

Société de l'Amour, société naturelle

La société de l'Amour est également la plus proche de ce que l'homme et la femme recherchent. Ainsi, elle se définit, par essence, comme naturelle, parce qu'à la base de toute recherche positive de l'homme et de la femme, il y a cette relation avec l'autre, faite de respect, de compassion et de tolérance. Et cela est d'autant plus fort, que notre instinct de préservation nous pousse à l'amour de l'autre. Si je respecte l'autre, celui-ci me respectera. Dans notre respect mutuel, nous pourrons vivre et prospérer, l'un à côté de l'autre, l'un avec l'autre, l'un et l'autre. Incontournable est la consta-tation que l'être humain a besoin de l'autre, des autres, sans oublier que l'individu naît bien d'une relation de deux autres, du mélange de gènes de deux autres individus et qu'il sort du ventre d'une autre, c'est-à-dire qu'il noue obligatoirement une relation avec l'autre même dans sa vie néonatale.

Ce besoin de l'autre est encore plus vrai de l'homme et de la femme modernes, ceux qui vivent dans des sociétés de plus en plus com-plexes (même si cette complexité est souvent un frein à son ac-complissement). Ainsi, même dans leur acte le plus fort, l'acte sexuel, l'homme et la femme ont besoin de l'autre (dans la pratique de l'onanisme, ils ont besoin de l'image de l'autre). On voit bien, ici, que l'instinct de préservation ne consiste pas à s'affronter avec l'autre mais bien de nouer une relation positive d'échange. S'ils ont besoin de l'autre, ce n'est que dans une relation interactive de confiance et de respect qu'ils pourront le mieux s'épanouir et non dans une relation de conflit et de domination. Car, si je domine celui-ci, celui-là me domine, qui lui-même est dominé par un autre et ainsi de suite. Il y a autant de dominés que de dominants sur la terre, en quelque sorte. Dès lors, une société de l'Amour est la seule qui puisse répondre à ce besoin.

L'intérêt de l'homme et de la femme est l'Amour. Ne serait-ce que sur ce plan strictement utilitaire – recherché par tous les théoriciens – l'Amour se positionne comme étant la valeur répondant le mieux à l'intérêt du genre humain pris collectivement et de la personne prise individuellement. Tout simplement parce que l'Amour permet l'épanouissement le plus important de l'homme et de la femme ainsi que l'épanouissement de la société dans laquelle ils vivent. Grâce à l'Amour, ils sont reconnus totalement.

Cet état «naturel», le fait que l'Amour est en nous, que nous sommes amour peut également être démontré par l'observation de peuples appelés «primitifs». Ainsi, Aldous Huxley s'étonnait en constatant que si «Toutes les grandes religions ont parlé de l'importance de l'amour – charité chrétienne ou compassion universelle des Bouddhistes – mais peu de suggestions ont été faites pour permettre à la jeunesse d'éprouver et de cultiver l'amour. Et, paradoxe incroyable, le seul peuple où j'ai constaté l'amour total de l'homme pour son prochain, c'était les Arapeshs, à peine civilisés, de la Nouvelle Guinée». Et, Huxley d'ajouter, «N'est-ce pas un comble?». Non, ce n'est pas un comble mais la preuve que l'amour n'est pas le produit d'une civilisation ou d'une culture, l'amour est en nous, nous sommes Amour. Ce «paradoxe», ce «comble» sont justement une démonstration de ce que l'amour habite dès notre conception dans le ventre de nos mères.

Une autre démonstration de cet état «naturel» qui pourrait, dans un premier temps, hérisser les esprits dits «rationnels», nous vient de ce que l'on appelle les NDE (Near Death Experiences ou, en français, Expériences aux Frontières de la Mort) décrites et analysées par de nombreux scientifiques et médecins, dont les pionniers furent les docteurs Elizabeth Kübler Ross et Raymond Moody ainsi que les médecins Kenneth Ring et Michael B. Sabom. Ce qui nous inté-resse ici n'est pas cette existence après la mort, ce passage dans un autre monde que décrivent ceux qui ont vécu cette expérience, ni s'ils ont rencontré Dieu ou non. L'important pour nous, dans le cadre de la Société de l'Amour, est la lumière qu'ils ont vue et ce qu'ils ont éprouvé alors. Toutes les personnes qui ont expérimenté une NDE – et ils sont très nombreux, croyants et athées – expli-quent que cette lumière était amour et que le film de leur vie qui se déroulait pendant cette expérience s'arrêtait invariablement sur des moments vécus d'amour. Or donc, dès que l'être humain est dans un état où se présente à lui sa véritable nature non-altérée par la société, ce qu'il ressent n'est qu'amour... Comme l'expliquent Régis et Brigitte Dutheil (in «L'homme superlumineux» aux Editions Sand), «Une lumière intense envahit alors le sujet qui découvre un état de béatitude totale. Il a l'impression que de cette lumière émane une présence spirituelle, un être d'amour et de lumière (...)». Et une jeune femme ayant vécu une NDE raconte: «Imaginez une lumière faite de totale compréhension et de parfait amour».

Amouropolis et le sexe

Amouropolis n'est ni un grand happening, ni le lieu de relations sexuelles débridées. Non pas qu'il ne puisse s'y dérouler de tels pratiques entre adultes consentants. Mais une société de l'Amour ne se réduit pas à cela, bien au contraire. En revanche, découlant de son essence propre, par sa conception des rapports entre les êtres humains, de par son organisation même, Amouropolis prétend établir des relations amoureuses physiques et sexuelles basées sur le plaisir, la satisfaction et le partage, c'est-à-dire où chacun, dans le respect de l'autre, pourra s'épanouir sexuellement.

La conception de la sexualité dans Amouropolis se base sur deux éléments essentiels la constituant, le respect et la tolérance. En la matière, elle ne se veut ni répressive, ni permissive, ni libérée car ce sont aux êtres humains la composant de choisir leur vision de la sexualité et de la partager avec ceux qui le veulent bien. En re-vanche, toutes les études ont montré l'énorme bénéfice que les êtres humains mais également la société peuvent retirer de rela-tions sexuelles épanouies, respectant les personnes dans tous les sens du terme. Les thèses de Wilhelm Reich et Charles Fourier sont, dans ce domaine, des références. D'autant que la répression sexuelle, initiée entre autres par un christianisme officiel sans lien direct avec aucune parole et aucun acte de Jésus, a montré son incapacité à épanouir les êtres humains, bien au contraire.

En forme de conclusion

La propension naturelle et objectivement justifiée de tous les êtres humains à se plaindre de leur existence, quel qu'elle soit, quel que soit leur situation sociale est une réalité. Elle provient de notre présence terrestre non-voulue par nous-mêmes et de son manque de signification palpable (je ne fais pas intervenir, une fois de plus, les questions de foi). Ainsi, tout être humain est légitimement fondé à se plaindre d'être venu au monde. Et rien ne peut être opposé à cette plainte. Nous serons donc toujours des insatisfaits chroniques, non pas au sens matériel, parce que nous ne serons jamais capables de démontrer preuves irréfutables à l'appui le sens de notre présence terrestre. Ce paramètre inconnu pèse sur nos existences et une société de l'Amour ne peut que l'inclure dans son fonctionnement, tout en cherchant à ne pas rajouter d'autres motifs de plainte comme le font si abondamment les différentes sociétés qui se sont succédé sur terre depuis que l'humanité s'est organisée en collectivité.

Comme je l'ai dit en introduction, beaucoup de philosophes, de penseurs, d'hommes et de femmes ont parlé de l'amour. De même, beaucoup d'entre eux ont présenté des projets ou des concepts qui pouvaient se rapprocher d'Amouropolis ou de l'Amour. Bien entendu, je ne rejette aucune filiation et mon propos n'est pas d'être original à tout prix. Je constate seulement qu'Amouropolis possède un certain nombre de particularités car regroupant différentes spécificités de plusieurs courants de pensée qui ont, pour moi, des similitudes, la principale étant qu'ils placent au centre de leurs préoccupations, l'être humain et qu'ils bâtissent un projet communautaire autour de lui pour le servir au maximum, sans autres impératifs que de lui offrir le mieux possible.

Ainsi, certains théoriciens ont exposé des thèses qui vont dans le même sens qu'Amouropolis. C'est le cas, par exemple, de Proudhon dont sa notion de Justice trouve des similitudes avec ma notion de l'Amour, même s'il l'affuble de droits et de devoirs alors que je pense que ceux-ci s'avèreraient globalement inutiles si le lien social avait une profondeur et non s'il avait été préfabriqué, ne répondant pas aux sentiments et aux intérêts des êtres humains puisqu'il ne peut se maintenir que par la coercition dont les droits et les devoirs sont une base. Reste que sa présentation de la Justice est séduisante. Qu'on en juge dans la définition qu'il donne :
«L'homme, en vertu de la raison dont il est doué, a la faculté de sentir sa dignité dans la personne de son semblable comme dans sa propre personne, de s'affirmer tout à la fois comme individu et comme espèce.
La Justice est le produit de cette faculté: c'est le respect, spontanément éprouvé et réciproquement garanti, de la dignité humaine, en quelque personne et dans quelque circonstance qu'elle se trouve compromise, et à quelque risque que nous expose sa défense. (...)
Ainsi conçue la Justice, rendant toutes les conditions équivalentes et solidaires, identifiant l'homme et l'humanité, est virtuellement adéquate à la béatitude, principe et fin de la destinée de l'homme. (...)»
Et, plus loin, il ajoute: «Partie intégrante d'une existence collective, l'homme sent sa dignité tout à la fois en lui-même et en autrui, et porte ainsi dans son cœur le principe d'une moralité supérieure à son individu. Et ce principe, il ne le reçoit pas d'ailleurs; il lui est intime, immanent. Il constitue son essence, l'essence de la société elle-même. C'est la forme propre de l'âme humaine, forme qui ne fait que se préciser et se perfectionner de plus en plus par les relations que fait naître chaque jour la vie sociale».

Cette immanence dont parle Proudhon, on la retrouve également chez Mencius, philosophe chinois des premiers siècles avant J.-C.:
«Si un homme aperçoit soudain un enfant sur le point de tomber dans un puits, quel qu'il soit il éprouvera au cœur une pénible frayeur; et cela non pas parce que l'enfant serait de ses relations, ni parce qu'il se voudrait faire une réputation dans son entourage, ni parce qu'il trouverait odieux les cris de l'enfant. Il est clair par là que

celui qui n'a pas le cœur sensible n'est pas un homme, que celui qui n'a pas le cœur délicat n'est pas un homme, que celui qui n'a pas au cœur le sentiment de ce qu'il faut et de ce qu'il ne faut pas n'est pas un homme. La sensibilité du cœur, elle est au principe de la vertu d'humanité; la délicatesse du cœur, elle est au principe du sens du devoir; l'effacement consenti par le cœur, il est au principe du sens des rites; le sentiment de cœur de ce qu'il faut et de ce qu'il ne faut pas, il est au principe de l'intuition morale.»

De même, je retiens «L'amour qui se noue lentement et se dénoue lentement» développé par Miskawayh dans sa distinction des quatre espèces de l'amour:
«1) l'amour qui se noue rapidement et se dénoue rapidement.
2) l'amour qui se noue rapidement mais se dénoue lentement.
3) l'amour qui se noue lentement et se dénoue rapidement.
4) l'amour qui se noue lentement et se dénoue lentement.
Il n'y a pas plus de ces quatre espèces, car les buts poursuivis par les hommes dans leurs desseins et leurs conduites sont au nombre de trois dont la combinaison constitue le quatrième. Il s'agit du plaisir, du bien, de l'utile et du composé qu'ils constituent. Si telles sont les fins que les hommes se proposent d'atteindre, elles constituent nécessairement autant de causes d'amour pour toute personne dont le concours assure l'accession à ces fins. L'amour qui a pour cause le plaisir est celui qui se noue rapidement et se dénoue rapidement, car le plaisir, ainsi que nous l'avons expliqué précédemment, se transforme rapidement. L'amour qui a pour cause le bien est celui qui se noue rapidement et se dénoue lentement. L'amour qui a pour cause l'utile est celui qui se noue lentement et se dénoue rapidement. Quant à l'amour qui résulte de la combinaison de ces causes, si le bien s'y trouve compris, il se dénoue et se noue lentement.»

Et nous pourrions même entendre Saint-Augustin et nous accaparer sa fameuse sentence sur l'amour pour Amouropolis si celle-ci n'était pas exclusivement tournée vers Dieu et non les hommes: «Reçois donc une fois pour toutes ce bref précepte, Aime et fais ce que tu veux: si tu te tais, tais-toi par amour; si tu cries, crie par amour; si tu châties, châtie par amour; si tu t'en abstiens, abstiens-t'en par amour: que la racine intime de tes actes soit l'amour, il ne peut naître de cette racine que du bien». Mais, demeurons encore quelques instants avec la pensée chrétienne et plus particulièrement avec celle des premières communautés et de la littérature apostolique où l'on considérait, comme l'explique France Quéré que la charité était une obligation morale, «réparation légitime d'une injustice entièrement fabriquée de main d'homme et contraire aux volontés divines» et que la pauvreté était une hérésie. Et la didachê, catéchèse morale issue de milieux juifs convertis ne dit-elle pas: «Tu ne repousseras pas l'indigent, tu mettras tout en commun avec ton frère, et tu ne diras pas que c'est à toi. Car si le partage est la règle des biens immortels, il s'impose plus impérieusement pour les biens qui meurent». Citons encore cette maxime qui en est issue : «Tu partageras tout avec ton prochain, sans te flatter de posséder aucun bien». Tout ceci ressemble à la philosophie qui préside à l'établissement d'Amouropolis.

Or donc, je ne suis pas seul dans cette constatation que l'Amour est la solution pour l'être humain, plus, que l'être humain ne serait se concevoir sans l'Amour et que ses relations avec ses semblables et son environnement ne peuvent que se référer à l'Amour pour aboutir à la meilleure société possible. Reproduisons, pour terminer, un texte de Pierre Teilhard de Chardin: «(...) L'Amour est la plus universelle, la plus formidable et la plus mystérieuse des énergies cosmiques. A la suite de tâtonnements séculaires, les institutions sociales l'ont extérieurement endigué et canalisé. Utilisant cette situation, les moralistes ont cherché à le réglementer – sans dépasser, du reste, dans leurs constructions, le niveau d'un empirisme élémentaire, où traînent les influences de conceptions périmées sur la Matière, et la trace d'anciens tabous. Socialement, on feint de l'ignorer dans la science, dans les affaires, dans les assemblées – alors que, subrepticement, il est partout. Immense, ubiquiste, et toujours insoumis – il semble qu'on ait fini par désespérer de comprendre et de capter cette force sauvage. On la laisse donc (et on la sent) courir partout, sous notre civilisation, lui demandant tout juste de nous amuser, ou de ne pas nuire... Est-il vraiment possible à l'Humanité de continuer à vivre et à grandir sans s'interroger franchement sur ce qu'elle laisse perdre de vérité et de force dans son incroyable puissance d'aimer?» Ceux qui auront lu ma prose comprendront aisément la réponse de son auteur à cette question...

Amouropolis ad minima

Amouropolis peut exister. Cette affirmation faite au début de cet ouvrage, je la réitère au moment de sa conclusion. Cependant, il est évident qu'elle n'existera pas demain, ni dans un avenir proche car il serait illusoire de croire que le monde peut s'adapter à cette nouvelle organisation rapidement et ce, même si tous les êtres humains le désiraient et se mettaient au travail immédiatement. Il faudra du temps mais je persiste à dire qu'Amouropolis peut être cette meilleure société possible.

Mais jusqu'à l'avènement de celle-ci comment utiliser ses préceptes comme base d'une réflexion aboutissant à une action concrète visant à provoquer un éveil des mentalités afin que ce dernier crée, petit à petit, les conditions nécessaires à l'établissement d'une réelle société de l'Amour? Concrètement, comment quitter le domaine de la théorie pour une pratique qui permette, à terme, de bâtir Amouropolis tout en restant dans la réalité de la vie sur terre, cadre dans lequel je me suis constamment placé?

Ce qu'il convient de rechercher, ce sont des volontés politiques des peuples qui peuvent être à l'origine d'une évolution dans le sens souhaité à l'établissement de nouveaux rapports entre les êtres humains basés sur le respect, la tolérance et la solidarité. Ce n'est qu'à partir de ces volontés que tout peut être construit. Sans ces volontés rien ne peut bouger. Quelles peuvent-elles être? Et comment les mettre en avant? Comment les mettre en œuvre? Quoiqu'il en soit, pour conclure définitivement, nous devons toujours nous rappeler de la primauté de l'être humain si voulons bâtir la meilleure société possible. Si celle-ci est effective, alors une bonne partie du chemin aura été effectué.

Table des matières

Considérations Politiques   **125**